海外中国研究丛书

—— 到中国之外发现中国

高丽与中国的海上交流（918—1392）

고려시대 무역과 바다

[韩] 李镇汉 著

宋文志 李廷青 译

江苏人民出版社

图书在版编目(CIP)数据

高丽与中国的海上交流：918—1392 / (韩) 李镇汉
著；宋文志，李廷青译. — 南京：江苏人民出版社，
2024.5

(海外中国研究丛书 / 刘东主编)

ISBN 978 - 7 - 214 - 29058 - 8

Ⅰ.①高… Ⅱ.①李… ②宋… ③李… Ⅲ.①对外贸
易-中外关系-贸易史-研究-朝鲜-918 - 1392 Ⅳ.
①F752.731.2

中国国家版本馆 CIP 数据核字(2024)第 063482 号

고려시대 무역과 바다 by Jin Han Lee

江苏省版权局著作权合同登记号：图字 10 - 2018 - 290 号

书　　　名　高丽与中国的海上交流(918—1392)
著　　　者　[韩]李镇汉
译　　　者　宋文志　李廷青
责 任 编 辑　康海源
特 约 编 辑　周丽华
装 帧 设 计　陈　婕
责 任 监 制　王　娟
出 版 发 行　江苏人民出版社
地　　　址　南京市湖南路 1 号 A 楼,邮编:210009
照　　　排　江苏凤凰制版有限公司
印　　　刷　江苏凤凰通达印刷有限公司
开　　　本　652 毫米×960 毫米　1/16
印　　　张　16.25　插页 4
字　　　数　177 千字
版　　　次　2024 年 5 月第 1 版
印　　　次　2024 年 5 月第 1 次印刷
标 准 书 号　ISBN 978 - 7 - 214 - 29058 - 8
定　　　价　65.00 元

序"海外中国研究丛书"

　　中国曾经遗忘过世界，但世界却并未因此而遗忘中国。令人嗟讶的是，20世纪60年代以后，就在中国越来越闭锁的同时，世界各国的中国研究却得到了越来越富于成果的发展。而到了中国门户重开的今天，这种发展就把国内学界逼到了如此的窘境：我们不仅必须放眼海外去认识世界，还必须放眼海外来重新认识中国；不仅必须向国内读者迻译海外的西学，还必须向他们系统地介绍海外的中学。

　　这个系列不可避免地会加深我们150年以来一直怀有的危机感和失落感，因为单是它的学术水准也足以提醒我们，中国文明在现时代所面对的绝不再是某个粗蛮不文的、很快就将被自己同化的、马背上的战胜者，而是一个高度发展了的、必将对自己的根本价值取向大大触动的文明。可正因为这样，借别人的眼光去获得自知之明，又正是摆在我们面前的紧迫历史使命，因为只要不跳出自家的文化圈子去透过强烈的反差反观自身，中华文明就找不到进入其现代形态的入口。

当然,既是本着这样的目的,我们就不能只从各家学说中筛选那些我们可以或者乐于接受的东西,否则我们的"筛子"本身就可能使读者失去选择、挑剔和批判的广阔天地。我们的译介毕竟还只是初步的尝试,而我们所努力去做的,毕竟也只是和读者一起去反复思索这些奉献给大家的东西。

刘　东

中文版序言

　　高丽三面环海,陆地上河流众多且水量丰富,这为高丽水上交通的发展提供了必要的自然条件。建立高丽的太祖王建(877—943)就是利用这样的自然环境,以首都开京以西三十六里的礼成港为关卡港口,使全国各地的租粮及物产通过海洋与江河汇集于此。

　　高丽的对外贸易非常发达。起初,主要是高丽的海商往来于中国山东地区,长江流域的吴越海商往来于高丽。成宗时期(981—997),高丽禁止海商前往中国,但仍允许宋商到礼成港与高丽商人进行贸易。这种政策持续到高丽与宋朝断交之后。高丽通过宋商引进宋朝的先进文物①,这在某种程度上缓解了与宋朝断绝外交关系带来的冲击。

　　随着宋商频繁地来往于高丽,高丽商人可以随时在当时唯一的贸易港口——礼成港与之进行贸易。同时,因契丹的阻拦而无法前往宋朝的女真人也来到高丽与宋商开展贸易。当时,日本也是宋商的贸易对象,但由于路途遥远,往来时间较长,对于一些急需的宋朝物品,日本人也经常会把与宋商的交易场所定在高丽。因此,高丽的海域上不仅有运输租粮和贡物的漕船、将地方特产

---

① 译者注:本书中的"文物"一词并非指代历史上遗留的有价值的东西,而是礼乐制度、文化艺术、文献物产等的总称。

运送至开京的商船，还有宋朝、女真、日本等周边国家和民族的商船频繁往来。

通过与中国的贸易，高丽不断接受来自中国的先进文物。这些文物又通过商船传播至高丽境内各地。对于物资匮乏、农业生产水平低下的高丽来说，与中国的贸易是其接受先进文化的途径。而促成双方贸易的最大助力就是海洋。

本书韩文版原名为《高丽时代贸易与海洋》，是"（2011 年度韩国学振兴事业）韩国文化素养丛书——海洋与韩国史"的一种。本书作为大众读物，旨在向非历史专业的韩国读者普及相关史实。据了解，至今在中国出版的有关韩国高丽时代史以及同时期中韩关系史的书籍仍相对较少，因此希望本书中文版也能够帮助中国读者了解韩国高丽王朝及其与中国的交流史。

最后，衷心感谢北京大学宋文志副教授和中山大学李廷青助理教授的出色翻译。同时，也对为了本书的出版而辛勤付出的江苏人民出版社王保顶社长以及康海源编辑致以深深的谢意。

李镇汉

2023 年 1 月 1 日

韩文版序言

　　韩国人的祖先曾游牧而居,定居朝鲜半岛后,他们开始以农耕为生。但朝鲜半岛气候条件一般,并且缺少重要的生产工具——牛和马,加上耕地贫瘠,产粮不多,导致人口稀少。相反,中国数千年前就在肥沃的黄河流域诞生了文明,春秋战国时代就开垦出可以长期耕作的耕地,宋朝的人口甚至是高丽的数十倍。

　　同时,高丽物产匮乏,金、铜、铁等金属十分稀有,金属工艺品也不多见。除了石制文物,高丽时代用其他材质制作的文物能够传世至今的实属罕见。因为它们多被后代拆分后循环使用。譬如古文书在水中分解后被重新制作成纸张;古建筑物的地基和装饰物被用于建造新的建筑;金属佛像或撞钟在朝鲜时代也被重新打造,用来延续其宗教使命。我们的祖先认为这样是合理的,他们为了保证游牧的特性,只修建最基本的宅邸进行生活,因此移动到下一个场所时也不会在前一个留下太多痕迹。金属活字印刷术的出现也是为了替代费用更贵的木版印刷——在快速印刷少量书籍方面的性价比更高。

　　但与上述不同的是,高丽的国力并不弱。916 年建国的契丹①是东北亚的军事强国。五代的多个政权、宋朝等均与契丹进

---

① 译者注:"契丹"既可作族称,亦可作国号。契丹族建国后,汉文国号在"契丹"和"辽"之间多次改复。韩国学界一般统称거란,即契丹。本书遵循其用法,下不另注。

行过战争,但基本上没有获胜。高丽同契丹发生过三次战争,前两次虽然受挫,但第三次取得大胜。蒙古占有欧亚大陆一半以上领土,是历史上最强大的国家。蒙古也入侵过高丽,高丽因此迁都江华岛。百姓被迫逃至山城和岛屿,进行长期抗战。最终,高丽与蒙古讲和,维持了政治上的独立性。高丽国王与元朝公主通婚,成为元朝的驸马。重创元朝的红巾贼①两次入侵高丽,受到高丽军队的毁灭性打击,实力也因此急转直下。猖獗于高丽和明朝的倭寇,也在镇浦海战和黄山战役中被高丽击败,势力盛极而衰。高丽人之所以能抵御外敌入侵,不仅得益于他们骁勇善战的战斗体质,经过艰苦生活锻炼出来的生存能力也是不容忽视的因素。另外,将外敌视为蛮族,将自己视为"天孙"的自负心理也起到一定的作用。

而且,高丽的文化水平很高。高丽从光宗时期(949—975)开始实行科举制,起用熟习儒家经典及历史、善于创作优秀诗篇的儒生。实现登科的心理亦促使很多人去学习文学、历史和哲学。教育得以振兴,崇尚学问的风气也因此形成。高丽是佛教国家,寺院及僧侣可以获得国家的支援,与此同时,高僧的出现也深化了佛教思想。不仅如此,文人的佛学素养也很高。高丽与宋朝、契丹一起完成了大规模佛典集成——《大藏经》;高僧义天也收集了很多佛教相关书籍,编成《教藏总录》。蒙古入侵高丽时,烧毁了符仁寺的经版。武臣政权汇集了当时最多的佛教藏书,再次完成了举世瞩目的《大藏经》。

工艺方面,高丽制瓷技术十分发达。罗末丽初,青瓷烧制技术传入朝鲜半岛。当时,中国用的是砖窑,而高丽匠人则用

---

① 译者注:即红巾军,韩国史籍以及韩国学界一般称作红巾贼或红头贼。本书尊重原著用语,不作改动,但不代表译者观点。

土窑烧制青瓷。开始之时高丽的烧瓷水平很低,工匠们接触到从中国引进的制瓷工艺和制品后,决心要与中国的瓷器竞争。同时,这些匠人为了赢得开京统治阶层的青睐,把制作更精炼、更具实用性的瓷器当作目标。经过长期努力,工匠们烧制出美丽而精炼的青瓷。高丽青瓷色泽妙丽,也受到中国人的称赞。之后,他们还在瓷器的表面嵌入彩色纹样,这是一种文化性的创造。

高丽周边的海域开放性较高。五代时期高丽商人去往中国贸易,中国江南的海商也来往于朝鲜半岛的"后三国"经商。但在高丽成宗时期(981—997)以后,高丽海商们只能随使节到宋朝进行贸易,而宋商仍然可以自由来往高丽。宋商喜欢距离较近、航路安全的高丽。同时,在高丽能交易的商品很多,这也是宋商喜欢高丽的原因。

宋商的船只也不断地带着先进的文物来到高丽。高丽人口少,一开始文化水平也相对不高,对先进文物的需求较少,因此相应的产出也不足,但高丽通过与中国的外交逐渐弥补了文化上的缺陷。通过与五代、契丹、宋、金、元、明等的交往,高丽学习了中国的制度与文化。宋商也将佛经、儒家经典等文化产品以及绸缎、瓷器等奢侈品带到高丽,换回高丽的人参、松子、纸、墨、漆等物资。与中国的交流提高了高丽的文化水平。

高丽成为当时东北亚贸易网络的中心。随着宋商的频繁往来,东女真、西女真、黑水靺鞨的商人们也都来到高丽,与宋商进行贸易。日本商人由于受中国航路遥远的困扰,也以进奉的名义来到高丽。这样一来,宋商与东女真、西女真、黑水靺鞨、日本等高丽周边国家和地区的人可以聚集在高丽的礼成港和开京进行贸易。八关会是高丽每年十一月举行的传统庆典。高丽让很多外国人也加入进来,他们作为外国"使节"参与到向高丽国王进献的仪式中。高丽有很多百姓目睹这一切,进而歌颂高丽国王的恩德遍及四方。

宋商的航路与高丽国内的交通网络相连接。高丽山多平地少,陆上交通不畅。但是,高丽三面环海,江河可以贯通到纵深的内陆地区,全国大部分地区可以水路连接。水运的特点是速度快,运输方便,荷载量大。装载着各地土产、租粮以及贡物的船只都汇集到礼成港。而通过同样驻留于此的宋商,从全国各地前来的高丽人可以购买到各种所需的中国物产,中国文化也因此得以快速传播。正因如此,高丽境内开京与地方之间的文化差距并不大。

高丽对外国使节及海商的往来也会进行管控。宋商自抵达黑山岛开始其行踪便被上报到高丽政府,到达高丽西海岸后,会受到高丽水军的监管与保护。前来高丽的外国人会受到各个地方水军官署——船兵都部署的管理。西女真只能从义州地区进出,东女真和黑水鞑靼为定平、元山地区,日本则是金海地区。

外国船只进出高丽的西海岸并不容易。高丽西海岸的高低潮位相差很大,水下暗礁极多。忠清道安兴地区的海域就是险要的海路之一:从高丽西北方向出发途经瓮津、白翎岛前洋亦非易事。即便是多次往来高丽的船只也需要在熟悉黄海的航路人的帮助下才能安全航行。从中国明州前来的船只到达群山岛等地后,也会有高丽沙工进行引导。

渤海、契丹、女真人的归化是高丽得以发展的动力之一,这也是高丽人口增加的最重要因素之一。人口增多使高丽国力也随之增强。渤海灭亡以后,其民众不少归化了高丽。其归化是长期持续的,但有时也会出现几万人同时归化的情况。之后,部分因入侵高丽而成为俘虏的契丹军也定居下来。金朝建立前，在高丽北方边境之外居住的女真人也有集体归化高丽的情况。掌握着技术的契丹人成为匠人，发展了高丽的手工业。另外一部分归化人在无主的土地上开垦耕作，高丽在一定期限内为他们免除徭役及租税，援助其衣食，待其安定后再让他们交税、服役，此举增加了高丽的财政收入。归化人在高丽统一"后三国"、高丽与契丹的战争、高丽的对蒙抗争中都做出了自己的贡献。由此可见，在讨论高丽文化及其人口的发展之时，除了内部因素，还应该考虑到外部因素。这正是经常被提及的高丽的开放性。

高丽与元朝的政治关系非常紧密，海商可以自由往来两地。此时，渤海沿岸的海路、从山东半岛出发往来黄海的航路再次被打开。与之前一样，高丽的礼成港和元朝的庆元港（明州）之间的航路仍然是最繁忙的航路之一。14世纪中叶高丽重修报法寺时所奉安的《大藏经》就是通过江浙的海商订购而来的。所以时人李穑说高丽"南通江浙之船"，明州的人也知道北边有高丽。

自恭愍王（1351—1374年在位）统治末期，黄海被逐步封锁。为了防止海上势力东山再起以及倭寇的骚扰，明太祖实施了海禁政策，"片板不许下海"，此决策严重影响到高丽。高丽对外贸易的中心礼成港于是日渐衰败。但同时，高丽西北面的边境贸易开始活跃起来。然而好景不长，高丽最后一代国王恭让王（1389—1392年在位）连西北面的边境贸易也禁止了，因此高丽与中国的贸易及交流只能通过使节的往来来实现。

商人打开海洋的大门，高丽国王和明朝皇帝却把这扇门关上。巨大的经济利益使商人战胜了对凶险海洋的恐惧，他们不畏艰辛，也要越洋进行贸易。借此，商人们也能通过积累财富成长为政治势力。高丽成宗和明太祖禁止本国海商出海贸易的原因大同小异，均与此相关。另外，高丽和外族的外交敌对关系或战争也曾阻挡人们走向海洋的步伐。纵观渤海的灭亡、金朝的建立等历史可知，王朝的兴衰也会对航路产生影响。这正是本书想阐明的主旨内容。

尽管本书参考和引用了很多已有的研究成果，但由于是通识类大众读物，所以本书没有添加脚注，仅在书末罗列了参考文献，希望能够获得谅解。本书将笔者之前所读高丽时代外交史、贸易史、海洋史等相关的研究成果按韩国国内与国外两个类别进行了整理，供大家参考。

本书虽然是大众读物，但内容相对来说也不浅显。因此，为了让读者能更好地理解书中内容，笔者从海洋史、贸易史、交流史的角度，添加了相关图片进行说明。与文化遗产相关的图片得到了韩国文化财厅、韩国国立中央博物馆、韩国国立公州博物馆、韩国国立清州博物馆、韩国国立济州博物馆、韩国国立古宫博物馆、韩国国立海洋文化财研究所、韩国高丽大学博物馆、韩国京畿道博物馆、韩国国立首尔大学奎章阁等多个机构的支持。郑学洙、金昌贤老师也提供了他们直接拍摄或个人收藏的图片资料，中国方面的资料则由许仁旭老师提供。

本研究得到了韩国学中央研究院韩国学振兴事业团的资助，该课题的审查专家们对本书的写作提出了很多建设性意见。金胤知等高丽大学高丽史专业的硕、博士研究生们对本书进行了细致的校对，并修改了不少错误。景仁文化社的韩正熙社长积极推动了包括本书在内的"海洋与韩国史"系列素养丛书的出版。申赫泰部长为本书的出版做了大量工作，景仁文化社的编辑们对本书进行了出色的编辑。在此，对以上各位致以深深的谢意！

在笔者的学习及研究中经常献言献策的妻子朴胤珍和对笔者工作十分关心的女儿,是笔者坚实的后盾,感谢她们! 另外,要对远在乡村的母亲致以歉意,以工作繁忙为借口而久疏问候,付梓之余定当昏定晨省。

李镇汉

2014 年 11 月

目 录

总序 高丽时代对外交流的变迁与海洋

一、引言

古代社会基本上处于自给自足的自然经济状态。由于交通、通信手段等不发达,贸易的发展受到很大的限制。尽管如此,人类的贸易活动依然持续、多样地进行着。

根据运营方式和主体的不同,多样的贸易形式大致可以分为国家干预下的贸易和个人参与的贸易。在此基础上,可以根据具体方式或内容再细分,属于国家干预下的贸易有朝贡贸易、官贸易、公贸易、国家贸易等形式,个人参与的贸易有使节贸易、附带贸易、私贸易、民间贸易等形式。

进行这种分类,需要严格区分贸易的主体。然而,就使节贸易和附带贸易的情况来看,作为国家间正式外交中派遣的使节,其在使行中进行的贸易又不能完全被视为私贸易,也夹杂着公贸易的成分。因此,笔者试图采用官贸易、附带贸易、公认民间贸易、走私贸易,或是官贸易、使节贸易、民间贸易等方式进行分类。

总体上来看,高丽时代的贸易形态也属于这样的范畴。其中,最为普遍的是在国家间正式外交过程中进行的外交贸易(所谓"朝贡贸易")和商人之间的贸易等。然而在高丽时代,除了非法的走私贸易,私贸易几乎都受到国家的影响。另外,"朝贡贸易"这种说法和高丽时代的外交实际情况也并不完全吻合。高丽王朝对中国的宋、契丹①、金、元等实行的都是"事大外交"。高丽定期向中国派遣使节,并献上方物作为贡品;中国则遣使对高丽国王进行册封等。但是,高丽文宗(1046—1083 年在位)和宋朝恢复国交后,高丽却不再接受宋朝的册封,宋朝亦将遣往高丽的使节同遣往契丹的一样称为"国信使"。宋、契丹、金等还会在诸如高丽国王或是太后寿辰庆贺之时派来各种名目的使节。这些外交活动伴随着一定的物品往来。高丽通过和中国王朝的外交,获得经济上的实利,高丽国王通过中国皇帝的册封还可以提高自己的政治威望。虽然高丽和中国之间的外交有互惠之处,但是以高丽太祖(918—943 年在位)为首的历代高丽国王获益更多。他们通过维持与中国的关系,在政治、外交和经济上都受益匪浅,不愧是通过海上贸易成长起来的豪族之后裔。

此外,高丽使节在前往中国时尽管要乘槎渡海、饱受长途航行的煎熬,但却能够获得谒见中国皇帝的机会并得到个别的赏赐,更有机会进行私下贸易。使行成了官员们获取名誉和财富的重要契机。因此,上至官僚下到商人,整个高丽朝野都对遣往中国的使团的选拔予以高度关注。特别是在高丽末期,由于和明朝的外交关系恶化,遣使次数也相应减少,私贸易仅被限定在边境贸易上。此举反而使少部分的遣明使节们获得特权和更大的利益,因此在当时还引发了不少问题。

另一方面,高丽国王虽然接受中国王朝的册封,但在中国以外的东北亚地区,高丽国王则是独霸一隅的"海东天子"。就像天

---

① 契丹的国号在"契丹"与"辽"之间数次更替,为行文方便本书拟用使用时间更长的"契丹"一名。

子册封诸侯一样,作为宗主国,高丽向前来拜见的女真酋长和日本商人等授予武散阶和乡职。在这过程中,女真人会向高丽国王进献方物,高丽国王则会给予其回赐。每年十一月举行的八关会上,高丽周边民族和国家的使节们会当着高丽百姓的面向高丽国王行礼并进献方物。女真酋长一边向高丽表忠心,一边凭借高丽国王赐封的武散阶获得政治上的威望。同时,回赐品也是一种经济实利。由此可见,高丽和女真的关系与高丽和中国王朝的关系是有相似之处的,这也反映了前近代朝鲜半岛进行朝贡外交的自主性和实利性。

东北亚对外关系的根本性转换是从 13 世纪蒙古征服欧亚地区以及元帝国建立时开始的。高丽作为元朝的册封国,被强制要求履行朝贡义务,之后的明朝也希望延续这种政策。高丽末期,明朝要求高丽严格遵守每年的贡物量,并命令将近五年一直拖延的贡马按准确数量上供。高丽只好委曲求全。这实际上反映出当时变化了的外交形势,即高丽同中国外交上曾经存在的互惠主义已经消失。在这个时期,朝贡已不再是高丽国王从中国皇帝那里获得政治上的权威和经济上的实利之手段,而是当局为减少一时之损而不得不履行的义务。

相比对华外交中的官方性质贸易,关于高丽时代的私贸易却鲜有记录。高丽初期,曾有高丽海商们前往山东半岛进行贸易,也有长江以南的中国海商来到高丽开展商业活动。然而,到高丽成宗时期,虽仍然允许高丽商人们随同使节出使中国时进行贸易,但已禁止商人擅自出海。相反,宋朝商人却频繁来往于高丽。在礼成港和开京,宋商不仅与高丽人,同时也与来到高丽的女真等周边民族进行贸易。当时,占领着鸭绿江内的保州等地的契丹欲设立榷场与高丽开展边境贸易,但高丽认为契丹此举会引发领土纷争,从而拒绝了契丹的提议。后来在金的帮助下,那些地方得以归还高丽,丽金两国在限定范围内展开了互市贸易。

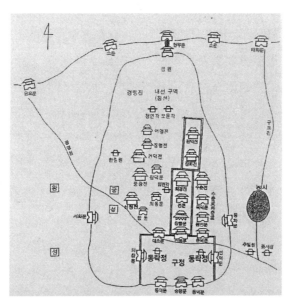

图 0-1　开城大阙宫城想象图

金昌贤:《高丽开京的编制与宫阙》,景仁文化社,2011 年,第 53 页。
八关会的举办地位于宫门——神凤门(楼)南侧的空间(译者注:即毬庭),那里还有象征君王与百姓同乐的"同乐亭"。

　　在元干涉期①,高丽和元朝的关系变得非常密切。不仅元朝的货币——宝钞在高丽流通,而且高丽人只要持有被称作"文引"的凭证就可以跨越边境前往元朝。因此,高丽和元朝的私贸易也是最活跃的。高丽的商人们用马匹装载人参等高丽特产,带着宝钞前往元朝,在那卖掉以后,又购买绸缎和书籍等乘船返回高丽。与宋代的情况一样,这个时期也有船只往来于高丽。同时,高丽的国王和王妃也会安排随从或亲信参与私贸易。在元末混乱时

――――――――――

① 译者注:所谓元干涉期,即高丽受元朝干涉的历史时期,一般指 13 世纪后半期至 14 世纪前半期。

期,元朝中央政权力量减弱,张士诚和方国珍等长江流域的各路群雄纷纷派遣使节向高丽国王献礼并互通贸易。

明朝建立后,高丽马上遣使进贡。但是,明太祖为了防止通过海上贸易成长起来的政治势力威胁到自身,颁布了海禁政策,使民间商人出海贸易被禁。于是,在高丽建国伊始便作为中国物品流向高丽的通道——黄海被封锁,海上贸易被陆路贸易取代。高丽西北面地区和中国辽东地区之间的贸易因此变得活跃,被派往西北面地区的外官以及该地区的豪族们通过贸易积累了财富。但与此同时,各种问题亦随之而起。因此,高丽恭让王连边境地区的官方贸易都一并禁止。至此,从高丽初期起两国之间曾经繁盛的贸易活动,到了高丽王朝濒临灭亡之时便悄然熄灭,连私贸易在明面上也被封禁,只剩下外交使节往来所进行的朝贡贸易和使行贸易。

以上概述了本书的核心议题,即高丽时代公、私贸易的变化。在考察外交贸易的同时,对不同王朝在这一方面的异同点和变化特征分别进行了说明。

本书是"海洋与韩国史"这一大主题下八部系列著作中的一部,对应的是"高丽时代贸易史"的部分,主要探讨海洋与高丽时代对外交流变迁的关系等问题。高丽时代朝鲜半岛西部、南部、东部等海域在地理位置上固定不变,但是随着中国以及周边国家的兴衰交替,它们有时候会是一个自由交流的空间,有时候却变成了一个无法涉足之域。因此,本书将分别考察从高丽初期到末期,在五代十国、契丹、宋、金、元、明等中国王朝以及日本等的影响下,高丽附近的海洋上所发生的事件以及海洋作为当时的交流空间所发挥的功能。

不过,这一部分根据小主题的不同叙述方式也会有所变化,因为和贸易相比,其与对外关系史的联系更深,所以在本书中有许多未能具体展开之处。另外,在以史料和已有研究成果为根据的基础上,笔者也提出了一些个人的见解,以供读者参考。不当之处,敬请指正。

二、高丽初期的对外交流与海洋

1. 与五代十国的外交及交流

9世纪中叶,张保皋掌握着东亚海上的贸易霸权,对新罗的政治产生了极大的影响。在其死后,朝鲜半岛和中国之间开展了相对自由的海上贸易。当时,位于朝鲜半岛西南地区的后百济积极发挥其海路相对邻近中国的优势,不仅派使节出访中原王朝,而且也向吴越以及契丹派遣使节,积极拓展外交。另一方面,由于后百济掌控着朝鲜半岛西南海域,这也使新罗和中国的外交活动开展受阻。即便如此,新罗仍然积极地维系与中国王朝的外交关系。新罗康州—晋州地区的豪族王逢规还单独与中国缔结外交关系。

泰封的领土包括现在韩国京畿道、朝鲜黄海道(以下简称黄海道)等朝鲜半岛西海岸地区以及全罗南道西南海岸地区,占据着前往中国华北地区的有利条件。但从其定都铁原这点来看,其不愿倾注精力在对中国的外交上。弓裔王对于海上贸易和交通并不关心,与后百济相比处于劣势。相反,江华和礼成江地区的豪族及地方势力和中国的私贸易却非常活跃。

公元918年,王建放逐弓裔王,建立高丽王朝。作为通过海上贸易壮大起来的势力,王建深知海洋的重要性。为了取得与后百济在外交和海上贸易竞争中的胜利,王建也是煞费苦心。高丽不仅占据着前往中国的交通要道，还在防御后百济的后方——罗州地区上绞尽脑汁。同时，高丽也积极地向中国的后梁和吴越等国派遣使节以缔结外交关系。但是，后梁已册封了后百济，便没有向高丽派遣使节，两国间只有民间交易。而吴越开展二元外交，向高丽和后百济都派遣了使节。在高丽建国之初，后百济是朝鲜半岛内最强大的势力，在和中国的外交上也处于优势地位。

公元926年，渤海国的灭亡也导致了朝鲜半岛海上贸易关系的变化。第一，许多渤海流民归顺高丽，他们从沿海州①或是图们江下游乘船至元山湾附近，再经由陆路到达开京；或是从鸭绿江上游顺流而下，沿朝鲜半岛西海岸，通过礼成江来到开京。由此可见，海洋是其归顺的重要通道。同时，在长白山东部和北部地区生活的黑水靺鞨和女真人在渤海灭亡后，由于不愿接受契丹的直接统治，纷纷前往高丽朝贡和开展贸易。他们使用的交通路线也和渤海流民相似。渤海灭亡以后，朝鲜半岛东海北部海岸作为连接高丽与图们江地区的海上通道而备受关注。

第二，随着契丹的版图向南扩张，渤海湾沿岸被划到契丹的势力范围内。这个地区在连接朝鲜半岛和中国的海上通道中是最远也是最复杂的，但却被认为是较为安全的。从古代开始，海商们就活跃于此。在此时期，高丽、后百济与契丹进行外交往来时，所派遣的使节也是沿着西北海岸航行，在旅大半岛附近登陆，然后到达契丹首都。虽然后百济为了避开高丽的水军，长途跋涉地从黄海道西海岸迂回过去，但是因为契丹和高丽、后百济两国都互遣使节并建立外交关系，所以对于高丽或是后百济的海商们来说，使用渤海沿岸海上通道前往中国并非难事。

---

① 译者注：今俄罗斯滨海边疆区。

公元933年,后唐没有册封后百济的甄萱王,只册封了高丽太祖王建,承认了高丽已经掌握朝鲜半岛政治军事主导权的事实。因此,得到了和中原王朝进行海上贸易的安全保障的高丽,在贸易上也迎来了更加繁荣发展的契机。而后百济和中原王朝断交,通往契丹的海路也只能避开中国海岸和朝鲜半岛海岸,处境岌岌可危。出使后百济的契丹使节曾在后百济水军的护卫下归国,但在途中于后唐海岸沉船遇难。

图 0-2　耶律阿保机铜像

耶律阿保机于916年建立了契丹。918年,王建驱逐弓裔,建立了高丽。之后,高丽与契丹发展了友好的外交关系。930年,高丽虽然接受后唐册封,但也没有对契丹采取敌对政策。942年,万夫桥事件后,高丽与契丹断绝了外交关系。

这个时期,中国的吴越与朝鲜半岛的后百济、高丽都维持着和平的外交关系。当时吴越的船只从长江向黑山岛方向航行,到达朝鲜半岛西南海域,与后百济展开贸易之后沿着海岸向北进发,然后在礼成港同高丽进行贸易。由此可窥探出当时的国家关系。吴越同时和两者缔结外交关系,这点与后唐有所区别。

公元935年新罗臣服于高丽,936年高丽征服了后百济,统一了朝鲜半岛。此前,王逢规等通过海上贸易成长起来的政治势力与五代十国的诸多政权都进行着海上贸易,而此时这种复杂多元的贸易关系,变成了以高丽为中心的一元化贸易形式。高丽不仅越过黄海,和后唐、吴越、南唐等长江流域的诸多政权进行外交和贸易,也利用黄海北部沿岸海路同东北亚新兴强国契丹保持外交关系。

不过,"后三国"统一以后,高丽对华政策开始发生重大变化。"后三国"互相竞争之时,高丽除了接受后唐、后晋的册封,为了维持后方的稳定,与后唐、后晋的敌对国家——契丹也保持着良好的关系。但是,在统一朝鲜半岛后,相比起与契丹的关系,高丽更加积极地发展与一海之隔的中原王朝的外交。在后晋建国后不久,高丽第一时间遣使朝贡。而曾经在政治上受契丹干涉的后晋,出于高丽可以牵制契丹的考虑,也向高丽派遣册封使节并带来大量回赐品,以试图拉拢高丽。

公元942年,契丹向高丽示好,向高丽派遣使节并送来骆驼。但是,高丽太祖以强硬的对策回应,将契丹使节流放并把骆驼拴在万夫桥上活活饿死。高丽太祖企图利用与契丹的紧张关系,来抑压"后三国"统一之后豪族们对王权的挑战,其政治意图旨在加强中央集权。此外,由于高丽的海商们不断经过山东半岛前往后晋的登州等地进行贸易,此举亦是表达愿同后晋进行深入外交的意愿。作为回应,后晋在高丽惠宗继承太祖王位之时,派遣使节前来高丽册封,并带来了非常丰厚的封赏物品。随着外交形势的变化,从高丽出发经朝鲜半岛西北海岸穿过渤海湾前往中国的海路因受到契丹的威胁而被废止,而从黄海道西北海岸通向山东半岛的海路便成为同中原王朝外交和贸易的主要交通线路。

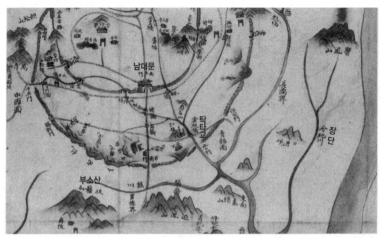

图0-3　开城全图中的橐驼桥部分及其想象图

橐驼(骆驼)桥,原名万夫桥,是从高丽都城南大门往青郊驿方向的一座桥,位于罗城内。942 年,高丽将契丹皇帝送来的 50 匹橐驼拴到万夫桥下将其饿死,此桥因此又被称为橐驼桥。信奉佛教的太祖将契丹皇帝派来的友好使节流放,将其送来的橐驼饿死,因此两国关系变得紧张。此举令人费解,有研究认为太祖清算与后晋及契丹的双重外交,只选择了前者,是想增加外交贸易的利益。该外交事件发生后,有名的万夫桥倒塌,此为后人的想象图。

高丽和吴越、南唐等十国的贸易持续着，并没有受到与契丹交恶一事影响。另外，后百济的灭亡使从礼成港经由朝鲜半岛西南海域前往长江地区的海路不再受到人为因素的干扰。曾出访吴越的张训在 938 年回国并报告了吴越国新皇帝已继位的消息，同年六月正朝广评侍郎柳勋律前往南唐朝贡，940 年广评侍郎柳兢质又前去进贡方物。这样，高丽在统一朝鲜半岛以后，虽然奉中原王朝为正朝，但与长江以南的许多政权也没有断交，这也意味着相互之间有贸易往来。但是据史料考察，较之高丽海商，吴越等国的海商们似乎更加频繁地使用这条海路。这一时期，高丽利用北线航路主导了同中原王朝的外交和贸易，而吴越等海商们则更加活跃于南线航路。

另一方面，据说在公元 938 年，西天竺的僧侣弘梵大师从中国来到高丽，在开城的舍那寺稍作停留，向圆空国师和智宗等授业后跨海返回中国。此时，海商的船舶担当起了连接朝鲜半岛和中国的角色。在前一年的公元 937 年，高丽太祖向日本发出牒文，试图缔结关系，但由于日本方面没有回应而落空。诸如此类外交文书的传递也意味着高丽与日本之间存在着贸易往来。

此外，高丽太祖时期，朝鲜半岛周边岛屿的政治势力也来向高丽朝贡。公元 930 年，芋陵岛派遣白吉和土豆二人来进献方物，二人被高丽分别授予官阶正位和正朝。公元 938 年，耽罗国的太子末老来朝，被赐予星主王子爵。此时，高丽已完全控制了朝鲜半岛东海和南海，甚至对遥远的岛屿也具有一定的政治影响力。

2. 宋朝的建立与高丽海禁

公元 960 年，赵匡胤夺取后周政权，建立了宋朝。高丽立即派遣使节前往朝贡，宋也向高丽派遣了册封使。之后，宋相继平定了长江流域的割据政权。宋丽两国之间贸易往来日益频繁,高丽的船只前往山东半岛地区进行贸易,而长江以南的宋商们则来高丽的礼成港和开京开展贸易。高丽初期,朝鲜半岛和中国的诸多政权之间的海上交流纷繁庞杂。然而,此时高丽也停止了与契丹的外交和贸易,只和宋朝海商们相互往来,交流趋于一元化。

但是,随着高丽制定政策限制海商自由往来中国,海上贸易也出现了转变。《高丽史》卷九三《崔承老传》中有如下记载:

> 我太祖情专事大,然犹数年一遣行李,以修聘礼而已。今非但聘使,且因贸易,使价烦伙,恐为中国之所贱。且因往来,败船殒命者多矣。请自今因其聘使兼行贸易,其余非时买卖,一皆禁断。

这段史料源自公元 982 年崔承老给成宗的上疏文。文中指出,当时除了有真正为履行外交任务而派遣的使节,还有借外交之名行贸易之实的使者,后者的目的不在于政治而是营利。所谓"使价",其性质与之前拿着国家封赐的职衔进行"外交"的高丽海商们一样。崔承老担心这种频繁的贸易往来会使高丽受到中国鄙视,并指出在此过程中还经常发生船只遇难和人命伤亡等弊病,所以建议朝廷以后让交聘使节兼行贸易,并禁止其他形式的贸易。这条建议和其他上疏内容一起被高丽成宗所采纳。成宗坚持重农抑商的国家治理方针,将民间与中国的贸易视为中央集权的障碍。禁止民间商人出海贸易,这在朝鲜半岛历史上尚属首次,此举可谓是划时代的。

虽然禁止民间商人出海前往宋朝贸易,但是为了能继续获得宋朝的先进文物,成宗并没有禁绝宋商的往来。而当时宋朝为了牵制契丹,致力维系与高丽的外交关系,优待前往宋朝的高丽使节。高丽吸收了儒教礼仪，向宋请求了不少必需物品，仅在高丽成宗时期就有五拨宋朝册封使来到高丽，高丽通过对宋外交获利甚丰。也正是基于此，高丽断绝了与地理位置相近且在军事上超过宋朝并正在崛起的东北亚强国契丹的外交关系，而越海事宋。

三、高丽前期的对外交流与海洋

1. 与契丹的对外关系和海洋

契丹并没有对高丽和宋朝的外交坐视不理。契丹攻打宋朝，同时为了成为东北亚的霸主，必须压制后方的高丽，遂于公元993年对高丽进行了大规模军事进攻。面对突发的军事入侵，高丽派遣徐熙和契丹的萧逊宁进行谈判，最后高丽与契丹讲和，承诺向其朝贡；而作为交换，契丹把鸭绿江沿岸的江东六州割让给高丽。之后，高丽派遣侍中朴良柔作为礼币使奉表前往契丹告行正朔，并乞还俘口。

高丽虽然在事实上已经成为契丹的册封国，但在公元994年、999年、1003年仍接连向宋派遣使节并禀告对方自己被契丹入侵的实情，请求宋派兵援助。此前宋也曾为制约契丹而求助高丽，双方在此发生了角色互换。而在1010年和契丹的第二次战争中，为了使契丹退兵，高丽显宗承诺赴契丹亲朝。但是之后的1014年、1015年高丽依然向宋朝遣使，献上方物。契丹一怒之下占领了鸭绿江中间的岛屿——保州，使高丽在军事上进退两难。

高丽虽然在和契丹的第三次战争中取得胜利，但是两国都意识到冲突对双方并无益处。因此，高丽和契丹再次议和，恢复朝贡册封关系。然而高丽一直没有放弃致力于维持同宋朝的外交关系。公元1036年，尚书右丞金元冲以进奉兼告奏使的身份被派遣往宋朝，但途中因船只破损，不得不返航。在其后的三十余年里高丽没有再向宋朝遣使。

高丽与契丹的第一次战争后，虽然事实上已经成了契丹的册封国，但高丽拒不承认，宁愿冒着开战的风险也要维持与宋朝的外交关系。正如《训要十条》所言，高丽惠宗、光宗、成宗等不愿遗忘高丽太祖留下的所谓"契丹是禽兽之国，风俗不同，言语亦异，衣冠制度，慎勿效焉"的遗训，又无法放弃通过同五代、宋的外交所获得的文化、经济上的利益，所以才选择如此策略。相比来自契丹的军事威胁，高丽更重视与大洋彼岸拥有先进文化的中原王朝之外交。

高丽与契丹的外交关系对通往中国的海上通道也影响甚深。契丹占据着辽东半岛，因此在很长一段时间里高丽和契丹处于敌对关系，所以连通中国渤海湾沿岸的海路事实上是被封锁的。这条海路是沿着朝鲜半岛西北海岸北进，然后再沿渤海湾海岸航行的。这曾是历史最悠久也最安全的海路，但是由于和契丹交恶，高丽不再利用此航路前往宋朝。因此，高丽初期另辟航路，从黄海道西海岸或是大同江附近往西正向航行前往山东半岛，直到 11 世纪 30 年代高丽和宋朝外交中断时这条航路才被废止。

另一方面，同契丹紧张的军事关系以及频发的战争却成了高丽中央集权化的契机。高丽太祖出身于通过海上贸易成长起来的豪族，他比弓裔王和甄萱王更了解地方豪族，并且通过实行赐姓和联姻等政策，促使豪族归顺于己。这正是高丽能在建国初期不利的条件下逐渐成长为"后三国"中最强大的国家，并最终统一"后三国"的政治基础。

实际上高丽太祖在统一"后三国"的过程中，以忠诚度为前提，兼顾其势力范围给予了归顺的豪族们相应的官阶，并赋予其收取所在地区内税收等诸般行政事务的权力。但是,此举亦埋下后患,豪族们在"后三国"统一以后在自身势力范围内具有相当大的权力,与太祖联姻的开京豪族们甚至到了可以威胁王权的地步。

另外,由于高丽太祖流放契丹的使节并将其奉上的贡物骆驼拴在万夫桥饿死,东北亚军事强国——契丹同高丽的紧张关系一触即发。高丽定宗将豪族的家兵统一充公,编成了 30 万人的"光军",并以此作为推行中央集权的契机。后在高丽光宗强化王权成果的基础上,公元 983 年高丽成宗在 12 州任命外官,并于 995 年派遣了十二军节度使。这是为了应对契丹的入侵而以外官为中心来统领地方军事力量。由此,高丽穆宗和显宗时期先后在两界等全国百余处邑城任命了守令。由此可见,和契丹的紧张关系促进了高丽王权的强化。10 世纪末至 11 世纪初,高丽同契丹的三次战争也加快了外官的派遣。

有意思的是,在显宗时期的地方制度整顿中,除两界地区外,由中央派遣官员治理的邑城大部分是临海的。高丽时代,由派任了外官的"主县"在行政上管辖其周边那些没有外官派任的"属县",形成了一种主县—属县的地方行政体制,由此主县成为特定区域的中心。决定一个地方的邑格(即邑城的地位)和是否派遣外官的主要因素包括该地是否为高丽初期大豪族出生地、其对太祖的建国及"后三国"统一的贡献度、军事重要程度、户口数、交通便利性等。

通过文宗时期的外官俸禄制度可知,在当时派遣了外官的地区中,临海的邑城有设置了留守官的西京和东京,设置了界首官①的海州、全州、罗州、晋州等,设置了防御使的蔚州、梁州(庆

---

① 译者注:即大邑的守令。

南梁山)、金州(庆南金海)、丰州(黄海道丰川)等,设置了使的水原、长兴、洪州(忠南洪城)、古阜(全北井邑)、灵光、灵岩、宝城、升平郡等,设置了镇将的白岭,以及设置了县令的江华、高城、南海、巨济、瓮津、临陂、金堤、富城(忠南瑞山)、耽津(全南康津)、金沟(全北沃沟)等。而当时派遣了外官的内陆地区,主要有设置了留守官的南京,设置了牧使的光州、清州、尚州、黄州,设置了防御使的礼州,以及设置了其他外官的天安、南原、安东、京山(庆北星州)、公州、陕州(陕川)、东州、春州、交州、平州(黄海道平山)、谷州(黄海道谷山)、一善(庆北善山)、管城(忠北沃川)、大丘、义城、基阳、遂安(黄海道遂安)、海阳(光州)等。可见,从外官派遣地区的地理位置上来说,临海的不在少数。

当时高丽内陆的郡县数本身就比沿海的多得多,由此来看,西南海域沿岸的郡县——尤其是派遣了外官的——相比算是很多的了。罗末丽初,这个地区出现了相当一部分通过和中国、日本的对外贸易以及国内贸易发展起来的豪族,因此受到重视。后来高丽建立起连接江海的漕运交通系统,和开京相连的西南海域沿岸郡县也随之更加富裕起来。另外,黄州、公州、天安、海阳等地临海,光州、尚州等其他郡邑内也有汉江和洛东江等主要江河流过,这亦与上述情况相关。

高丽初期,中原王朝的使节和海商从山东半岛出发,经由今朝鲜黄海道西海岸到达开京。因此处于此航线中的丰州、瓮津、白岭镇、海州等郡邑都扮演了重要角色,是可供贸易之地。此外,从明州出发的使节和海商的船舶经过黑山岛,向高丽西南海域靠近后从灵光附近沿着海岸北进抵达开京,因此今京畿道、忠清南道、全罗南北道所在的朝鲜半岛西海岸在当时也常有船舶经过。由于国内外的船舶沿着西海岸频繁往返于礼成港,西海岸区域的守令除了处理基本的行政事务,还要负责海上治安和海难救助等,所以高丽很早就往此派驻外官。这不仅反映了罗末丽初豪族们通过海上贸易发家的史实,也体现了高丽时代的沿岸海路在当时国内外交通体系中所处的重要地位。

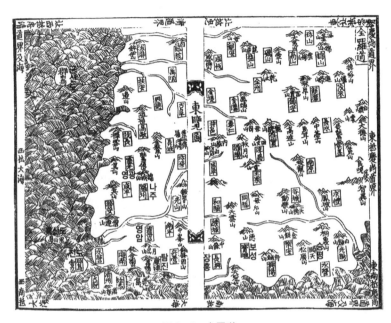

图0-4　全罗道

截取自《新增东国舆地胜览》。

全罗道所处的朝鲜半岛西南海岸是连接半岛西部海域和南部海域的交通要冲。罗末丽初,从新罗和日本前往中国都要经由此地。随着中国长江以南地区的发展,很多那里的商人也前来朝鲜半岛,全罗道在外交、军事、贸易上的重要性得以进一步加强。

2. 丽丹战争以后高丽与宋朝的交流和海洋

高丽在靖宗以后就停止向宋朝派遣使节,因此也难以通过外交渠道接受宋朝的文化。但是,两国之间文化及商品的交流之路仍然通畅,通过宋商进行的民间贸易也在持续。根据正史记载,宋商似乎在1012年才首次前来高丽。但通过关于宋人归化高丽的记载,以及宋朝送回高丽漂流民的记录等可知,实际上从960

17

年宋朝建立开始，宋商就经常来往高丽。11世纪后期，宋商在高丽最活跃的时期，每年都会有两艘以上的船舶到高丽，停留一年后再返宋。另外13世纪中叶，宋朝官员曾有如下记载："常有贩高丽者，大率甲番三只到丽国，必乙番三只回归，丙丁亦如之。"①换而言之，每年会有两三艘商船来往高丽。整合宋商往来高丽的所有相关材料可知，虽然无法完全证明每年都有宋商来往高丽，但从960年宋朝建立到1279年其灭亡，几乎每年都有宋商往来高丽的推测基本上符合当时的情况。

宋商往来高丽进行贸易，带来一些在高丽罕见的珍宝、书籍、《大藏经》、绘画等。但是，由于宋朝政府的禁令，像《太平御览》等一些真正能提高高丽文化水平的最先进文物很难输送至高丽。文宗曾想制造大船与宋通交，内史门下省却认为通过宋商即可引进珍宝，反对了此提议。但是，后来文宗仍然强行重启对宋外交，原因就在于此。随着契丹势力式微，文宗感知到宋朝对高丽的积极政策，想通过与宋朝恢复外交关系，来引进宋朝先进的文化，这再现了成宗时的经验：当时在宋朝与契丹的竞争中，高丽的地位得以提升，高丽选择与宋朝而非契丹进行外交往来，由此从宋朝输入了很多儒家经典及其他物品。从文宗恢复对宋通交，一直到宣宗、肃宗、睿宗时期，宋朝为联合高丽抵御契丹及金朝，赏赐给了高丽《太平御览》、大晟乐等无法通过海商购入的无价之宝。

仁宗时期，宋朝使节出访高丽，希望联合高丽一起攻打金朝。宋朝为了救回两位被金俘虏的皇帝，希望借道高丽，但高丽顾虑金的存在而婉言拒绝了。而在宋朝使节归国之后，仁宗又马上派高丽使节前往宋朝解释。这主要是因为当时高丽的处境虽然无

---

① 译者注：《许国公奏议》卷3，《奏晓谕海寇复为良民及海关防海道事宜》。

法帮助宋朝,但又想与宋朝维持外交关系以获得经济、文化上的实利。但覆水难收,宋朝与高丽断绝了正式的外交关系,两国之间出现问题时也只是通过宋商来交换文牒,进行非正式外交。然而尽管两国外交关系再次中断,高丽与宋商的往来却依然持续到宋朝灭亡为止。作为与中国贸易和先进文物输入的通道,黄海也总处于一种开放的状态。

3. 与女真的交流和东海

在朝鲜半岛东海方面,女真的往来也很频繁。渤海国灭亡以后,女真人居住于鸭绿江、图们江、黑龙江流域,他们通过水路来到高丽。其中,图们江地区的女真人成为海盗,肆虐于高丽东海岸一带,甚至南下挟持日本船只。但更多的女真人来到高丽,向高丽国王进献进而获得回赐品。他们被授予乡职或武散阶,象征其已成为高丽的臣子,然后在开京逗留的同时进行贸易,而后返回。高丽对前来朝贡的女真人给予厚待,以使他们与高丽和睦共处,在某种程度上也成了防止其海盗化的一种政策。

女真前来高丽朝贡的路径根据区域不同有所差异。东女真和黑水靺鞨通过图们江到达元山湾,再经陆路到达开京。西女真则是从鸭绿江乘船来到义州,然后沿西海岸南下在瓮津半岛上岸,或是到达礼成港后走陆路。在高丽北界和东界地区,高丽的水军官署具有双重角色,在防御女真海盗侵犯的同时,也保护和指引着前来朝贡的女真人。其中,东界的镇溟都部署(今咸镜南道元山地区)、元兴都部署(今定平地区)负责东女真,而北界的通州都部署(今平北宣川地区)和鸭江都部署(今义州地区)则负责西女真。

4. 与日本、大食国商人的交流

日本虽然没有与高丽缔结正式外交关系,但是一些政治势力对贸易十分关心,曾派遣海商来到高丽,他们向国王行进奉之礼并收到回赐品,进行贸易后返回日本。负责日本事务的水军是东南都部署(金州,今金海地区),他们在履行朝鲜半岛东海南部和南海地区的防御职责外,还执行护送前来高丽的日本商人和使节或是遣送漂流民、接收外交文书等外交任务。高丽肃宗时期,耽罗尚未归顺高丽,其往来于高丽的船只进入高丽领海后,也得到过高丽水军们的帮助。日本的商舶到达高丽后,或停泊在礼成港后前往开京,向高丽国王私献,或只停留在金州进行贸易。前一种方式中,日本人也会与来到高丽的宋商进行贸易,而后一种方式中交易的高丽货物比重更大。金州是除国家贸易港礼成港以外唯一可以进行官方贸易的地方港口,与礼成港一样也有水军驻扎。金州虽然远离开京,但因为临近日本,所以承担起与日本外交和贸易的任务。

阿拉伯地区大食国商人们也来过高丽。据载,公元 1024 年九月大食国的悦罗慈等 100 人来丽,公元 1025 年九月又有大食国夏诜罗慈①等 100 人前来,公元 1040 年十一月大食国保那盍等也前来献贡水银等物品,在客馆逗留一段时间后,带着金帛等高丽国王的赏赐返回。高丽国王念及大食商人从遥远的异国长途跋涉前来朝见并参加八关会,因此给予了他们特别的优待。他们应该是在宋南部港口广州或是泉州时,从宋商处打听到关于高丽的消息,才决定前来的。农历九月和十一月前来高丽的大部分大食商人应该是冲着八关会来的。但是,如果没有实地航海经验,100 人这么大的规模,横跨黄海前来高丽极其危险,所以他们有可能不是亲自航行前来,而是得到了宋商的相助。虽然只有三次,但是大食国商人能来到高丽,在朝鲜半岛贸易史上具有非常

---

① 译者注:引自《高丽史节要》,而《高丽史》作"大食蛮夏诜罗慈"。

特别的意义。

5. 宋商的高丽往来与东北亚贸易网络的形成

宋商频繁往来于高丽,并不受宋丽之间外交关系的影响。他们像外国使节一样向高丽国王进献物品,并进行贸易。从东女真、西女真、黑水靺鞨、日本、耽罗等政权来的使节只是在外交上稍显正式,而在赴丽贸易这一点上与宋商并无二致。宋商和使节们都参加八关会,在众多高丽百姓面前向高丽国王进献珍宝。只不过,由于有官方的性质,使节们来高丽的时候受到船兵①的保护。

由于高丽禁止本国商人出海贸易,宋商实际上独占了黄海的贸易主导权。高丽允许他们在礼成港进行贸易,因此宋商的船舶频繁造访。难以直接前往宋朝的东女真、西女真、黑水靺鞨、日本人也来到高丽与宋商一起参加八关会等活动,在滞留期间互相进行贸易。而来往高丽的宋商一般停留在被称为唐商馆的开京客馆和礼成港。一批宋商即使归国,新的一批还会前来高丽交替,所以一年到头都有宋商驻留在高丽。如此一来,高丽周边的国家或民族不需冒险漂洋过海,也可以时常在高丽与宋商进行贸易往来。

因此,因契丹的阻隔而难以到宋朝进行贸易的东西女真、黑水靺鞨等就以朝贡的名义来到高丽,而因航海条件等难以前往宋朝的日本商人除了依赖往来日本的宋商,也可以到航程相对较短的高丽进行贸易。他们向高丽国王进献进而获得回赐物品,通过与高丽的外交关系获得政治威望及经济利益的同时,也可以到离自己停留处不远的宋商客馆展开贸易。从马岛海岸打捞出的宋

---

① 译者注:水军的一种。

商船舶中发现了署有都纲姓名的墨书款瓷器,可见宋商与日本海商之间在礼成港曾进行贸易。这些瓷器品质粗劣,在瓷器文化比较发达的高丽是不用这类瓷器的,而在技术水平较低的日本博多,这类瓷器则多有出土。由此可以判断,这些瓷器应该不是宋商销往高丽的,而应该是与同样前来礼成港的日本海商进行交易的物品。换言之,礼成港成了连接宋朝、高丽、日本的中间贸易点。

唐朝灭亡之后,随着册封体系的崩溃,东亚地区形成了以贸易而非政治为中心的贸易圈。作为宋商的贸易对象之一,高丽连接着东亚贸易中心——宋朝。宋商时常来往于高丽;黑水鞑鞡、东西女真、日本等也向高丽国王进献,同时与驻留高丽的宋商展开贸易。由此高丽的开京与礼成港成为东北亚地区贸易网络的中心。

高丽重启对宋外交,使得宋商的往来合法化,这个时期其往来的频率也达到了高峰。日本和东西女真的使节亦随之纷至沓来,文宗时期正是高丽作为东北亚贸易网络中心最为繁盛的时期。宋商来往的黄海、女真来往的高丽东部海域和日本来往的高丽南部海域都得以开放,众多的外国船舶来往于高丽海岸,这个时期可以说是海上交流的黄金期。

6. 宋商的高丽贸易与海上交通网络

随着连接宋朝明州与高丽礼成港之间海路的繁荣,高丽西海岸樯橹如林,宋商云集。作为高丽首都开京的海上门户,礼成港时常有宋商的船只停靠。宋商的船舶一次会搭载几个商团前来高丽,有时也会有多艘商舶同时停靠在礼成港的盛况。其中的一部分人前往最大的市场——开京,以客馆为驻地,主要与达官贵人进行贸易;其余人留守礼成港看管船只,同时与周边的商人进行交易,并备置返航所需物品等。礼成港的商业

图 0-5　开京简图

朴龙云：《高丽时代开京研究》，一志社，1996年，第43页。

图上标有开京的宫殿及寺院等主要设施，西北边的宣旗门附近有宋丽恢复通交后宋使来访时停留的客馆。位于南大门北边两条道路汇合之处南大街的市廛，虽然是为开京人设置的官营商业设施，但周边的一般百姓也可在此进行交易，前来高丽的宋朝、契丹使节以及宋商、女真人也会来此进行贸易。外国人的客馆就在离市廛不远之处，契丹使节的客馆迎恩馆和仁恩馆在南大街兴国寺的南边，女真的客馆迎仙馆和灵隐馆分别位于顺天寺的北边和长庆宫的西边，宋商的客馆清州馆、忠州馆、四店馆、利宾馆等位于南门外到两廊之间。

也因宋商的到来变得生机勃勃。另外，御史台派监检御史到礼成港监督宋商的贸易，检查货物时，如果发现违法物品，会对宋商进行处罚。

礼成港是高丽各地漕船的聚集之处，同时其他载有各地产品运往开京的船舶也会停留于此。这些从高丽各地而来的人自然也会与在礼成港的宋商进行贸易往来。高丽时代虽然用于军事或官方交通的驿制已完备，但是一般物资的流通主要利用水路，其中心就是礼成港。宋商不用四处奔波就可以与来往礼成港的各地商人交易,而宋商带来的各种商品也会传播到全国各地。通过高丽唯一的贸易港口礼成港的传播,各地对宋朝先进文物的接受程度不亚于开京,这也缩小了地方与开京的文化差距。可以说,对宋贸易的影响是全国性的。

高丽西海岸地区的岛屿以宋商船舶的停靠为契机可以进行若干贸易。宋商从明州出发,经过高丽的可居岛、黑山岛,沿西海岸北上到达礼成港。如果风平浪静的话,为了缩短时日,海商会绕过岛屿直接航行。但是从记载来看,宋商往返高丽之时,能顺利通过可居岛到礼成港这段航线的船只并不多。1123 年,前来高丽的宋朝使节在回国之时遇上风浪,被迫滞留在群山岛很长时间。宋商也一样,他们的船只会在可居岛、黑山岛、群山岛、马岛和永宗岛等海路上的主要岛屿停靠,或躲避恶劣天气,或补给水与粮食,或简单修理船只的破损等。岛民可以向宋商提供水和粮食、木材等,或进行其他贸易。由于一年里有众多船舶经过这些岛屿,所以岛上的贸易机会接连不断。

前来高丽的外国海商原则上只能在派有官吏进行监督的礼成港活动,但是为了躲避风浪停靠在高丽西部海域各岛屿的话,当地居民也可以与宋商进行贸易。群山岛上的人与宋商一同来到开京的例子便可从侧面印证这种情况。在国家默许之下,海路重要岛屿上的贸易得以展开。

7. 耽罗、芋陵岛归属高丽与高丽南海、东海

12 世纪耽罗和芋陵岛归属了高丽,开始分别成为高丽南海与东海的海上分界点。高丽初期,济州岛以耽罗国的名义向高丽朝贡,其使节与女真、日本等的使节一起作为外国使节参加高丽八关会。但在 1105 年,耽罗国失去政治独立性,被划入高丽的统治领域,成为耽罗郡,1153 年改为耽罗县,1295 年又改为济州。

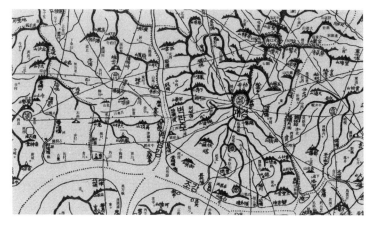

图 0-6　开京与礼成港

截取自《大东舆地图》。

开京西边有礼成江,其自北向南流入黄海,礼成港(因附近有"碧澜亭",又名"碧澜渡")位于礼成江下游,距开京约 40 里。

图 0-7　古群山(今仙游岛)与蝟岛

截取自《青邱图》。

两岛位于中国南方到朝鲜半岛的海路上,靠近朝鲜半岛西海岸,是高丽时代宋使或宋商往来高丽时进行避风补给的重要岛屿。据《高丽图经》记载,仙游岛上曾有接待宋使的群山亭。

随着耽罗被纳入高丽领土,马罗岛等附属岛屿也一起被并入高丽,高丽南部的海上边界线得以迅速扩张。耽罗位于连接宋朝与日本的海路上,从明州出发的宋商船只往东北方行进后,以汉拿山为地标然后东进,经过济州岛海域到达日本。在穿越济州岛海域的时候,相对更安全的路线是从黑山岛穿过高丽内海——济州北部海域后前往日本;而经过济州南部海域去日本的话,则可以缩短航行日程。不管哪种情况,济州岛不仅是往来日本的宋商船只安全航行的重要地标,在天气恶劣之时,也是他们的避难之处。因此,往来日本的宋商船舶停靠济州南海岸进行补给的过程中,贸易活动就自然展开了。

在高丽太祖时期,芋陵岛时常受到女真的掠夺,人口逐渐减少。因此高丽派使节调查岛上情况,毅宗时期也曾计划徙民,但终未实施。与耽罗不同,芋陵岛人口较少,不足以设立郡县,因此

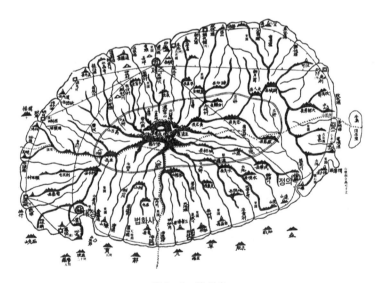

图0-8 济州岛

截取自《大东舆地图》。

以作为一个比郡县级别低的行政单位——岛,被完全编入高丽版图。由此,在三国混乱时期短暂独立后,向高丽朝贡的芋陵岛,包括其附属岛屿独岛,被再次纳入高丽的疆域内。

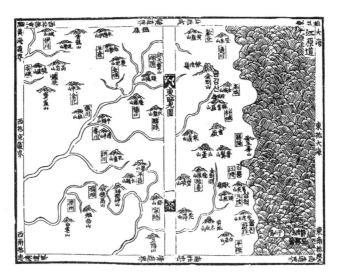

图 0-9　芋陵岛与于山岛

截取自《新增东国舆地胜览》。

8. 与金的对外关系和海洋

散居于图们江与鸭绿江流域的女真人曾将高丽国王视为自己的君主,并向高丽朝贡。然而其势力于 11 世纪末逐渐壮大,威胁到高丽的东北面。肃宗曾派大规模远征军攻击女真,但落败了。睿宗设立别武班,派大将尹瓘再次征伐女真。虽然尹瓘取得了一定的战绩,在占领的区域筑起了九城,但由于遭到女真顽强反抗,在接受女真的表忠盟誓之后,高丽即归还了占领的区域。

完颜部女真人阿骨打统一女真各部,于 1115 年建立金朝,随后向西进攻契丹。这个过程中,在金的默许之下,高丽趁机占据了纷争近百年的保州和来远城。金联合宋灭契丹后,又南下攻打

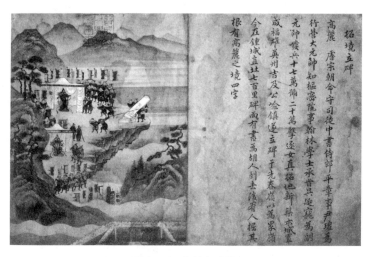

图 0 - 10　拓境立碑图

高丽大学博物馆藏,国立中央博物馆:《走向高丽时代》,2009 年,第 101 页。
朝鲜后期的画作,描绘了高丽时代尹瓘征伐女真之后立下刻有"高丽之境"的
界碑这一历史情境。

宋朝,将自己的领土扩张到之前契丹的领域以南。1126 年金派使节到高丽要求建立君臣关系,尽管当时高丽朝堂上有李资谦等一部分人表示反对,但高丽最终还是选择接受金的要求,成为金的册封国。

随着契丹的式微,宋朝开始积极在外交上与高丽接触。宋朝赐给高丽佛骨舍利等贵重物品,其中包括睿宗希望得到的大晟乐。睿宗死后,宋朝派遣了吊慰使和祭奠使,意图加强政治纽带关系。但是当宋朝受到金朝进攻继而国都陷落、皇帝被掳之时,高丽选择视而不见。宋朝多次向高丽遣使,要求高丽在军事上援宋抗金,均被高丽拒绝。宋朝使节失望而归,仁宗又随即遣使入宋说明情况,努力维持外交关系。后来宋金议和,停止战争。宋朝放弃了之前联合高丽制衡契丹与金朝的战略,高丽的战略地位因此下降,宋丽两国的正式外交往来实际上也随之中断了。之

后,仅在出现漂流民或俘虏遣返等问题时,双方才通过宋商进行交涉,除此再无其他官方层面的往来。

随着金朝的建立,高丽周边的海上活动也悄然变化。首先,女真人不再通过海洋前来高丽。1128年金富佾告诉宋朝使节杨应诚说金朝军队将越海攻打两浙地区,杨应诚却回答说女真不擅海战。对此,金富佾补充道,之前女真"常于海道往来,况女真旧臣本国,今反臣事之"。① 如金富佾所言,女真人曾通过朝鲜半岛东海岸前来高丽进贡。后来各部女真被统一,金朝建立,东西女真开始减少向高丽入朝。随着金朝逐渐强盛,女真人不再通过朝鲜半岛东海岸往来高丽。同时,该区域的女真海盗也随之消失了。

金南下至长江附近,海商的活动也受到影响。宋辽时期连接朝鲜半岛西北海岸与中国山东半岛的北线航路与从明州出发经过朝鲜半岛西南海域到礼成港的南线航路同时被使用。大多数的宋商来自泉州、福州等明州以南地区,而获宋朝政府的许可能够前往高丽的港口开始只有明州,因此当时主要被使用的航路是南线航路。另一方面,北线航路也在两国人员往来中发挥着作用。例如宋朝使节曾跟随高丽使团一起从宋朝出发,到达瓮津半岛后再前往开京;高丽使节金悌出使宋朝时从登州登陆;义天在高丽搭乘宋商船只从密州入宋等。但是,随着金的南下,山东半岛被完全纳入其势力范围,高丽与金没有海上交流,所以高丽到登州、密州这条北线航路上的船舶也随之消失。

因此,明州港成了宋朝与高丽外交、贸易最重要的港口。风与海流的作用使得从中国长江地区去往朝鲜半岛西南海域的耗

---

① 译者注:《宋史》卷487,《列传·外国三·高丽》。

图 0-11 阿骨打铜像

　　阿骨打统一女真各部,于 1115 年建立金朝,庙号太祖。1117 年 3 月阿骨打攻打契丹,在这个过程中,高丽重新占据来远城和抱州(保州)。以此为契机,高丽与金在相对比较友好的氛围中维持了类似于"兄弟之国"的外交关系。

图 0-12 定海县图

　　宋代明州定海县地图,宋朝前往高丽的船只从这里出发。向明州市舶司申告、得到许可的海商船只从定海县出发,穿越海洋,驶向高丽。1123 年来过高丽的徐兢记载到,从定海县出发的神舟沿着昌国县(舟山群岛)的几个岛屿和暗礁,航行三日到达宋丽海上分界点夹界山(新安郡可居岛)。

时大大缩短。这条航路在三国魏晋南北朝时期的孙吴、东晋、刘宋等与百济进行外交、贸易时就曾被广泛使用,后来五代十国时期的吴越、南吴、南唐等也曾使用该航路与后百济、高丽进行交流。从宋朝各地前往高丽的船舶只有在获得明州市舶司的批复后方可启航,其原因之一在于由明州出发的这条航路是前往高丽的航路中最便利的。宋朝的北方边界线南移至长江北部之后,明州虽然离金朝不远,但也靠近首都临安,而且最便于前往高丽,因此仍然是海商们去往高丽的出海港。尽管泉州等其他地方也设置了市舶司,但那里的海商依然需要先沿着海岸北上到明州定海县附近再往东北方向前行,所以明州作为前往高丽的海路出发地这一地位并未被动摇。

四、高丽后期的对外交流与海洋

1. 与蒙古的战争和海洋

1218 年高丽与蒙古军合围盘踞在江东城的契丹叛众,之后两国订立"兄弟之盟",双方的外交关系自此展开。之后,蒙古要求高丽大量进贡,一言不合便迁怒高丽,给高丽扣上无礼之国的罪名。之前,尽管高丽向契丹、宋、金等多个王朝称臣纳贡,但当时的朝贡只重心意而不重数量。高丽不满蒙古对纳贡的无理强求,奋起反抗。1225 年蒙古使节著古舆出使高丽后,于归国途中在鸭绿江边被杀,于是两国外交关系断绝。但此时蒙古因西征及与金、夏的战争而无暇东顾。1231 年,撒礼塔受窝阔台之命以杀使事件为借口率军东征高丽。之后约 29 年间,高丽与蒙古之间陆陆续续发生的战争共有 9 次之多。

1231 年蒙古入侵高丽,崔氏政权认为投降终会丧权,于是选择浴血抗战。崔瑀不顾诸大臣反对，于1232年将首都从开京迁至江华。崔滋的《三都赋》里对江华成为抗战时期临时首都的原因有如下解释：

> 内据摩利、穴口之重匝，外界童津、白马之四塞。出入之谁何则岬华关其东，宾入之送迎则枫浦馆其北。两华为阃，二崎为枢，真天地之奥区也。于是乎内缭以紫垒，外包以粉堞。水助萦回，山争岌嶪。俯临慄乎渊深，仰观愁于壁立。凫雁不能尽飞，犲虎不能窥闯。一夫呵噤，万家高枕，是金汤万世帝王之都也。

长期在江都任职的崔滋认为，大海对面的山和环绕江华岛的海洋是天然的屏障，岛上的两座大山可起到关卡的作用，阻挡外敌的入侵。高丽能够坚持抵抗较长时间，说明崔氏政权的策略是奏效的。

江华岛不仅有利于防御，而且邻近开京，可以高效利用高丽的漕运体系，以方便海上交通。崔滋对当时的情景进行了详细描述：

> 城市即浦，门外维舟。荛往樵归，一叶载浮。程捷于陆，易採易输。庖炊不匮，庑秣亦周。人闲用足，力小功优。商船贡舶，万里连帆。舣重而北，棹轻而南。樯头相续，舳尾相衔。一风顷刻，六合交会。山宜海错，靡物不载。捣玉舂珠，累万石以碨。苞珍裹毛，聚八区而菴藹。争来泊而缆碇，俄街填而巷隘。顾转移之孔易，何驮负之赛倩。尔乃手挈肩担，往来跬步，堆积于公府，流溢于民户，匪山而巍，如泉之溥。菽粟陈陈而相腐，孰与大汉之富饶。

有赖于船运把国家运转需要的租粮及贡物输送至江都，百姓所需的粮草充足有余。尽管遭受蒙古军队的数次蹂躏,但人口众多、土地广阔的全罗道和庆尚道的租粮及谷物的运输通道——高丽西部和南部海域的漕运依然尽在高丽掌控之中。另外,迁都江都后,不管战事如何,宋商仍定期往来高丽,贩卖统治阶层需要的珍品。

图 0 - 13　朝鲜时代江华岛地图

高丽大学博物馆藏。

这是根据朝鲜时代被开垦后的江华岛绘制的。岛的形态与高丽时代的稍有不同。江华岛的东边是海,水流湍急船只难以渡过;对面陆地上有山,利于防御。即使因抗蒙迁都,宋商往来高丽亦不曾间断。江都的宫城位于北边,宋商驻留在距此很近的昇天堡。崔滋在《三都赋》里也提到高丽迁都江都后,港口和宫城相近,便于运送。从礼成江碧澜渡到开京陆路距离大约为40里,与此相比,从昇天堡到江都宫城的路程则要近得多,陆上运输成本降低。

因蒙古军队的侵略,高丽的陆地惨遭摧残,但高丽掌控了海洋,由此得以持久抗战。于是,蒙古军队从1256年开始发动水军攻击高丽的岛屿。高丽水军因为熟悉沿岸地形及海洋潮汐规律，成功地抵御住蒙军的围攻，但蒙古对高丽的攻势也随之增强，这也是导致高丽决定及早与蒙古讲和的原因之一。

2. 海岛、山城"入保战术"与沿海、岛屿的开发及农业技术的发展

崔氏政权迁都江华岛后，让百姓进入山城、海岛进行抗战。山城位于险峻的山上，海岛周边有海洋环绕，可以阻挡蒙古骑兵的攻击。为了坚持抗战，百姓开始开垦土地，发展农业耕作。当时的农业生产能力决定了常年皆可耕耘的常耕田数量不多，数量较多的是需要休耕一年或两年才可以重新播种的"一易田"和"再易田"。

但是，随着在海岛或山城生活的人数增多，一些被废弃的土地也被重新开垦。不止在山中，海岸或岛内的平地也被开垦成耕地。1248年3月，高丽命令北界兵马使卢演将北界诸城的民众迁至海岛。其中苇岛可供耕作的平地有十多里，但因担心海水倒灌，此地一直未得以开垦，这时兵马判官金方庆下令筑堰播种。尽管一开始耕作不易，但不错的秋收成果也使百姓们得以生存。岛上没有井泉，外出取水则有被俘的风险，因此金方庆下令贮雨为池，其患遂绝。

这一时期江华岛的农业得到发展迅速。当时从开京逃至江华岛的人极多，因此《三都赋》里有如下描述：

> 涯凌叶拥，渚岬枝附，丽其枝叶而沙散棋布者，江商海贾渔翁盐叟之编户也。神岳蕊开，灵丘萼捧，架其蕊萼而晕飞鸟耸者，皇居帝室公卿士庶之列栋也。

从开京迁来的王室、官员、军人、胥吏、难民以及岛上的原住

民等共同生活在江华岛这狭窄的一隅。为了解决人多地少的问题,民众只好开垦江华岛西岸的滩涂湿地。尽管地力欠佳,但大量劳动力的集中投入,使得此地的耕作得以开展。为了提高土地的产量,民众尝试了深耕等耕作方式。牛、马以及人排出的大量粪便作为肥料加快了地力的恢复,提高了常耕的可能性。丰富的劳动力也使得耕作的效率大大提高,有利于促进增产增收。

　　随着集约型农业的发展,江华岛内的土地结数快速增加。据《高丽史》记载,1259 年高丽"以江华田二千结属公廪,三千结属崔竩家,又以河阴、镇江、海宁①之田分给诸王宰枢以下"②,从该记载可知当时江华岛的垦田数超过 5000 结。而《(朝鲜)世宗实录·地理志》记载的朝鲜时代江华都护府的垦田数也仅为 5606结。其他地方的垦田情况,比江华面积更大的巨济县才 709 结,

图 0-14　高丽宫址

郑学洙提供。
　　朝鲜时代江华府治所在地。据推测,抗蒙战争时期高丽迁都江华岛后就将宫阙建于此地。

①　译者注:河阴、镇江、海宁等皆为江华岛内的邑城。
②　译者注:《高丽史》卷 78,《食货一》。

昆南县才 1824 结;朝鲜时代由岛屿珍岛县和陆地海南县合并而成的海珍郡也才 5941 结。可见,江华岛成为临时首都后,农业生产得到了较大的发展。

3. 三别抄的抗争与黄海、南海

在对蒙抗争时期,与海洋相关的另一大事件是"三别抄之乱"。三别抄本来主要负责守卫都城,维持治安,以及作为武臣执政者亲卫军执行护卫职责,为守护崔氏等武臣政权做出了极大的贡献。他们除了防御首都,还被派往全国各地承担对蒙抗战的任务,战绩显赫。

但是,1270 年高丽元宗从蒙古归来,决定不再抗蒙,并还都开京。三别抄军队不满元宗此举,进行抵抗。将军金之氏去往江华岛欲解散三别抄,6 月三别抄以将军裴仲孙、夜别抄指谕卢永禧等为中心挑起叛变,拥承化侯温为王,设立官府。但随着不少守卫江华岛的军队逃到了陆地,形势开始急转直下。三别抄军集合船只将各种财物及自己的子女运往南方,从仇浦到缸破江,"舳舻相接,无虑千余艘"[①]。三别抄一直被高丽官府及蒙古军追击,只好于 8 月初退至珍岛。珍岛不仅是南海漕船的必经之地,也是掌控罗州等高丽西南海岸的命脉,同时还是宋商的船只经过黑山岛驶向江华岛这条海路上的主要岛屿。

三别抄军利用其船只和军需,将势力扩展到全罗道、巨济、合浦、金海等高丽南海岸的多个郡县。为了与日本联合对抗蒙古,其于 1271 年 9 月向日本派使节展开外交活动。但是,因未能阻挡丽蒙联军的强烈攻势,三别抄被迫把据点转移至济州岛,在金通精的指挥下继续抵抗。济州岛离珍岛南部较远,迁徙显然会削

---

① 译者注:《高丽史》卷 130,《裴仲孙传》。

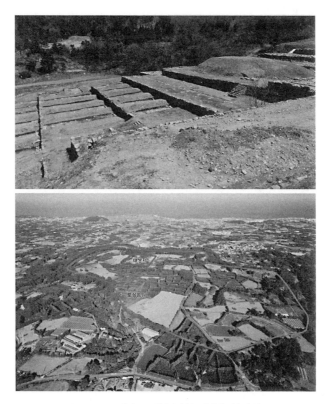

图 0－15　珍岛三别抄宫址与济州缸坡头城

济州文化遗产研究院提供。

　　反对还都开京的三别抄拥承化侯为王，把原位于江华岛的据点移至珍岛，广修宫殿，进行长期抗战。之后受到丽蒙联军的攻击，三别抄又把据点移至耽罗，并且建造了缸坡头城，持续抗战。据点的不断转移，有利于抵抗蒙古，也是对崔氏政权迁都江华和海岛"入保之策"的继承。

弱对南海诸郡县的影响力，但却有利于防御，而且地理位置上也处于连接中国和日本的海路上的重要据点。

　　这一时期三别抄掠夺全罗道南海岸的漕船，经过杨广道西海岸的安行梁到达江华岛，攻击洪州并逮捕当地的官员，占领江华岛南边的永兴岛，此时其海上活动尤为活跃。高丽政府准备了船只等军需物品，讨伐三别抄，并于 1273 年任命金方庆为判追讨使,指挥作战。一万多名丽蒙联军在罗州潘南县集合,经过楸子岛,从济州咸得浦登陆。三别抄寡不敌众,未能阻挡他们的登陆。丽蒙联军从飞扬岛方面迂回进攻,金通精等指挥的军队旋即陷入混乱,往汉拿山方向逃亡,济州最终陷落。

三别抄的抗争大约持续了三年。三别抄原属正规的高丽核心军事力量,所以足以与高丽和蒙古的联合军队长时间相持。而以济州等海上要冲为据点,也是他们能够掌控高丽西南海域持久抵抗的另一个重要原因。南海岸地区有高丽最大的谷仓,可以获取抗战所需的粮食。庆尚道和全罗道南海岸的漕运都需要经过珍岛周边的海域,紧握此海路咽喉可以给开京政府以沉重打击。而且,与江华岛一样,四海环绕的济州岛等是天然的军事要塞,易守难攻。

4. 元与高丽的日本征伐和南海

丽蒙联军镇压了三别抄军后,海上叛乱暂归平静。但随着元正式制定征伐日本的计划,高丽的这片海域又开始风起云涌。蒙古统治者欲建立一个横跨欧亚大陆的大帝国,并于1271年改国号为"大元"。而由于当时日本尚未臣服于蒙古,于是蒙古随即制定征伐日本的计划。在这之前,蒙古根据高丽人赵彝的建议,大约在1265年向日本派遣使节要求"通好",但日本没有回应。1266年蒙古遣黑的带来皇帝诏书,告知高丽准备征伐日本。由于担心战争会殃及本国,高丽国王和宰相都以海路凶险为由,反对征伐日本。但谎言很快被识破。元责怪高丽,并于1268年开始正式准备伐日。元朝于当年10月检验了高丽的军队与战舰,并且派人到中日海路上的要冲黑山岛视察。1270年三别抄挑起叛乱,两国集中军事力量平叛,同时继续劝告日本归服。高丽仍对停战心存希冀,派遣使节赵良弼等向元世祖劝说征伐日本的危

图 0-16　"元寇"防垒指示图

　　"元寇"指入侵日本的元军。日本得知元朝入侵的消息后,在各处设立防垒。

害。但是,元世祖坚持伐日,命令平定三别抄叛乱的军队准备向日本进攻。

　　为了确保军粮充足,元设置了屯田经略司,要求高丽提供牛1010头、农具1300种、种子1500石。高丽恳请元考虑其财政情况,更改命令,元未予接受。1274年元派使节出使高丽,命令建造船舰300艘。高丽不但要准备造船的材料,还要负担人力费用,百姓们因此苦不堪言。

　　征伐日本的命令出现于高丽元宗时期,但在忠烈王即位之后才得以实施。1274年元忻都指挥的蒙汉军25 000多人与金方庆带领的高丽军8000多人等乘900多艘战船,穿过对马岛,攻击日本的九州。但途中遭遇大风浪,损失大量军备及船只,只好急速归返。第一次征伐虽然失败了,但元世祖并没有放弃征伐日本的计划。1279年元灭南宋后,设置了征伐日本的机构征东行省,命令高丽予以协助。为了完成元下达的关于准备兵船900艘、船工15 000名、军人10 000名、军粮110 000石的任务,高丽只能咬紧牙关。

与第一次不同,在第二次征伐中,擅长海战的南宋军队也参战了。1281年金方庆率领的元丽联军乘900多艘战船,向一岐岛进军。同时从中国长江出发的江南军乘3500多艘船,准备在一岐岛集合。但因延迟到达,错过战斗。最后两国军队只好推迟联合攻击计划。但因此,日本有了充足的时间进行战前准备,再加上遇到大风浪,元丽联军损失了十多万人,最后只能狼狈撤退。

图0-17 防止元丽联军入侵的防垒和木栅

日本幕府为应对元丽联军,设置了防垒和木栅等防御工事。图中的木栅是参考古画新制的,部分堡垒也被修补过。

即使元世祖成功征服日本,对元朝来说也并无实际意义。相反,盲目的征伐给高丽带来了巨大的痛苦。加上因为之前与蒙古的长期战争以及三别抄抗争,高丽国土荒废,生灵涂炭。

另外,高丽与日本之间虽然没有正式建立外交关系,但是此前日本会有一些"进奉船"到访高丽,向高丽国王进献方物,高丽国王则会给予相应的回赐，以维持和平的贸易关系。而维持这种关系的外交窗口就是金州（金海）。但是，从计划征伐日本后，准备出战的高丽和元帝国的军队长期驻扎于合浦和金州等高丽南海岸郡县。战争结束之后，为防日本入侵，高丽又设置了镇边万户府。在征伐日本之前，高丽的南海海域对日本是开放的。但对日征伐促使高丽与日本之间变为敌对关系——虽然这并非高丽的本意。战争之后，这片场域在很长的时间里成了封闭海域，两国无法交流。

5. 与元的交流和海洋

高丽与蒙古之间长期交战。正在征伐南宋的忽必烈听闻宪宗皇帝的死讯后，立即率军北上争夺帝位。在这个重要时期，高丽的太子——元宗谒见了忽必烈。蒙古的统治阶层原本对高丽迟迟未臣服而持否定态度，但此事件后，相对于其他已经被蒙古占领的国家或民族，高丽获得了维持国家主权和自身文化的相对有利的条件。另外，后来元宗的太子——忠烈王又入朝，并与元皇室公主联姻，两国形成"甥舅"关系。忠烈王成为元朝的驸马，高丽的地位因此得以上升，相应地，国王在高丽国内的威望也随之提升。

忠烈王之后许多国王都与服侍自己的官僚们赴元亲朝，并长期驻留在那里。为了筹备相关费用，高丽往元朝运去各种物资。在此期间，国王和臣僚们可以接触到最新的文化并将其传播到高丽。

由于高丽与元朝关系的好转，两国之间虽然有清晰的边境线，但实际上"形同虚设"。高丽的陆上交通与元朝的驿站体系相接，海上交通则与其水站体系相连。如果高丽发生饥荒，元朝无偿调拨谷物救济；相应地，为了救济辽东地区的饥荒，高丽也向元朝提供粮食。元朝的通用货币宝钞以皇帝回赐的形式流入高丽,高丽商人交换宝钞后到元朝进行贸易。高丽商人持有国家下发的"文引"越过边境,进入元大都出售商品后,购买受高丽人喜欢的珍贵物品回国。当时元大都是东西物产的集散地,高丽则是其贸易网络的一部分。

这一时期有多条连接两国的航路。从高丽大米运送到辽东的路线,可以发现曾经因为契丹与金而封锁的渤海沿岸航路被重启了。《老乞大》中商人购买物品后在直沽乘船回高丽,可说明当时封锁已久的北线航路也已复航。另外,忠烈王妃齐国大长公主也曾派人通过南线航路到长江地区进行贸易。泉州等地宋商的后代没受朝代更迭的影响,也继续来往于高丽的礼成港进行贸易。作为元朝海上贸易的中心,来自东南亚诸国、印度、阿拉伯地区等地的商人聚集于泉州进行贸易。因此,各种异域物产也通过元朝庞大的贸易网络自然而然地流入高丽,同时高丽的特产也可能流往上述各地。元干涉期,高丽与元朝之间的陆路及海路完全开放,海路有南线航路、北线航路及渤海沿海航路等。因此,这一时期高丽与中国的贸易及文化交流比任何一个时期都活跃。

元征伐日本之后,两国关系虽然非常紧张,但是元朝庆元港和日本九州的贸易反而更繁荣。而在这条航线上的可居岛及济州岛便成为商船的避难之处。尤其随着来往济州岛南部海岸的贸易船的增加,济州岛也顺势成为躲避恶劣天气、补充粮水的重要之地。济州法华寺的创建也与此相关。

作为海上交通的据点,又具备饲养战马的优良条件,耽罗随着高丽与元朝关系的变化,历经多次所属变更的曲折。1272 年三别抄占领了耽罗,后又被元丽联军夺回;1277 年元朝将耽罗作为养马的牧场,其归属了元朝;1294 年忠烈王到元朝请求皇帝归

图 0 - 18　法华寺址

济州史整理促进协议会提供。

济州西归浦市的法华寺发掘现场的图片。济州岛位于连接宋元与日本航线的中间,在补充航海所需的水与粮食、躲避风浪方面起到了重要的作用。法华寺的观音信仰受到中国明州普陀山的影响,明州是海商往来日本进行贸易的出发地。经过济州南部海域的海商们路过这里向观音菩萨祈求余下航程的安全。

还耽罗,获得准许后,第二年将其改名为济州,并命判秘书省事崔瑞为牧使。1300 年元朝皇太后在此放牧,1305 年又归还高丽。1318 年士用和严卜起兵,被济州人文公济镇压,高丽再次往此地派遣守令。1362 年济州再次归属元朝,元朝同知枢密院事文阿但不花赴任耽罗万户。1367 年元朝又将济州归还高丽,但是当地的牧子①杀死了高丽派去的牧使和万户。金庚带兵讨伐而未克,牧子则诉于元朝并请置万户府。恭愍王向元朝请求像之前一样让高丽自遣牧使、万户,同时承诺挑选牧子所养马匹进献,元朝照此应允。1369 年元朝牧子哈赤杀害高丽官吏,挑起叛乱,高丽没有马上采取行动,直到 1374 年七月最终命令门下赞成事崔莹

① 译者注:亦作牧胡,为元朝皇家养马的蒙古、色目人。

43

等率军舰 314 艘、士兵 25 605 名征伐济州。同年八月,崔莹在济州明月浦登陆,大战敌方骑兵 1000 多名,最终平定济州。在明朝占领元大都、元朝势力北逃之后的一段时间里,济州牧子仍然高呼着对元忠诚的口号继续占领济州。之后,明朝一度让济州进贡马匹,高丽官吏到济州履行该任务,这引起了牧子的叛乱,也成了高丽出兵的契机。禑王之后,由于明朝没有积极地对济州宣示领属权,济州及其周边海域归属了高丽,从此不再属于中国。

五、高丽末期的对外交流与海洋

1. 与日本、琉球的对外关系和海洋

倭寇是指在丽末鲜初侵犯高丽和中国沿海的日本盗贼。学界对于倭寇产生的根源有不同的说法。有的认为日本南北朝时代长期战乱,为解决生活的困难,部分日本人趁中央统治力弱化,越过海洋来到高丽和中国进行掠夺;也有学者认为是日本地方领主为获得财政收入,而派麾下的士兵入侵高丽和中国进行劫掠,由此形成倭寇。倭寇在蒙古入侵高丽之前的高宗时代就开始出现在高丽。有组织性的大规模侵扰是从 1350 年所谓"庚寅年倭寇"事件开始的。他们从日本乘船来到高丽,抢夺前往礼成港的漕船,沿海岸而下掠夺百姓的谷物。开始只出现在离开京较远的南海岸等地。之后,随着势力的壮大,他们北上黄海,攻击开京附近的江华岛、昇天府等地,使首都陷入混乱。

倭寇给高丽带来了巨大的损失。高丽百姓有的财物被掠夺,有的被杀或被掳。14 世纪以后朝鲜半岛南海和西南海地区的农业生产也因倭寇的侵扰而受到影响,国家无法正常征税,漕船还经常被洗劫,政府的财政运行面临困难。雪上加霜的是,当时发

生的一系列事件,使高丽无法集中军事力量有效地对付倭寇。例如,1356 年恭愍王实施反元政策,高丽随即受到元朝的威胁;红头贼两次入侵高丽;被元朝任命为高丽国王的德兴君入侵高丽;元明鼎革使得辽东地区陷于混乱,盘踞于此的纳哈出侵扰高丽;明使被杀事件发生后,高丽受到来自明朝的压迫;明朝计划设置铁岭卫与高丽的辽东征伐及威化岛回军等等。这些在鸭绿江流域接连发生的矛盾与战争都与高丽的国家安危息息相关,所以高丽朝廷只能把军事力量集中投入西北地区。由于分身乏术,高丽即使明知海岸地区受到倭寇掠夺也束手无策。这也是倭寇更加猖獗的原因之一。

高丽多次遣使到日本,要求日本禁压倭寇。1378 年郑梦周虽然前往日本带回了被俘高丽人,但没找到根本的对策。另外,高丽也在海岸地区筑城并扩充水军。为了在海上攻击敌人,高丽在战船上装备了崔茂宣所制火炮,其具备了击沉远处敌船的能力。1380 年,倭寇出动 500 多艘船来到镇浦,对当地进行掠夺。高丽水军首次使用火炮,击沉敌船数百艘。败逃至内陆的倭寇之后又在南原地区的云峰和荒山被李成桂指挥的高丽军队击溃。倭寇的气势自此锐减,高丽又在观音浦海战等战斗中接连胜利。1388 年明朝向高丽通报准备设置铁岭卫后,祸王和崔莹决定出兵征伐辽东,但因途中李成桂的倒戈而作罢。随着高丽与明朝关系的迅速改善,高丽重新集中军力对抗倭寇。1389 年朴葳等率领的高丽军队攻击了倭寇的巢穴对马岛,烧毁敌船 300 艘和一些房屋,带回被俘房的高丽百姓。

之后,倭寇的侵犯进一步减少,高丽周边的海域重归平静。这一时期,琉球遣使前来高丽表明事大之意,高丽也遣使答谢之前归还俘房之事,双方持续着友好的外交关系。曾是高丽与日本交流空间的海洋一度成了倭寇掠夺横行的战场,随着倭患的沉寂,这片海域又逐渐恢复了以前的功能。其征兆就是琉球和暹罗斛国等海洋国家向高丽遣使。

2. 与明朝的外交和海禁政策

元干涉期,高丽在政治上拥有独立的官僚体系,守住宗庙社稷,是一个相对自主的国家。但高丽在经济上与元朝的交流互动非常密切,两国人员往来比较自由,发生饥荒时双方还互相支援救恤粮食。从这个层面来讲,高丽与元朝也像是一体的。由于关系密切,两国的贸易往来也十分频繁。

元朝末期,张士诚和方国珍等长江以南的汉人群雄势力纷纷遣使向高丽进献方物,像以前的宋商等一样,以这种方式开展贸易活动。中国东南沿海地区对于高丽人而言就像是南部边界线,因为海洋是一个开放的场域,而非通行的障碍。由于高丽实行反元政策,所以在明朝建立后就立即遣使表明事大之意。尚未统一中原的明朝积极响应,两国建立了朝贡册封关系,双方使节利用海路频繁往来。

但是,朱元璋为了防止张士诚、方国珍及其余部等通过海上活动扩张政治势力,全面禁止民间私人出海贸易。高丽与中国原来主要通过黄海进行贸易往来,而中国商人突然被禁止出海,使得贸易商品的主要消费阶层——高丽权门、世族等受到巨大影响。

对此,高丽统治阶层为了进行合法贸易,只能参与到出使明朝的外交使团中。但是,明朝将高丽的朝贡次数由一年三次降为三年一次,并要求高丽使节由海路进贡。此时,出使高丽的明朝使节于归国途中在边境地区被杀害,两国关系随之恶化。明朝不接受高丽的遣使,不给恭愍王的继任者禑王册封,无理要求高丽进贡大量马匹，对高丽施以重压。

　　高丽与明朝围绕贡马问题产生矛盾。明朝知道高丽的国情，想通过外交及使行贸易为难高丽，实现自己的政治意图。每当出现朝贡问题，明朝都让高丽减少遣使次数，规定使节由海路入朝，并禁止高丽人进入辽东。减少遣使次数意味着减少高丽外交贸易的机会，但外交贸易在高丽的对外贸易中所占比重较大；而封锁辽东则意味着禁止当时高丽与明朝辽阳、沈阳地区之间活跃的私贸易。可见，这些政策在一定程度上是为了给高丽的贸易和经济造成打击。

　　当时，恭愍王死后，禑王需要通过明朝的册封获得正统性，统治阶层也需要克服对明外交恶化导致的朝贡贸易中断危机，因此高丽无法自主应对明朝的无理要求，只能表现出最大的诚意，企求对方的体谅。1385 年明朝赐予恭愍王谥号，又册封了禑王，两国恢复了短暂的友好关系。但当高丽请求减少贡物数量时，明朝则表现出不快，再次要求高丽三年一贡，并要与高丽直接交易马匹。而且在 1387 年平定辽东地区之后，明朝通报高丽表示铁岭以北本是明朝的领土，要求高丽将其归还辽东。对于明朝的一连串不当要求，高丽人的情绪也逐渐恶化，最终以崔莹为中心的势力在 1388 年出兵征伐辽东。但是，李成桂在威化岛倒戈回军，随后崔莹被处死，李成桂等亲明势力掌握了政权，两国关系又迅速得到恢复。从 1389 年恭让王继位至高丽灭亡这段时间，高丽与明朝的关系大体上可算和谐。

　　高丽采取被动的方式来应对与明朝的外交问题，原因之一是明朝的海禁政策使得中国海商无法前来高丽进行贸易。高丽只能通过朝贡外交及使行贸易来填补这一贸易空缺。这一时期，使行贸易经常出现问题，高丽受到明朝责难的情况也是屡见不鲜。

在贸易机会减少的情况下,各方势力想在使行时交易更多商品,这样的问题就无可避免。

明朝的海禁政策给高丽的贸易活动带来很大的影响。礼成港毗邻高丽首都开京,全国各地的漕船和商船汇集于此,中国海商可以方便地在此进行贸易。后来由于中国商船不再前来,高丽人开始在西北面地区进行边境贸易。随着中国海商的往来被中断,高丽建国以来四百多年间对中贸易的中心地——礼成港的地位日益下降,西北面地区则崛起成为新的对外贸易中心。海上贸易与陆地贸易之间可谓是你方唱罢我登台。

元明交替之际,与高丽接壤的中国辽东和沈阳地区经历了由红巾贼与德兴君等挑起的不少战事。被纳哈出等地方割据势力控制的这一地区,是高丽唯一能交易中国物产的地方。高丽西北面地区的富豪、商人们趁着中国的混乱和高丽统治力的弱化,在此大举通商牟利。对此,恭让王即位后派官吏严厉管制非法贸易,同时鼓励百姓崇尚节俭不使用从中国进口的奢侈品。这样一来,由于明朝的海禁政策和高丽限制边境贸易的政策,在高丽灭亡之际,不仅海上贸易被中断,边境地区的陆地贸易也受到限制,几乎只有使行贸易成为合法的对外贸易。

六、结语:高丽时代交流的空间——海洋

在前近代社会,如果没有盗贼出现的话,陆路应该是最安全的。但是,与人力或畜力的负载量相比,显然船运的效率更高。高丽与中国和日本之间贸易船的往来可以证明,环绕高丽三面的海洋无法阻挡其对外交流和贸易。高丽初期,高丽商人经常使用连接朝鲜黄海道西海岸和中国山东半岛的北线航路,而中国商人

则习惯使用从中国长江下游到朝鲜半岛西南海域的南线航路。

10世纪初的黄海是两国自由往来的交流空间,而14世纪末高丽灭亡之际,黄海成为不能合法逾越的障碍。作为物理空间的黄海几乎没有变化,但是作为具有470多年历史的交流空间,黄海的状态有翻天覆地的变化。这种变化产生的背景就是高丽成宗和明太祖实施的禁止本国海商私自进行海外贸易的政策。本来人类根据经济需求来往于海洋进行贸易是一种正常的现象,但是国家的政策或者王朝交替这样的政治因素人为地阻挡了交流。随着高丽及朝鲜半岛周边国家政治情况的变化,海洋在开放的空间和封闭的空间中反复转换。以时间为顺序,可以将这种变迁过程进行简单的整理。

918年"后三国"之一的泰封国宰相王建放逐了弓裔王,建立了新的高丽王朝。高丽与后百济、新罗在多个方面展开竞争,高丽太祖王建认为掌握与中国外交和贸易的主导权的重要性不亚于军事。所以,高丽占领后百济的罗州地区,阻挡后百济通过朝鲜半岛南部和西南部与中国交流,借此牵制后百济在北方与五代及契丹的外交关系。相反,后百济掌控了全州的西海岸,阻挡高丽从礼成港通往罗州地区,并为占领南海航路的要冲珍州与高丽发生战争。他们为占领位于边界的忠清西海岸,也在洪州地区进行了多次交战。结果高丽占领该地区,离统一"后三国"更近了一步。为争夺朝鲜半岛的霸权,高丽与后百济形成了竞争关系。这一时期,中国的使船与贸易船可以在黄海自由航行,但高丽和后百济互相使对方的船只无法通行。

"后三国"统一之前,高丽与中原王朝(五代)及契丹互遣使节,外交呈多元化。"后三国"统一之后,高丽只选择了中原王朝。高丽之所以做出此决定,一方面在于中原王朝虽然军事力量较弱,但是给予高丽优厚的待遇;另一方面是出于对海商安全的考虑,高丽需要和中原王朝打好交道。942年高丽流放了契丹的使节,并将作为礼物的骆驼饿死,挑起所谓的"万夫桥事件"。这样的挑衅行为极具危险性,因为当时契丹掌控着东北亚的军事霸权。高丽此举等于宣布放弃通过西北沿岸去往契丹领海渤海湾的航线。幸运的是,高丽与契丹之间没有再发生纷争,高丽通过连接黄海道西海岸和山东半岛的航路持续与后晋进行贸易与外交,获取了更大的利益。

成宗接受以儒家理念为基础的中国制度,强化王权。他很清楚之前张保皋或太祖王建就是通过海上贸易积累财富,成长为政治势力的。因此,他接受崔承老关于中央集权的建议,禁止高丽海商私自越过黄海到中国进行贸易,只允许高丽官方使节出使中国时进行所谓的"兼行贸易",这可以说是高丽的"海禁政策"。

成宗明知契丹在军事方面压倒宋朝,会成为东北亚的强国,但还是根据太祖的遗训远离契丹,采取亲宋的外交政策。对此,契丹为防止高丽与宋朝联合威胁自己,于993年入侵高丽。事出突然,毫无准备的高丽国王和大臣们十分惊慌,只好根据徐熙的主张与契丹进行和议。结果作为对契丹称臣的条件,高丽从契丹得到鸭绿江以南江东六州的领土。之后,高丽的宰相入契丹进贡,高丽奉契丹为正朔,进行事大外交,但是为了获得经济和文化上的利益,高丽同时也向宋朝遣使,进行二元外交。这也成为1010年契丹再次大规模进攻高丽的借口。高丽预料到契丹将第三次入侵,所以事先做了充分的准备,1018年在姜邯赞等指挥下于龟州大败契丹军队。但是,考虑到继续与契丹保持敌对关系会影响到国家利益,高丽决定继续保持对契丹的事大外交关系。

随着高丽与契丹关系的建立,宋朝在原则上禁止本国海商前往高丽。但是,在外交关系中断之后,宋商仍然持续来往于高丽。这主要是因为宋朝虽然将向契丹称臣纳贡的高丽视为敌对国,但同时考虑到将来攻击契丹需要高丽的协助。实际上,宋商利用与高丽统治阶层的紧密关系,从高丽获取了很多关于契丹的情报,传回宋朝。高丽文宗时期,在高丽与宋朝恢复外交的过程中,宋商也起到了重要作用。宋朝根据政治外交目的默许宋商往来高丽,而高丽想获取宋朝的先进文物,所以高丽与宋朝即便在断交的状态下也通过海路持续交流。两国恢复外交关系之后,阻止海商往来高丽的政策消失,宋商到市舶司申报后就可自由前往高丽,这样一来入丽的宋商的船舶大量增加,此时进入了两国贸易最为繁盛的阶段。对宋商来说,黄海成为完全开放的交通空间。

金灭契丹、占领华北地区之后,高丽周边的海洋形势发生了两个变化:第一,原本生活在鸭绿江和图们江流域的女真西进,生活在高丽东界以外的女真、黑水靺鞨、铁利国等诸部落也不再往来高丽东部海域向高丽进献或进行贸易活动。第二,金南下将领土扩张至之前契丹的南边,占领山东半岛,连接高丽与山东半岛的北线航路无法再使用。因此高丽和中国之间的海路只剩下连接礼成港和明州的南线航路,此时黄海实际上只有一半被开放。

13世纪蒙古(元)先后灭金朝与南宋,统一了中国。作为长期与蒙古抗争的成果,高丽的国家主权和自身文化大致得以维持。但因不是完全的胜利,高丽不可避免地受到了元朝的政治干涉。这一时期,高丽与元帝国的关系非常紧密,只要有出入边境所需的“文引”,两国人员可以比较自由地来往。两国之间不仅陆地通畅,主要的海上通道——黄海也完全被开放。渤海湾航路、北线航路、南线航路等各条航路都畅通无阻,可以根据不同情况自由选择。发生饥荒时,两国互相向对方支援赈恤粮。元朝汇聚了世界各地的物产,高丽商人和元朝商人将其带到高丽。

元末混乱时期,新成长起来的张士诚和方国珍等长江流域的群雄越过黄海向高丽进献方物并开展贸易。可见,对中国人来说,高丽是一个有吸引力的贸易对象,而且海洋不是交流的障碍。但这也成了后来明朝推行"海禁政策"禁止民间进行海外贸易的原因之一。

明朝的"海禁政策"对高丽的经济产生了很大的影响。因为中国海商无法出海为高丽带来各种奢侈品,所以高丽人期待出使明朝的使节兼行贸易来满足相关需求。尽管明朝建立后高丽就迅速遣使表明事大之诚,但从高丽恭愍王死后,明使被杀、明朝无理的贡马要求、明朝设置铁岭卫等外交事件接连发生,导致两国矛盾频发,外交贸易或使行贸易都因此受到严重影响。

商人们只能选择代替黄海的陆路进行贸易。高丽对外贸易的中心因此从海洋——黄海转移到陆地——鸭绿江附近的边境。高丽西北面地区的土豪和商人们纷纷跨越鸭绿江与明朝人进行走私贸易,相关的社会问题也随之产生。如果国家无法控制边境走私贸易,这些土豪和商人容易滋长为政治势力,进而脱离中央权力,这引起了高丽统治阶级的忧虑。对此,恭让王继位后向百姓提倡节俭,并派官员对边境贸易进行管制。在高丽灭亡之际,继海上贸易之后,陆地贸易也被限制,最后合法的对外贸易就只剩使行贸易了。

高丽虽然与位于自己东南部的日本没有建立正式的外交关系,但两国之间出现外交问题时,双方会派遣使节处理。日本各地的土豪派商人来到高丽开京,他们不仅向高丽国王进献以获得回赐,而且跟开京的高丽人和宋商进行贸易。除此之外,日本商人与高丽的日常贸易主要在离日本较近的金州进行,外交文书也是通过此地传到高丽朝廷。高丽与日本的贸易规模虽然不大,但时常进行。可以说,两国之间的海洋是时常开放的。

　　然而,由于元朝的日本征伐计划,高丽的东南海岸成了前哨基地。两次对日征伐结束后,高丽在此设置了镇边都护府,这里成为防御日本的最前线。从对蒙抗争期开始间歇性出现的倭寇,趁日本南北朝的混乱,在高丽忠定王时期开始频繁侵扰高丽。倭寇之患经过恭愍王时期,在随后的祸王时期到达高峰。倭寇在各地海岸出没,高丽周边不再是可以安全行驶的海域。在这种情况下,日本商船不可能前来高丽进行贸易。1388 年李成桂从威化岛回军之后,高丽与明朝的关系逐步改善,高丽将军事力量转移至南方,征伐了对马岛。随着倭患的沉寂,高丽周边海域重归平静,随后琉球和暹罗斛国的船只相继前来高丽。

　　上文以高丽和中国的关系为中心,叙述了海洋作为交流空间的状态伴随外交关系的变迁而变化的过程。从整个高丽时代来看,高丽周边的海洋是开放的。虽然成宗禁止高丽海商私自出海进行贸易,但是高丽周边的国家和民族依然可以越过海洋前来高丽贸易,高丽的开放性得以维持。然而,伴随着周边的王朝更替、周边国家的对外政策、战争等外部因素的变化,高丽周边的海洋有时也成为不可涉足的禁域。从"海洋与交流"的角度来看,高丽初与高丽末的情况大相径庭。与高丽王朝不同,朝鲜王朝实际上是在海洋封闭的状况下建立的。

第一章　与五代十国诸政权的交流和贸易

一、时代特征

(一) 罗末丽初与中国的多元外交关系

　　高丽初期的对外贸易与新罗一样,国家主导的公贸易和海商的私贸易共存。这一时期,高丽与中国开展外交主要是为了获得政治利益。这种情况在"后三国"统一之后同样如此,特别是光宗时期与中国的外交正是出于强化王权和整备文物制度等政治、文化方面的目的。当然,外交在某种程度上是贸易的前提,两者的关系本来就密切。高丽太祖得知后晋建立便马上派去使节,除了维系外交关系,也是为了让高丽海商可以在后晋安全地进行贸易活动。

　　因为与新罗及后百济进行竞争,高丽建国初期的对外贸易十分复杂。高丽于918年建立,此时朝鲜半岛上还有新罗和后百济,中国中原有后梁,长江以南有南吴、吴越、闽等几个政权。在朝鲜半岛的国家中,新罗与中原及长江以南地区的王朝都建立了外交关系,也有贸易的往来。后百济海上交通要冲罗州虽然被占领,但由于位于距离中国较近的西南海域,后百济利用在海上交通方面的优势,也积极展开了对中国的外交。后百济向中原及长江流域的几个政权派遣使节,受到后唐册封的同时也与吴越、南唐等几个政权进行贸易,跟契丹也有往来。

"后三国"与中国多个政权开展了多元、复杂的外交及贸易关系。高丽建国时朝鲜半岛上最强大的政治势力是后百济,这也影响到高丽与中国的贸易。但是,930 年以后高丽取代后百济成为军事最强政权,933 年高丽太祖受到后唐的册封,外交上也占尽上风。最终于 935 年新罗归顺了高丽,次年高丽征服了后百济,此时朝鲜半岛上就只剩下高丽一个政权,朝鲜半岛与中国的多元外交关系也终成过去。942 年,为了在外交上示好,契丹向高丽派遣使节。始料未及的是,太祖将使节流放,并将其带来的礼物骆驼活活饿死,借此表达自己坚守对宗主国后晋的外交义理。

"后三国"统一之后,高丽继续向南唐、吴越、闽等十国的多个政权派遣使节,进行贸易;同时,继后晋之后,高丽又先后接受了后汉、后周等中原王朝的册封,并使用其年号。宋朝统一中国之后,朝鲜半岛与中国大陆都只有一个政权,双方由多角关系转变为一对一的外交及贸易关系。

(二) 罗末丽初与中国的海上交通

高丽初期,朝鲜半岛和中国大陆上都分别有多个政权盘踞,两者都有很多港口和浦口,比起其他时期双方往来的航路增多,但主要的航路有三条:第一,沿朝鲜半岛西北海岸北上后,经过渤海湾到达山东半岛的航路;第二,从京畿湾地区北上到达山东半岛的航路;第三,沿朝鲜半岛西南海岸南下之后,经过黑山岛到达长江流域的航路。而关于第三条航路的出现,最近有研究认为,是因为在 11 世纪之前,在没有使用指南针的情况下人们只能选择最安全的方法——正向航行。所以五代时期船只一般从长江以南沿海岸向北移动,从淮河入口向黑山岛方向东进航行。

但是,后三国时期各国所处的地理位置,在其与中国的外交及贸易的层面来说,可谓是各有利弊。新罗不仅与中原及南方的十国等保持交流,而且还向契丹派过两次使节。当时,新罗的贸易港在蔚山地区,若要从此地向大陆出发,须向朝鲜半岛南海航行,经过黑山岛到达长江流域的吴越国,尔后通过黄海到达山东半岛地区前往中原王朝,最后再从黄海北上到达渤海沿岸,进入契丹。若要从新罗去往中国,需要先后经过高丽与后百济都在争夺的晋州海岸、高丽占领的罗州以及后百济掌控的忠清和全北地区的海岸。由此可知,如果想从新罗出发去中国,必须得到高丽和后百济的允许,特别是需要位于朝鲜半岛西南部和中西部的高丽的许可。可见新罗在与中国的外交方面被处处掣肘。

后百济同样不仅与五代十国有外交往来,而且利用船只与契丹互遣使者。后百济位于朝鲜半岛的西南部,与位于东南部的新罗相比,更容易抵达中国。根据《高丽图经》的记载,从中国明州到高丽西南海域的航路是往来中国长江地区最好的航线。但是,因为后百济与高丽之间的敌对关系,经京畿湾去往山东半岛和渤海沿岸十分危险,连接长江流域的航路也受到驻扎罗州的高丽水军的牵制。

高丽在"后三国"中位于最北部。虽然之前新罗与唐朝在边境上有部分接壤,但双方基本上都没有利用过陆路来往,而仅用水路。918年高丽建立时,北部边界地区被女真人占领,因此与契丹的外交只能通过连接西北海岸的航路进行。由于难以穿越女真和契丹地区,高丽无法利用陆路,只能跨过黄海前去位于中原地区的五代王朝。从地理位置来看,高丽到山东半岛地区和渤海湾是最方便的,但由于后百济的存在,经过西南海域去往吴越等地则相当危险。这一时期,高丽与中国的海上贸易活动集中在中原地区而非长江地区,与当时海路的政治环境关系甚大。

为顺利地开展与中国的外交和贸易,掌握海上的主导权,高丽与后百济之间的竞争相当激烈。原来还是泰封大臣的王建攻击并占领了后百济的罗州。尔后高丽建国,考虑到罗州地区不仅连接了朝鲜半岛南部与西部海域,而且还是通向中国长江流域的海上要冲,所以即使遭受后百济的猛烈攻击,高丽仍然拼命死守此地。

高丽与后百济争夺康州(今晋州地区)也是出于同样的考量。另外,932 年 9 月,后百济的水军为了挽回自身的颓势,掌握朝鲜半岛西部海域的主导权,袭击了开京的门户、水军基地礼成港以及贞州、白州、盐州。黄海道海岸是后百济去往五代王朝及契丹的路口,也是确保后百济与中国王朝航路安全的关键。

从这一点上看,"后三国"的政治军事主导权与海上霸权息息相关。高丽能够成功统一"后三国"正是因为王建认识到海上贸易及海上霸权的重要性,进而努力网罗海上势力。

高丽与后百济一直在争夺海上霸权,其中交战耗时最长的地方就是南海岸的海上交通要冲珍州地区和忠清西海岸的运州地区(忠清南道洪城)。尤其后者既是后百济与契丹外交往来的必经之地,也是高丽去罗州的咽喉要地。934 年太祖亲自率军队攻打运州,大败后百济军队,周边的三十多个城归降于高丽,高丽至此完全控制了朝鲜半岛西部海域。这为后来高丽统一"后三国"起到决定性作用。后三国时期,朝鲜半岛与中国的海上交流十分频繁,因此海上通道的安全与否关系着国家的兴衰,同时也是统一"后三国"的钥匙。

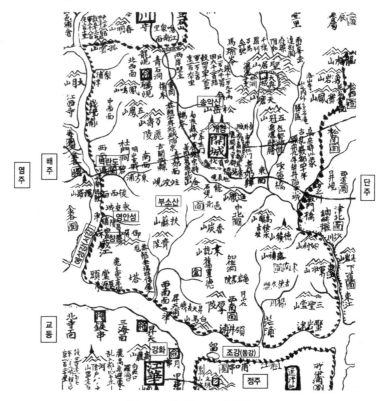

图1-1　礼成江—开京附近图

截取自《青邱图》。

　　高丽太祖的祖先来自北方,他们通过在黄海的海上贸易积累财富,并与周边地区的海上豪族联合,逐渐成长为大豪族,形成了高丽建国的基础。《高丽史·高丽世系》中记载,王建的始祖虎景从长白山来到松岳山,此后其后代的行迹都与礼成港及海上贸易密切相关。例如,虎景之子康忠与西江(即礼成江)永安村富豪之女的婚姻,王建的曾祖母辰义与唐朝皇帝的婚姻,王建之祖父作帝建(懿祖)搭船到中国寻父并迎娶龙女后归来,王建之父王隆(又作龙建,世祖)的坟墓昌陵在礼成港附近,太祖作为水军将军在弓裔麾下活动等,这些例子都说明了这一点。《高丽史·高丽世系》还记载王建的祖先们联合了开京及礼成港附近的豪族并得到他们的帮助。例如,作帝建带回龙女与七宝之后,开州、贞州、盐州、白州、江华、乔桐、河阴等地的人们建起永安城,并为其营造了宫殿,王隆迎娶端州人梦夫人韩氏为妻,而太祖的第一任夫人亦是贞州大富豪柳天弓之女。开州即今开城,端州在开城南部长湍一带,贞州在祖江(汉江与临清江交汇而成)南部坡州交河一带,盐州与白州在礼成港西部今延安郡与白川郡地区,江华、乔桐与河阴即今江华岛与乔桐岛。这些地方都位于祖江与礼成江交汇处附近,932年甄萱派水军攻击高丽的地方也是王建及其支持势力的根据地——礼成港、盐州、白州等地。

二、高丽与五代十国的"外交贸易"

五代政权所在的中原地区是当时中国政治及文化的中心。9世纪以后,吴越、南唐、闽等南方的地方政权借助繁荣的海上贸易的东风,迅速发展本国经济。明州和温州等地纷纷建起造船所。随着造船技术的发展,海商可以更安全地航行于黄海。虽然十国的政权没有像中原的五代王朝那样册封高丽和后百济的国王,给予其王权的正统性,但是这些政权也向"后三国"派来使节展开外交与贸易活动。

高丽与五代十国的大部分贸易是伴随着国家间的外交往来进行的,其基本方式就是高丽向中国进贡,中国予以回赐。本书将两国使节往来进行外交活动过程中展开的各种形式的贸易称为"外交贸易"。

高丽曾向五代十国的多个政权派遣使节进献方物。高丽向五代王朝进献的贡品大致有金属工艺品、金、银、铜、织物及织物工艺品、药材、马、狗、鹰、海兽皮等。史籍中对于高丽进献给后唐和后晋的贡品有较细的记载。

献给后唐的贡品主要有银香狮子银炉、金装鈒镂云星刀剑、马匹、金银鹰绦鞴、白纻、白毡、头发、人参、香油、银镂剪刀、钳钹、松子等。献给后晋的贡品主要有罽、罽锦、细麻布等织物,以及装饰有华丽纹样的铠甲、弓、箭、刀、匕首等武器。其中,献给皇帝的衣料和服饰、刀剑等都是由技艺精湛的官营手工匠制作而成的;而布、人参、香油、松子等应该是从高丽百姓交纳给国家的土贡中挑选出来的。

高丽献给五代王朝的贡品大都是出自当时高丽最高水平的

工匠之手。例如,在绸缎上用金银等五色线织出华丽花纹的工艺,就反映了当时高丽工匠技艺之精湛。史籍中留下的类似"贝锦成章,橦华让贵,咸陈筐篚,皆是珍奇","兵器骈罗,戎衣鲜丽,莫非精妙,可验倾勤,嘉奖所深,再三无已","戎器坚刚,织文靡丽,苎麻如雪,至药通神。首饰玩具之奇,香泽果实之类,名品既众,罗列甚多,省阅之时,称尚良切"①等相关描述,正是对当时高丽贡品的工艺之赞美。

虽然这些夸张的描述或许只是政权赢弱的后晋为了对高丽远道前来进贡表示赞赏的一种客套性言辞,但是从这些贡品的具体名称来看,高丽当时所贡的绸缎的确并非普通绸缎,而是色彩华丽并绣以金银等纹样的高级绸缎;剑也是用金银装饰并刻有各种纹路的宝剑,它们都是高丽工匠们费尽心血制作而成的。

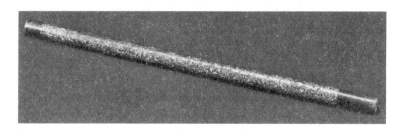

图 1-2 螺钿玳瑁菊唐草文拂子

国立中央博物院藏,国立中央博物馆编:《高丽、朝鲜的对外交流》,2002 年,第18 页。

使用螺钿工艺镶嵌有菊唐草纹样的拂子,体现了高丽时代螺钿漆器的制作水平。

另一方面,五代王朝给高丽的回赐品有中国本土的工艺品、绢织品、茶、书籍等以及通过贸易流入中国的犀角、象牙、香料、药品、珊瑚、珠玑、玳瑁、珍鸟类等。945 年,后晋使节前来册封高丽惠宗时带来了竹册、册案、帕、褥、檐床、锁钥等"国信物"。后晋的

———————————

① 译者注:《高丽史》卷 2,《世家二》。

赏赐品主要是供王室使用的贵重物品,因此没有出现如高丽所献的布或松子等一般物品。

958年和959年高丽与后周之间有大规模的贸易。958年后周派尚书水部员外郎韩彦卿和尚辇奉卿金彦英带数千匹绸缎到高丽购买铜。第二年春,高丽派佐丞王兢和佐尹皇甫魏光到后周进献名马、织成衣袄、弓、剑等,同年秋高丽又遣使进献了《别序孝经》《越王孝经新义》《皇灵孝经》《孝经雌雄图》等,同年冬再进献了铜50 000斤以及紫、白水晶各2000颗。

通过两年间的贸易,高丽大量的铜流入了后周。这一时期,后周世宗为统一中国,拆毁有敕额特批之外的寺院,销毁铜像梵钟,用以铸造钱币与武器,因此对铜的需求量大增。这一时期两国的贸易主要是根据后周的要求在"朝贡贸易"之外进行的,具有国家间贸易即公贸易的性质。

三、高丽与五代十国的文化交流

五代十国时期,各个割据政权为维持自己的统治,无不设法壮大自身实力,发展本国经济。远离传统政治舞台中心、偏安一隅的吴越、南唐、闽国等中国南方沿海的政权十分重视发展海外贸易,因此官方和民间的海外贸易都日益繁荣。伴随着这些地方与朝鲜半岛的贸易往来,彼此之间的文化交流也非常频繁。

高丽与吴越之间的佛教交流十分频繁。因为海上贸易的繁盛,吴越的佛教具有海洋佛教的特点。高丽的寺庙供奉着从吴越过来的五百罗汉像。据载,935年四明的子麟曾与高丽的李仁旭从明州港前来高丽。从930年代中后期到940年代,高丽与吴越明州的永安院之间也有佛教方面的交流。960年吴越国王钱弘俶遣使携宝物 50 种到高丽求取因战乱而毁失的天台宗章疏,后来高丽派谛观回访吴越并送去了诸多典籍。968 年高丽光宗派 39 名僧侣到吴越的永明寺延寿禅师门下求法。可见,10 世纪后半期,高丽与吴越在天台宗方面的佛教交流非常频繁,与高丽入华求法僧义通颇有渊源的明州传教院在双方交流中发挥着重要的作用。

高丽与闽国也有文化交流。928 年 8 月新罗僧侣洪庆从闽国运来一部《大藏经》,高丽太祖亲自前往礼成江迎接。洪庆原是入闽求法的新罗僧侣,其归国时新罗尚在,但选择的归处是高丽。自

图 1-3 新罗礁

高丽大学高丽时代史研究室提供。

新罗礁是位于中国浙江普陀山岛"观音跳"前海域上的一小块暗礁,据说离开岛后向暗礁的方向一直航行能够到达新罗,故得此名。五代十国时期吴越的使节和贸易船来往高丽和后百济时皆路过此处。13 世纪初编纂的《宝庆四明志》里记载,859 年日本僧侣慧萼(又作慧锷)从五台山迎奉观音像回国,船经普陀山洋面时为风浪所阻,以为此像不愿东去,便将其留下。而成书于 12 世纪的《高丽图经》则记载,新罗商人到五台山雕刻了观音像,欲载归其国,船只在海上触礁无法前行,遂将此像置于礁上,后有僧人迎奉于殿。此后,海舶往来时都会前往祈福。

闽出发抵达高丽的情况说明,当时高丽与闽国之间有海商往来。

通过与五代十国的外交及民间贸易,中国的文化迅速地传播到高丽。尽管高丽把外交的重心放在宗主国即五代王朝,但与吴越、南唐、闽国等十国的往来也并未中断。新罗末期甄萱建立后百济之后,向吴越国遣使,两国保持着紧密的外交关系。吴越国王曾遣使劝后百济与高丽修好,这一方面是因为吴越国与高丽、后百济都建立了外交关系;另一方面是由于吴越国海商与后百济及高丽均有贸易往来,后百济与高丽交好也对吴越的贸易发展有利。因此,高丽禑王时期的宰相尹珍在回顾罗州时曾说道:"有时贾客通吴越。"

四、高丽初期的海上贸易与成宗时期贸易政策的变化

据记载,这一时期高丽海商经常到中国进行贸易。934 年 7月高丽派管押将卢昕等 70 人到后唐的登州展开贸易,同年 10 月又派人到后唐的青州进行贸易。这些人都是高丽政府派去的,所以这种贸易具有公贸易的性质。

"后三国"统一之后,除了国家主导的公贸易,民间的私贸易也十分兴盛。但是,成宗时期,高丽官员以海上贸易存在弊端为由,开始试图对其进行管制。《高丽史·崔承老传》有如下记载:

> 我太祖情专事大,然犹数年一遣行李以修聘礼而已。今非但聘使,且因贸易使价烦伙,恐为中国之所贱,且因往来败船殒命者多矣。请自今因其聘使兼行贸易,其余非时买卖一皆禁断。

从该记载可知,当时除了有真正为履行外交任务而派遣的使节,

还有借外交之名行贸易之实的使者,后者的目的不在于政治而是营利。这说明当时高丽从国家层面将外交作为实现贸易的一种方式。崔承老担心这种频繁的贸易往来会使高丽受到中国鄙视,并指出在此过程中还经常发生船只遇难和人命伤亡等弊病。为解决这个弊端,他建议通过让交聘使节兼行贸易,来减少单纯贸易目的的使节派遣。换言之,崔承老还是认为在正式外交使节的往来过程中附带进行的贸易活动值得维持。

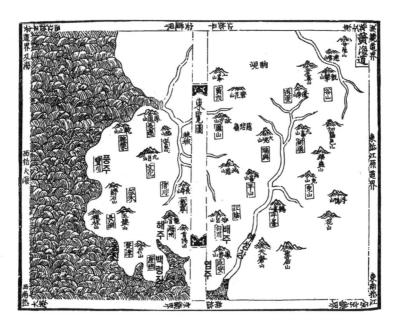

图1-4　朝鲜时代的黄海道

截取自《新增东国舆地胜览》。

高丽时代称西海道,与中国的山东半岛非常近,位于其正东方。连接两地的海路从造船和航海技术都不甚发达的古代开始就已通航。利用风与海流,从西海道地区向正西行进的话,可以到达山东半岛的登州;相反,如果从登州向正东方向行进的话,可以到达西海道丰州和瓮津等海岸地区。高丽太祖时期,高丽海商们曾前往山东半岛登州地区进行贸易,他们若从礼成港出发,需要经过瓮津半岛和白翎岛之间的危险水域。933年宋朝使节出使高丽之时,宁愿忍受陆地长距离迎送的不便,也要从瓮津登陆,正是出于安全的考虑。宋使一行经过海州、盐州、白州等才抵达开京。因此,高丽初期海商们前往中国的出发地可能不是礼成港,而是瓮津或丰州。

"因其聘使兼行贸易"意味着使节在进行外交活动之余还要私下与商人交易。高丽统治者一方面通过与中国的外交确保政权的正统性;另一方面,不仅通过进献方物获得回赐,而且还用其他方物与中国物品进行交易来营利。

王建的祖先通过朝鲜半岛西海岸的贸易成长为豪族。最终建立高丽的王建也通过与五代十国的外交持续着先辈的海上贸易事业。高丽疏远东北亚军事强国契丹,专注与后唐、后晋、后周等国的外交,也与此有关。游牧民族契丹主要出产畜牧产品,这些并不能吸引高丽,所以契丹无法成为高丽的重要贸易对象。相反,与五代诸政权的贸易可以满足高丽的各种需求甚至让其获利。为了借高丽牵制东北亚的新兴强国契丹,五代王朝也乐于厚待高丽。因此,"后三国"统一后,尽管面临着契丹的军事威胁,太祖王建也要将外交的重心放在中原王朝。作为以海上贸易起家的家族后代,高丽王室在制定对外政策时,首先考虑的常常是经济实利而非军事及政治上的利害关系。

成宗以崔承老的建议为契机,禁止地方势力进行海上贸易,确立了以国家间公贸易为主的贸易政策。高丽禁止海商到中国,正是为了加强中央集权,防止像新罗末期康州地区的王逢规或松岳地区王建的祖先那样积聚海上贸易势力继而威胁国家权力的情况再发生。

此后,高丽海商前往中国的相关记载几乎无迹可寻,可见高丽海商的活动很快消失了。相反,宋朝不仅商业经济、造船及航海技术都很发达,而且宋朝历代皇帝都奖掖海外贸易,这期间宋朝商人在与阿拉伯商人的远洋贸易、包括高丽和日本在内的东北亚贸易中日益活跃。从事宋丽海上贸易的高丽商人逐渐减少,而到高丽的宋商逐渐增加,从 11 世纪初开始,宋商完全掌控了宋丽贸易的主导权。

虽然高丽限制本国商人出海贸易,但作为海上交流空间的黄海与礼成港保持开放状态,所以宋商的往来得以维持。这是中国和朝鲜半岛交流史的重大变化。从古代到后三国时期,朝鲜半岛的商人与中国商人都在黄海的贸易中担当重要角色,但从高丽成宗时期开始,高丽商人的活动空间逐渐萎缩,宋商开始主导这一切。从这点来看,高丽与五代十国的海上贸易跟其与随后其他中国王朝的情况相比均有着巨大的差异。

第二章 与宋朝的交流和贸易

一、对宋贸易及其特征

(一) 高丽的文化欲求与对先进文物的接受

1. 高丽人对中国文化的憧憬

东北亚军事强国契丹与金朝的存在,给高丽和宋朝之间的正常外交带来很大的压力。尽管如此,高丽一边接受契丹和金朝的册封,一边仍尽全力维持与宋朝的联系。高丽这种做法大概基于以下原因:在东亚国家中宋朝拥有最发达的政治制度和先进文化,宋朝虽然屈服于契丹和金朝的军事力量,但是在文化上遥遥领先于他们。比起在经济层面上获得本国所没有的特产,先进的政治制度和文化才是能令高丽产生变化的要素。而能够为高丽提供这一要素的恰恰不是契丹与金朝,而是宋朝。

高丽虽然接受契丹与金朝的册封,但并没有真正心悦诚服。穆宗时期出使宋朝的吏部侍郎朱仁绍就向宋朝皇帝陈言:"(高丽)国人思慕华风,为契丹劫制。"由于是向宋朝皇帝所述,其真实性值得商榷。但是高丽人与契丹进行过战争,一直受其威胁,被迫对其称臣纳贡是事实。

高丽与宋朝的外交关系中断二十多年后,1058年(文宗十二年)八月,高丽文宗想在耽罗和灵岩伐木制造大船,以重启与宋朝的外交关系。对此,内史门下省劝谏道:"我国文物礼乐兴行已久,商舶络绎,珍宝日至,其于中国实无所资。"①文宗只能作罢。内史门下省认为,宋朝的文物礼乐已经兴行于高丽,而其他珍宝也可以通过商船输入,因此没有必要再恢复与宋朝的外交关系。也有观点认为,恢复两国通交的想法是宋神宗积极的"联丽制辽"政策和高丽文宗的慕华思想相结合的产物。高丽文宗是想凭借正式渠道获取难以通过宋商输入的最高等级的文物,以满足本国的文化需求。

总之,宋朝与契丹的竞争关系使高丽在东北亚的外交地位得以提升,高丽趁机从宋朝获得了构建政治社会制度所需的各种典籍与礼器。文宗之后,宋朝为联合高丽牵制契丹与金朝,同样厚待高丽,向其颁赐各种重要典籍、大晟乐及各种名药等。可见,在两国外交关系中,高丽更重视文化交流,而宋朝更看重政治关系,这也体现出两国不同的交聘目的。同时,宋朝物产丰盈,不少产品为高丽所需,因此双方的经济往来也很频密。但是,因为受到契丹与金朝的政治和军事压力,高丽不得不从现实出发,确保国防的安全,最后被迫与宋朝断交,接受契丹和金朝的册封。尽管如此,高丽依然难以舍弃与宋朝外交所获得的利益,高丽的穆宗、显宗、靖宗、文宗、宣宗、肃宗、睿宗、仁宗等历代国王都曾顶着契丹与金朝的压力向宋朝遣使。

2. 先进文物的接受情况

高丽因契丹的军事压力而与宋朝断交后,仍然通过宋商输入

---

① 译者注:《高丽史》卷8,《世家八》。

来自宋朝的先进文物。对于商人无法随意买卖的礼乐方面的重要典籍,高丽遂向宋朝请求。宋朝为了联合高丽,对其优待有加,满足了高丽的各种请求。这也是高丽即使经受契丹与金朝的军事威胁,也要与宋通交的原因。高丽先后从宋朝获得了典籍、佛经与佛像、医药与医术、音乐、历法等各种先进文物。以下从四方面展开叙述。

(1)儒学经典及其他典籍

典籍主要是通过宋朝的赏赐由使节带至高丽的。成宗时期,高丽欲效仿中国,实行以儒治国。为此,983 年(成宗二年)博士任老成从宋朝带回了《大庙堂图》《社稷堂图》《文宣王庙图》《大庙堂记》《社稷堂记》《祭器图》《七十二贤赞记》等图籍。当时成宗为强化王权正积极推行儒化及官制改革,获赐的这些图籍不仅对营建宗庙、社稷、文宣王庙等极具参考意义,而且对成宗提高作为儒家君主的权威也大有裨益。

图 2-1 簠与簋

国立古宫博物馆藏,国立古宫博物馆:《在宫中遇见王》,2013 年,第 162 页。
古代举行祭祀和宴飨时盛放黍、稷、粱、稻等的器具,簠仿地呈四边形、簋仿天呈圆形。高丽仿照中国的礼仪,在举行祭祀和宴飨时也使用这样的器具。

1022 年韩祚从宋朝带回《圣惠方》《阴阳二宅书》《乾兴历》

《释典》等典籍,1090年(成宗七年)和1098年高丽分别从宋朝获得《文苑英华集》《开宝正礼》,1101年六月王嘏、吴延宠自宋带回宋朝皇帝下赐的《太平御览》1000卷。以上典籍大多是无法通过商人买卖的,尤其像《文苑英华集》《太平御览》这样的巨著是高丽一直渴求的,宋朝为维持与高丽的友好外交关系才特赐给了高丽。

与此同时,宋朝也向高丽求取亡佚的典籍,曾向高丽提交了包含113种共5006册典籍的书目,请为代寻。虽然不知道高丽最终献上其中的多少,但从宋朝的请求来看,高丽应该是有不少宋朝亡佚的珍稀典籍。

(2) 佛教经典、《大藏经》与佛舍利

除了儒学等典籍,很多佛经也传入了高丽。作为佛教国家,高丽多次收集佛教经典并刻印,因此一有机会就向宋朝请求佛经。991年(成宗十年)四月韩彦恭曾从宋朝带回《大藏经》,1083年(文宗三十七年)三月文宗又派太子迎接自宋请回的《大藏经》,并将其安置于开国寺。

983年高丽从宋朝获得《开宝敕版大藏经》,后来其被作为《高丽初雕大藏经》的底本。1118年(睿宗十三年)四月宋朝皇帝和太师蔡京分别亲自为高丽安和寺的匾额题写了"能仁之殿""靖国安和之寺",并赐予十六罗汉塑像。文宗时期,入宋求法的高丽僧人祖膺回国,之后召开丛林会,传授《坐禅仪轨》等。

忠烈王时期,高丽王宫内殿奉安的佛牙是入宋的使节郑克永、李之美等于1119年带回的。关于其来历,《三国遗事》有如下记载:

> 至大宋徽宗朝崇奉左道,时国人传图谶曰:"金人败国。"

黄巾之徒讽日官奏曰:"金人者,佛教之谓也,将不利于国家。"议将破灭释氏,坑诸沙门,焚烧经典,而别造小舡载佛牙泛于大海,任随缘流泊。于时适有本朝使者至宋闻其事,以天花茸五十领、纻布三百匹行赂于押舡内史,密授佛牙,但流空舡。使节等既得佛牙来奏,于是睿宗大喜,奉安于十员殿左掖小殿。常钥匙殿门,施香灯于外。每亲幸日,开殿瞻敬。

从宋朝甚至要丢弃真身舍利的记载可以看出,当时宋朝道教盛行,而佛教衰落。这也是高丽使节能够从宋朝带回佛牙舍利的直接契机。当时出使宋朝的高丽使节听闻舍利的事情后及时拦截宋朝官员,以高价贿赂对方,并秘密将舍利带回高丽。也许因为是使节才能享有这样的特权,但更应该注意的是舍利被重金交易这一点。

高丽的使节或僧侣带回的佛经、佛像、佛具、舍利等对促进高丽佛教的发展做出极大贡献。值得注意的是,这些物品是在高丽成宗、文宗、宣宗、睿宗等时期传入高丽,其时正值宋朝联合高丽制约契丹之际。出于这样的战略需要,宋朝积极优待高丽,答应高丽的各种请求。高丽善用这种利害关系,从宋朝接受或购买了各种需要的物品。这体现出高丽外交的自主性和重视实利的宗旨。

(3) 医术与医药

高丽积极学习宋朝的先进医术,早在显宗时期的 1016—1022 年,高丽的使节就从宋朝带回医书《太平成惠方》。另外,文宗因患有风痹症,向宋朝皇帝请求医药,两国之间的医学传承也正式开始。宋朝在契丹的外交压力下,也多次向高丽遣医送药,帮助积极促成宋丽恢复通交的高丽文宗。1072 年六月医官王愉、徐先来到高丽,1074 年六月宋朝的扬州医助教马世安等 8 人出访高丽,1079 年七月正式外交使节阁门通事舍人王舜封带领翰林医官邢恺、朱能道、沈绅、邵化等 88 人携一百多种药材出使高丽。1080 年七月马世安再次来到高丽,当时正值宋朝皇帝的诞辰,文宗在马世安下榻的客馆里设宴款待,称赞其医术精湛并赐予其礼币。

为了帮助文宗治疗风痹症,宋朝送来的珍贵药材共有一百多种。所送药材均注明其产地,大部分来自宋朝有名的产地,也有产于安息、印度、东南亚等地的,表明是最高级的名品。当时,高丽一般物品的交易形式为物物交换,但譬如药材这样的贵重品,则需要用钱币进行交易。

外来的药材进入高丽,要求本地的人须掌握其药性。在区分药材、了解其药效的过程中,高丽的医术自然得到发展。从文宗到睿宗时期,宋朝医官的多次到访及众多药材的传入,对高丽医学的发展至关重要。

(4) 大晟乐的传入

高丽时代的音乐在树立风俗与教化、歌颂祖宗功德方面有重要的作用。自太祖以来,有所谓"两部乐",即俗乐与唐乐。光宗时期高丽曾向宋朝请求乐器与乐工,1073 年十一月高丽教坊女弟子楚英在八关会上演奏了宋朝新传的《抛球乐》《九张机》等。

高丽的音乐随睿宗时期大晟乐的传入而得到进一步发展。1105 年宋朝完成大晟乐后,高丽多次遣使求赐大晟乐。1116 年(睿宗十一年)宋徽宗向高丽颁赐了《大晟》及乐器等。后来,高丽遣使入宋乞习教声律、大晟府撰乐谱词,宋朝允其所求,并赐乐谱。

高丽是当时东亚各国中唯一一个引进宋朝大晟乐的国家。

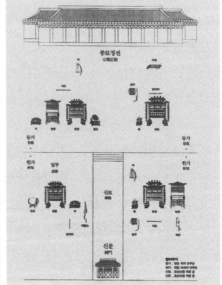

图2-2　编钟与编磬现行宗庙祭礼乐的乐器编成

国立古宫博物馆藏,国立古宫博物馆:《在宫中遇见王》,2013年,第236页(左)、第241页(右)。

1116年从宋朝引入的大晟乐乐器包含有编钟与编磬,现行雅乐的乐器编成也与大晟乐有很深的渊源。大晟雅乐的接受与使用对睿宗提高其因女真征伐失败而降低的政治权威具有一定的贡献。

高丽积极引进大晟乐后,很快就在宗庙祭祀、籍田礼、朝会、宴享等不同活动上使用。睿宗与大臣们一起欣赏宋朝赏赐的大晟乐演奏,某种程度上彰显了其权威。而在歌颂祖宗功德的宗庙祭祀和体现国王奖励农耕的籍田礼上演奏大晟乐,同样具有重要的政治象征意义。

(二) 海上通路与使行的便利

高丽主要通过陆路向北方的契丹与金朝朝贡,这耗时较长,又有搬运之苦。而宋朝北部有契丹或金朝盘踞,导致高丽只能利用海路与宋朝往来,虽然面临海难的风险,但航运耗时短,又可减少搬运之苦,优点也显而易见。高丽文宗时期以前,两国使节利用的是从黄海道西岸到山东半岛登州这条海路,其中的陆路行程即从开城到瓮津需要两到三天。而文宗恢复对宋通交后,利用的是从礼成港到明州这条海路,其中的陆路行程即从开城到礼成港就只需要一天。

如上说言,使行利用水路具有很大的便利性。1123年宋朝派庞大的使团出使高丽,共出动了两艘大型船舶——神舟和六艘一般船舶——客舟。同样,高丽向中国皇帝进献的方物和另外用以贸易的货物数量庞大,所以高丽使节穿过黄海到达宋朝后,也会尽量减少使用陆路,而选择宋朝境内的水路。从登州到开封的距离较长,因此高丽使节们一般选择南线航路,到达明州后再利用江河前往开封。

连接高丽和宋朝的海路在两国的政治、经济、文化交流方面发挥了重要的作用,因此有必要进行具体的分析。实际上,高丽和宋朝使节使用的海路,在很早之前就由海商开发并使用。虽然海商们的活动轨迹没有留下记录,但使节们的旅程有相当详细的记载,这成为研究黄海海路的珍贵资料。因为使节们搭乘的船只也是由海商驾驶的,所以可以推测使节与海商使用的是同样的海路。

连接高丽和宋朝的最具代表性的海路是从黄海道西海岸到山东半岛的北线航路和从高丽西南海岸到明州的南线航路。从高丽初期开始,北线航路成为高丽向宋朝遣使所使用的外交路线。该航路是从黄海道西海岸前往山东半岛的登州,从开京附近出发经由黄海道南海岸前往登州时,经过的主要港口有礼成港、贞州、瓮津等。993年(成宗十二年)被派往高丽的宋朝直史馆陈靖和秘书丞刘式从东牟到达八角海口时,遇到归国途中的高丽使节白思柔一行,宋朝使节便换乘高丽使节的船只经芝冈岛出海,两天之后在瓮津口登陆,行走 160 里抵达海州,再行 100 里至阁州(盐州),又走 40 里到白州,最后行 40 里到达高丽开京。如果顺风的话,利用海路两天即可到达瓮津,然后陆路再行走数百里即可抵达开京,即使算上芝冈岛之前的航程,全程最多也不超过五天。而如果不在瓮津登陆直接到达礼成港碧澜渡的话,耗时则更短。可见,与同一时期利用陆路跟契丹通使相比,宋丽通过海路通使不仅更便利,而且需要的时间也更少。另外,从宋朝使节换乘高丽使船这点可见,高丽人应该比宋朝人更熟悉此航路。虽然这一时期高丽只允许使节兼行贸易,前往登州等地贸易的高丽人应该难以再见到,但可能因为高丽人此前曾活跃于这条海路,宋朝使节才认为乘坐高丽的船只会更安全,最后选择一同前行。

随着契丹军事影响力的逐渐扩大,位于山东半岛南部的密州比位于北部的登州更受高丽和宋朝的青睐。宋丽重启外交后,两国使节主要利用南方航路往来。关于此航路,1123 年(仁宗元年)作为宋朝使团一员前来高丽的徐兢在其见闻录《高丽图经》里有详细的记载。徐兢一行于阴历五月二十四日出海,大约花了 21 天,于六月二十四日到达礼成港。他们七月十六日开始启程返回,于八月二十六日到达宋朝,光海路就用了 41 天,其中有 12 天因为风浪无法航行而耽误了行程。前来高丽的行程中先经过中国的虎头山、沈家门、梅岑、蓬莱山、白水洋、黑水洋等,再经过夹界山(小黑山岛、可佳岛①)、白岛(红衣岛)、黑山岛、群山岛、马岛(泰安)、紫燕岛(永宗岛)等,最后到达礼成港。前往宋朝的返程中,到黑山岛为止那一段与来时是一样的,之后则经过了秀州

————————————

① 译者注:又作可居岛、佳可岛、佳居岛、佳嘉岛等。

山、浪港山、苏州洋、栗港、招宝山等,最后到达定海县。当时往来于高丽和宋朝的使节及商人一般认为夹界山以南属于中国,以北属于高丽。

宋朝使节经过黑山岛进入高丽西南海域后,高丽的地方水军会前来迎接并护送至礼成港。风向对航海至关重要,从宋朝到高丽主要利用南风,相反从高丽到宋朝则利用北风。《宋史》中记载的北线航路航程只需要两天,而《高丽图经》里记载的南线航路航程需要 21 天。《高丽图经》里记载的情况比该航路的通常航行耗时更长,其主要原因可能在于船只载有宋朝使节和皇帝诏书,考虑到安全问题,故而航行更为谨慎。

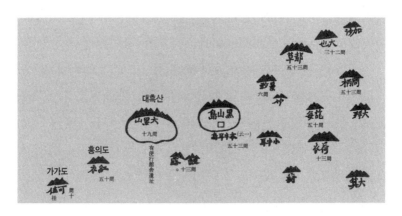

图 2-3　黑山岛与可佳岛

截取自《大东舆地图》。

关于朝鲜时代隶属于全罗道罗州牧的黑山岛和可佳岛之图。高丽时代从明州定海县出发,在舟山群岛向东北方向行驶,可以看到位于朝鲜半岛西南端的可佳岛——高丽领海的分界点。在可佳岛的北部有红衣岛与黑山岛,它们不仅成为航海的地标,而且在风浪出现时亦可成为避难处,是中国与朝鲜半岛航路上的重地。经过黑山岛之后,再往新安前洋方向东进,即可到达朝鲜半岛。

高丽恢复对宋通交后,宋使出使高丽所乘坐的使船有专门制造的大型船舶神舟以及由海商船只改造而来的中等船舶客舟。宋朝的使船属于适合在深水中航行、抗风浪打击能力好的尖底海船。9世纪的中国海商就是乘坐这类船舶出海展开贸易的。宋代中国的造船和航海技术非常发达。指南针的运用使得航海不受天气与昼夜的影响,船上多个桅杆的设置提高了风力的利用效率进而加快航行速度。另外,水密隔舱的设计使得船舶即使破损也不至于立即下沉;而使用两层以上的船体外板可以使船舶即使受到外部冲击也不至于立即破碎。

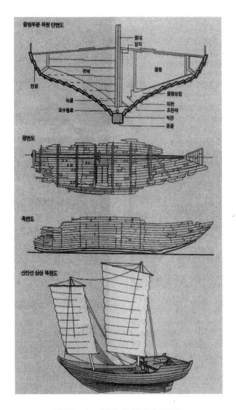

图2-4　新安船想象复原图

国立海洋遗物展示馆:《水·大海·人·船·梦想·生活,及其足迹》,1998年,第45页。

1323年一艘商船在元朝庆元港(今中国宁波)装载货物后驶向日本,途经高丽新安海域时沉没,此为该船想象复原图。由于是远洋船,为提高安全性,船内设有隔舱,而且还配备供长时间航行用的大水桶。另外,为了提高航行速度,船的底部设计为尖形。此前往来高丽的宋商船舶在构造上应该与之相似。

正由于宋朝的造船与航海技术发达,宋商才得以频繁往来高丽。据载,有些从高丽返回宋朝的宋商只相隔九十多天便再次前来,还有不少宋商多次往来。在宋商们看来,比起远洋航行,往来高丽的航程较短,而且航行途中岛屿众多可供避难,因此相对较为安全。

二、外交贸易

(一) 高丽的贡物

在近前代社会,东亚国家之间使节往来时,常常伴随有礼品的赠答。高丽在与宋朝开展外交活动的过程中,有很多使节往来宋朝。使节的任务有进奉方物等,根据进贡对象的不同,所献方物种类也不一。1080 年高丽进贡宋朝的正式贡品除了有官方性质的"国币",还有呈给皇帝的"谢恩方物",以及单独献给太皇太后和皇太后的礼物。

起初,高丽接受宋朝的册封,定期向宋朝遣使朝贡。穆宗和显宗时期由于已经和契丹建立了宗藩关系,高丽使节不再以朝贡而以谢恩等名义前往宋朝。文宗时期与宋朝恢复通交后,两国在相对对等的形式下互遣使节。高丽主要以答谢宋朝皇帝赏赐的名义,向宋朝进献方物。

高丽献给宋朝的主要贡品列举如下:马匹、铠甲、鍮铜器、金线织成龙凤鞍幞、绣龙凤鞍幞、御衣、金腰带、金镶锣、金花银器、色罗、色绫、生罗、生绫、幞头纱、帽子纱、屏屏、画龙帐、大纸、墨、器仗、细弓、哮子箭、细箭、鞍辔、细马、散马、金器、银器、金合、盘盏、珠子、红罽倚背、红罽褥、长刀、生中布、人参、松子、香油、螺钿

图 2-5　宋神宗和王安石

　　宋神宗启用王安石进行变法,为联合高丽制约契丹,准备重新恢复与高丽的外交关系。此时,泉州海商罗拯和黄慎奉宋神宗之命来到高丽向文宗转达了复交之意,对两国恢复通交做出较大的贡献。泉州海商之所以积极参与此事,除了因为朝廷的命令不得不遵守外,还在于高丽在成为契丹的册封国之后被视为敌国,海商因而被宋朝政府禁止前来高丽贸易。宋丽如果恢复通交,宋商就可以合法地往来于高丽进行贸易了。果然在两国复交之后,宋神宗肯定了他们的功劳,改变政策,允许那些获得政府许可的海商前来高丽。

图 2-6　银制镀金盒

国立中央博物馆藏,国立中央博物馆编:《走向高丽时代》,2009 年,第 77 页。

　　制作于 12 世纪的金属盒子。用银制作,刻有花纹,最后镀金。开京的统治阶层用其收纳香料等贵重物品。高丽献给宋朝的进奉物中也有金盒。

装车等。按照类别可分为服饰、衣料、器皿、马匹、马具、铠甲、纸、弓箭、刀剑、寝具、香油、人参、松子等。

《宋大诏令集》和《高丽史》中对文宗时期高丽献给宋朝的"进奉物""谢恩品"有详细的记载。从"进奉物"的品种来看,有金器、盘盏、注子、长刀、褥等手工艺品,具有"岁币"性质的生中布、生平布,以及特产人参、松子、香油、细马等。高丽所献贡物通常会有特产人参、松子以及生中布、生平布等,而手工艺品则不定。"进奉品"由手工艺品、"岁币"、特产构成这一点与高丽初期的情况基本相同,由此可以推测这应该是高丽贡物的基本种类。

另外,高丽为宋朝太皇太后和皇太后准备的"进奉物"也有金器、生中布、生平布、人参、松子、香油、细马等,而长刀之类的则没有包含在内。相反,可能是考虑到女性使用香油较多,高丽分别向宋朝太皇太后和皇太后进献了 3300 斤香油。

"谢恩品"则有御衣、色绫、色罗、器仗、弓、箭、马、金器、银器、幞头纱、大纸、墨等物品。比起"进奉物","谢恩品"种类相对更多;而具有"岁币"性质的生中布、生平布以及高丽传统特产人参、松子、香油等却没有出现在"谢恩品"里。

宋朝一般会对高丽所献贡物进行估值,然后再予以回赐。高丽在文宗时期恢复与宋朝的通交后,为了获得更多回赐品,不断增加进奉给宋朝的贡物。但是 1080 年柳洪等高丽使节一行搭乘的船只在途中失事后,宋朝遂将回赐品固定为浙绢一万匹。这一方面可能是因为高丽使船的失事让宋朝觉得负有责任,同时随着高丽进贡物品不断增加,数量庞大的回赐势必加重宋朝的财政负担,这应该也是重要的原因。

这再次说明了文宗重新恢复对宋通交的真正目的。高丽在宋朝开国之初就与其建立了"事大关系",随后与其进行了大规模的"朝贡贸易",这为高丽王室和国家财政创造了不少收入。高丽与契丹进行三次战争后,被迫接受其册封,即使在这样的情况下穆宗和显宗还是想努力维持与宋朝的关系。文宗发现宋朝欲联合高丽制约契丹的意图,趁着契丹势力式微,一边与契丹保持"事大关系",一边重启与宋朝的外交。之后,宣宗、肃宗、睿宗、仁宗等多位国王为了获得回赐利益,也多次遣使向宋朝进献方物。高丽与宋朝的外交始终紧紧围绕着利益展开。

(二) 从宋朝传来的物品

高丽把最高水平的工匠们制作的手工艺品和在中国罕见的高丽特产以贡物的形式献给宋朝。同时,也有很多珍贵物品从宋朝传到高丽,它们主要是高丽使节前往宋朝带回的"回赐品"和宋朝使节前来高丽赏赐的"下赐品"。文宗时期恢复对宋通交后,两国之间不再是以往的那种册封与被册封的关系,所以宋朝使节带来高丽的赏赐品开始称作"国信物"。宋朝赏赐的"下赐品"主要有衣带、匹段、金玉器、弓矢、锦绮、衣著、银器、龙凤茶、金镀银器、杂色匹段、散马、沉香、金银盒等。

史籍中对于1078年6月宋朝使节带来的国信物有较详细的记载,其中公服、汗衫、襜、袴、靴、腰带等赐给高丽国王的服饰类所占比重最大,其次是各色绸缎,此外还有茶、酒、乐器等。文宗时期,宋朝赏赐的物品主要有三类:第一是体现权威的服饰类和武器类,第二是贵金属工艺品、绢织物、毛织品、珍奇品、土特产,第三是给文宗治病的药物等。

这些物品都没有流传下来,今人已无法得知其样式。但从史料中的相关修饰语可以看出,比起高丽进献的贡物,这些来自宋朝的物品更加精致华丽。特别是用于包装收纳的包袱、盒子等,其华丽程度达到极致。宋朝的服饰、金银装饰品、衣料、染色、刺绣等方面的工艺和技术都明显领先于高丽。从宋朝传来的手工艺品被高丽的工匠们揣摩研究,在其学习的过程中自然也提高了自身的水平,高丽的手工业也因此得到发展。

高丽国王借由宋朝皇帝的赏赐来彰显自身的权威,这种情况也体现在与辽、金的关系上。对高丽本国官僚和百姓产生最直观且长久效果的不是册封本身,而是由皇帝送来的衣冠。高丽国王穿戴皇帝赏赐的华丽衣冠,这本身就是其国王身份的象征。虽然重启对宋通交后,宋朝不再册封高丽国王,但是高丽接受军事强国契丹的册封,同时又获得文明之邦宋朝的衣冠,这极大提升了文宗的政治地位。

而从经济角度看,高丽与宋朝展开外交,所谓的"朝贡"与"回赐"实际上是两国政府之间交换"文物"的过程。宋朝根据高丽贡物的价值进行回赐,此外还常以其他名义赏赐高丽国王。比起献给宋朝的贡物,高丽得到的回赐数量更多,加上其他赏赐,高丽一方获益显然更大。这正是高丽对宋朝朝贡的根本目的。

之后,宋朝受到金朝的入侵,派使节出使高丽,希望高丽念及之前宋朝皇帝施与的恩惠,帮助宋朝援救被掳的二帝。对此,高丽并没有做出积极的回应。宋朝认为在战略层面上,承受着财政损失来维持与高丽的关系已经没有意义,因此想断绝与高丽的外交。但是,高丽遣使到宋朝表示希望继续维持双方关系,此举理所当然遭到宋朝拒绝。从 1160 年开始,两国停止了正式使节的往来。中断与宋朝的外交关系使高丽失去了重要的财政收入来源。

（三）高丽使节的贸易

高丽的使节在宋朝履行外交任务的同时，也抓紧机会进行"使行贸易"。高丽使团前往宋朝都城开封的时候，除了往返路程需耗时两个月外，大约会在宋朝滞留 9 个月；宋朝迁都至离高丽较近的临安之后，大约会滞留 3—7 个月。在此过程中，他们可以展开贸易。高丽使节到达宋朝首都之后，拜谒皇帝，参加各种典礼，期间滞留在使馆，闲时在宋朝的协助下进行贸易。

《高丽史·列传》中记载了一些出使宋朝的清廉使节的美谈。1090 年入宋的李资义在宋朝购买了很多珍贵物品打算带回高丽倒卖，相反同行的魏继廷却无此念头。1100 年高丽派遣去吊慰宋哲宗的使节大多贪图利益，唯独其中的任懿为人高洁，受到宋人的称赞。1104 年郑文将从宋朝得到的金帛分给随从们，其他的用以购买书籍。魏继廷、任懿、郑文等人即便出使宋朝也不进行贸易图利，其清廉的行为被载入史册。但这只是少数，大部分高丽使节都积极参与贸易，以牟取利益。

在使行过程中最热衷于贸易的高丽使节是崔惟清和沈起，他们在宋室南迁的 1132 年（仁宗十年）入宋，向宋廷献上黄金 100 两、银 1000 两、绫罗 200 匹、人参 500 斤，其中的三分之一是由崔惟清个人献上的。宋朝皇帝召见了他们并赐予金带。崔惟清个人进献很多财物，是企图得到更多的赏赐，这本质上是与宋朝皇室和政府进行的大规模交易。

因为宋朝想联合高丽牵制契丹和金朝，所以当高丽向宋朝索要贵重典籍或礼器都基本能如愿。同样，入宋的高丽使节也受到宋朝皇帝和朝廷的热情款待。为应对日趋频繁的高丽使节的到来，宋朝政府在明州建立专门接待高丽使团的机构——高丽使

图2-7　高丽厅与高丽使馆指示图

高丽大学高丽时代史研究室提供。

1117年(高丽睿宗十二年)宋朝为方便接待高丽来使,在明州设立了高丽使馆。这一时期正是契丹式微、女真兴起的时期,宋朝为了联合高丽压制契丹,积极与高丽发展外交关系,高丽使馆的设置就是厚待使节的政策之一。明州是文宗时期重启对宋通交后高丽使节入宋的第一站,也是回国时的出发地。现在的建筑是在韩国LG集团的赞助下复原的,建筑内部有反映高丽与宋朝互相交流的相关展示品。

馆。此外,宋廷又于使者赴阙途中建立了诸多驿亭,主要用于赐宴、休憩等临时接待,甚至出现"沿路亭传皆名'高丽亭'"①、"所过州皆旋为筑馆,别为库,以储供帐什物。始至,太守皆郊迓,其钱亦如之"②的景象。高丽使节还得到宋朝皇帝的热情款待,获得各种赏赐。加上宋朝提供的各种便利,高丽使节能够通过使行轻松获利。因此,以苏轼为代表的部分反对宋丽外交的大臣对朝廷这样过分优待高丽使节的做法表示不满。可以说,这一时期宋朝以各种名目赐给高丽使节的赏赐比其他任何时期都多,优待高丽使节使得宋朝财政支出大幅增加。

与高丽使节通过使行获利一样,宋朝使节也从高丽国王以及官员那里得到很多赏赐以及礼物。宋朝使节在宋丽外交关系初

① 译者注:《萍洲可谈》卷2。
② 译者注:《石林燕语》卷3。

期主要是以册封使身份前来,文宗之后曾以国信使身份前来祭奠、吊慰高丽国王,也曾奉命前来让高丽进行军事合作等。

1078年出使高丽的宋使安涛、陈睦等从高丽国王那里得到了衣带、马鞍、金银、米谷、杂物等赏赐,但还要求减少宴会所需饮食以换取银两,被高丽人指责贪得无厌。高丽历代国王为答谢宋使冒险前来,往往对其礼遇有加。尤其是文宗为感谢宋使,对其大加赏赐,以至于船都装载不下。同时,宋使前来,高丽还会特别开市,让其合法地进行贸易。

宋朝使节如果不是过于贪婪的话,一般不会被诟病。两国使节越海使行是一件既冒险又辛苦的事。允许使行中兼行贸易可以说是对这一苦差的一种补偿,是使节可以享受的一种权利。

图2-8 高丽后期的成均馆明伦堂

郑学洙提供。

现为高丽博物馆。高丽前期的国子监在忠烈王时期因为官制降格等原因改名为成均馆,后来恭愍王时期在顺天馆所在地又建成新的成均馆。顺天馆是文宗时期重启对宋通交后,为接待宋使,在原来的别宫处建成的使馆。1123年出使高丽的徐兢记载,顺天馆的规模比契丹或金朝使节的使馆要大。但是,契丹和金朝的使馆在宫城内部,而顺天馆则在宫城以外,说明实际上当时高丽更重视与契丹和金朝的外交关系。

(四) 贡物与手工业

虽然进贡的目的是获得回赐,但是高丽送去的贡物也相当多,这也说明高丽有足以负担的条件。献给宋朝的贡物展示了高丽较高的手工业水平。高丽产的螺钿器具、龙须席、扇子、纸张、毛笔、墨、黄漆等物品均在宋朝得到认可,高丽产的用金银装饰的长刀和日本刀一样受到宋朝人的喜爱。

尽管高丽也从山东、浙江、福建等地进口纺织品,但高丽本地也有"丝所"、"紬所"、"甲坊"等专门生产机构,再从高丽的贡物里含有大量的绫罗绸缎来看,当时的纺织技术应该也比较发达,所以徐兢说高丽"颇善织文罗、花绫、紧丝、锦罽"。①

除了布料,大部分贡物都是由当时最高水平的国家或王室专属工匠制作完成的。他们制作的物品与进奉到宋朝的贡物在种类上基本一致。工匠们可以得到 10 石以下的米作为俸禄(即所谓"工匠别赐"),而当时九品官的俸禄也是 10 石。因此,尽管工匠这一身份并不高,但他们得到了可观的待遇。他们平时在各自所属机构进行日常生产,当有外交活动时,便按照指示生产贡物。

宋朝商品经济发达,白银逐渐货币化。而由于对周边国家交纳岁币或进行赏赐,即使宋朝国内银产量增加,银价也在持续上涨,所以银也常作为高丽贡物献给宋朝。此外,高丽的贡物中经常含有布匹,其中的白绽布等是从高丽一般百姓按户分担的常贡和别贡中挑选出来的,是品质最好的。

---

① 译者注:《宣和奉使高丽图经》卷 23,《杂俗二》。

三、宋商往来与贸易

(一) 宋代的海外贸易政策

高丽与契丹、金朝的贸易主要是通过正式外交使节往来进行的"外交贸易",而宋丽之间除了"外交贸易",还有民间商人与高丽进行的贸易。无论是在高丽接受宋朝册封的时期,还是在高丽与宋朝断绝外交关系之后,宋商都一如既往地往来高丽进行贸易。宋朝商品经济发达,政府鼓励发展海外贸易以增加财政收入,这是宋丽之间贸易繁荣的重要背景。

由于全国性流通网络的发展以及政府的鼓励政策等,宋代的海外贸易得到划时代的发展。主导高丽与宋朝之间海上贸易的是宋商,他们形成商团往来于海外,其头领被称为"纲首(都纲)"。纲首即负责纲运之商人首脑,他们本来受到国家的委托,专门从事官物的运送。

宋商往来于高丽,主要带来一些高丽上层阶级的所需品,因此享受着高丽上层给予的特殊待遇。所以虽然有契丹和金朝的牵制以及其他的不利因素,但从北宋建立到南宋灭亡的三百多年间,宋商始终没有停止前来的脚步。他们到达开京的门户礼成港后,主要在当地和首都开京开展贸易,从开京派到礼成港的监察御史负责监视其出入。

宋商与高丽的贸易未曾间断,但他们并不是始终可以自由地往来高丽。宋朝考虑到与契丹的关系,为了禁止海商进出作为契丹册封国的高丽,形式上先后颁布了《庆历编敕》和《嘉祐编敕》等。

高丽文宗遣使入宋，两国重启外交关系之后，禁止海商入丽进行贸易的禁令也逐渐解除。1080 年开始，宋商只要获得明州市舶司的公凭就可以合法往来高丽，1085 年高丽被排除在宋廷禁止前往的地区之外，宋商在遵守相关规定的条件下可以自由进出高丽。

高丽在接受契丹的册封、使用其年号的同时，又恢复对宋通交，这不仅让高丽从宋朝获得自己期待的先进文物，还促进了宋商往来的合法化。这种情况从文宗时期开始持续到宣宗、肃宗、睿宗时期。随后，金灭契丹，其势力不断向南扩张，进而入侵宋朝。宋朝遣使入丽要求军事支援以及借道，但是每次都遭到高丽婉拒，两国关系随即疏远。

1163 年(毅宗十七年)四月宋孝宗北伐金朝，同时派宋商徐德荣到高丽下赐孔雀，并转达联丽伐金的密书。对此，高丽久久没有回应。高丽犹豫期间，宋朝与金朝进行了和议。以此事为契机，南宋与高丽断绝了外交关系，关于宋商往来的记载也相应地减少。但是，即使缺少相关记载，实际上宋商还是每年均往来高丽。13 世纪中叶，高丽和南宋受到蒙古的入侵，国家危在旦夕。即便如此，宋商也没有停止往来高丽。两国的非正式外交关系借此得以维持。

(二) 宋商往来的实相

高丽是新罗末期通过海上贸易成长起来的豪族建立的国家，高丽王室为了防止别人复制其发家史，从成宗时期开始便限制民间的海外贸易，由国家进行垄断，但允许宋商前来高丽交易。这主要是因为高丽人崇尚宋朝的文化，想积极地吸收宋朝的先进文物。宋商担起了先进文物传递者的角色，所以即使在受到契丹和金朝压制、断绝与宋朝外交关系的情况下,高丽也允许宋商入境进行贸易。

　　同时,为了阻止海上势力的成长,中国海商无法像罗末丽初一样随意到高丽的其他港口,只能在礼成港和开京进行贸易。礼成港即碧澜渡,比起礼成江上的其他港口,这里可以停靠大船,从港口到开京的距离也只有 36 里,便于货物的运输。另外,由于离开京较近,礼成港既有水军千牛卫驻守,又便于监察御史的监视与管理。

　　高丽派御史台的官员监管宋商的出入境,但这并没有给宋商带来大的不便。相反,成宗之后高丽海商不能到中国进行贸易,宋商实际上垄断了两国之间的海上贸易,因此他们往来高丽的次数反而更频繁了。有研究指出,从 1012 年(显宗三年)到 1278 年(忠烈王四年)大约 260 年间,宋商大约有 120 次、至少有 5000 人

图 2-9　从江华岛奉天山所见礼成江入口

郑学洙提供。

　　江华岛的北部是祖江(汉江和临津江交汇而成)和礼成江的交汇之处。据说高丽时代祖江因位于开京的东边,故被称为东江;礼成江位于其西边,则被称为西江。船只通过江华岛附近的危险海路后,再经过这个两江交汇之处,逆礼成江而上,才能抵达礼成港碧澜渡。

来过高丽。依据该研究,从960年宋朝建立至1012年这期间是宋商往来的空白期,但其实该时期过来的宋商也不少。宋商一般在七、八月借助西南季风到达高丽,然后借北风返回。有时为了参加十一月十五的八关会,有的宋商会在十至十一月仍逆风前来高丽。

宋商以都纲为中心组成船队,到达高丽礼成港,再前往开京向高丽国王献上方物等。他们所献的白鹇、花木、鹦鹉、孔雀、异花等,都是在高丽罕见的物品。虽然史料里没有关于宋商贸易的

图2-10 开城南大街和南大门市场

郑学洙提供。

上图为开城南大街的现状,此地原为高丽时代的市廛。下图为19世纪开城南大门里的市场场景。

具体记载,但是给国王进献可以视为宋商为求在丽贸易的便利而进行的一种程序。高丽国王通过宋商的进献,在增加威望的同时,也获得各种奢侈品等实惠,可谓名利双收;另一方面,宋商虽然被克扣一部分利润,却取得在丽合法贸易的权限,可谓各有所得。

宋商拜见国王之后,就可以在高丽进行贸易了。宋商住在迎宾馆、会仙馆、娱宾馆、清河馆、朝宗馆、清州馆、忠州馆、四店馆、利宾馆等客馆,受到了与使节相当的待遇。

国王和统治阶层对宋朝商品的购买欲,促使高丽为宋商大开方便之门。宋商也和负责为国家和王室筹备物品的官府有一定的交易。1260年(元宗元年)十月宋商陈文广等因无法忍受大府寺和内侍院的不平等掠夺,向武臣执政者金俊告状道:"不予直而取绫罗丝绢六千余匹,我等将垂橐而归。"[1]但是金俊也束手无策。从要求大府寺和内侍院付款这一说法中可以看出,宋商不是来进献或答礼,而是来进行贸易的。再从赖账的物品和数量来看,这并非一笔小交易。此事也从侧面说明了宋商的角色是高丽王室和政府的御用商人。

(三) 宋商的"常时性"[2]往来与贸易网络

通过《高丽史》和《高丽史节要》中"宋商来献"的记载可知,高丽时代宋商的往来十分频繁。除了此类记载,分析高丽和宋朝的交流史也可以发现很多关于宋商往来的事例。

---

① 译者注:《高丽史》卷25,《世家二十五》。
② 译者注:作者在本书中希望强调的是,宋商往来不是阶段性的,而是日常性的,几乎到了"每年都有宋商往来"的程度。"常时性"即是对这一频繁程度的描述,意在突出其不间断、持续连贯的特征。

宋商黄助时隔 160 天、徐成时隔 140 天再次来到高丽,虽然不知道二人为何在短时间内往返高丽,但是由此可以推测,其他宋商也有类似行为的可能性极大。从宋商为高丽人代购所需物品,以及义天通过宋商与净源等宋僧传递书信和物品等情况可以看出,宋商一般长期有规律地往来于宋丽两国,积攒信誉。根据记载,有的宋商往返高丽的次数高达 6 次,但《高丽史》和《高丽史节要》中关于该宋商的名字只出现过一次,由此可知,正史中记载的宋丽往来只是冰山一角。而文集等其他史料中出现的有关宋商的信息在官方史书中也大多没有出现,这也可以说明有更多宋商来访过高丽。

其次是关于宋商每年往来高丽的记载。11 世纪后半期宋朝关于海商的管理规定中限定每年两艘宋商船舶前来高丽,停留一年后返回。13 世纪明州地方官员留下的记录中提到,一年有三艘船舶发往高丽,翌年同样数量的船前来交替,宋商以这样的方式往来高丽。综上可知,每年至少有两三艘宋商船舶来往于高丽。

另外,宋朝遣返高丽漂流民、高丽送还从蒙古逃脱至高丽的宋朝俘虏等情况也与宋商的往来有关。1088 年五月,宋朝明州遣返了高丽罗州的漂流民杨福等 23 人。像这样,很多高丽人在海上遇险漂流至宋朝海岸,经过一定程序获得救助后,被送往宋商的出发地明州,之后才被遣送回国。这些事例看似与宋商毫无关联,但其从侧面佐证了宋商往来高丽的事实。有关高丽时代宋朝遣送高丽漂流民回国的记录很多,如果将这些也作为宋商往来高丽的事例进行统计的话,其往来次数将大大增加。

除此之外,宋商为包括使节在内的两国人员的往来提供交通便利,两国的僧侣和文人通过宋商的帮助进行交流等,这些也都是宋商往来高丽的间接例证。各种间接例证,加上宋商来献的事例,可以说明宋商往来比已知的更加频繁。但宋商每年都往来高丽的这种说法,却始终无法通过史料进行完美地证明。即使如此,参考相关宋商的活动记录,依然可以认为,从宋朝建立的960年开始至其灭亡的1279年,宋商"常时性"往来高丽这一论断是基本符合实际情况的。

图 2-11 高丽时代河阳仓推测地

国立海洋文化财研究所:《漕运(고려 뱃길로 세금을 걷다)》,2009 年,第 63 页。

河阳仓是高丽时代隶属牙州的漕仓,现位于平泽市彭城邑。安城川下流,是安城川流域清州牧、天安府、水州管辖下的各邑城所收租粮的聚集之地,漕船运载租粮驶向目的地——礼成港,那里长期停靠着宋商的船只。

宋商"常时性"往来高丽,对高丽国内贸易以及高丽和其他周边国家、民族的贸易都产生了重大影响。高丽时代的礼成港既是宋朝、日本等国的使船、商船的停泊地,同时也是高丽国内漕运体系、物流体系的终点。高丽有完善的漕运体系和物流体系,通过海洋与江河可将国内各地的租粮以及其他物产运送至礼成港。将宋商的"常时性"往来与高丽的漕运体系及物流体系相联系,意味着从高丽各地前来的人可以随时在宋商船舶的停靠地——礼成港或宋商的主要交易场所——开京的客馆与宋商进行贸易。

另外,开京和礼成港是宋商交易的主要对象——高丽王室及隶属于国家机关的商人们的主要活动地。高丽王室向工匠收取手工艺品(即"身役"),向百姓收取人参、漆、松子等(即"户役",包含常贡与杂徭),主要用于财政支出,余下的部分可与宋商交易;而隶属于国家机关的商人们将与各地一般商人交易而来的商品向宋商二次贩卖。宋商主要在开京的客馆与国家相关的人员进行交易,而与从高丽各地乘船而来的普通商人进行交易的主要场所则是船舶的停靠地——礼成港。

宋商"常时性"往来高丽,也成了东西女真、黑水靺鞨、日本等高丽周边的民族、国家以朝贡名义前来高丽的重要契机。宋商来到高丽,会在客馆滞留很长时间,而东西女真使节的客馆离宋商客馆很近。碍于契丹而难以入宋的女真人为了与宋商进行贸易,组织了规模庞大的使团来到高丽,他们朝见高丽国王并接受赏赐

图 2 - 12　毬庭遗址

郑学洙提供。

"毬庭",顾名思义即击球之庭。位于宫殿南部神凤门的外面,是宫殿以外、皇城以内一片较为宽广的空间,像八关会等有众多人员参加的国家大型活动一般都在此进行。八关会举行之时,高丽国王会在神凤门接受宋商、女真酋长等的进献。为了与民同乐,高丽政府允许百姓们在毬庭观看。八关会举行期间正是最多外国人前来高丽的时候,所以也是高丽人与在丽的外国人进行贸易的高峰期。

之后,即可与宋商展开交易。

八关会虽是高丽人的节日,但也促进了宋商与高丽周边政权之间的贸易。在八关会上,宋商、东西女真人、日本人依照高丽的天下观,向高丽国王行贺礼。参加八关会的外国人虽然并不是都向高丽称臣,但享受到的都是作为接受高丽德化的朝贡国使节的礼遇。宋商在《高丽史》的八关会相关记载中总是最先出现,这说明其作为确实的参与者在八关会礼仪上发挥着重要的作用。宋商与东西女真人、黑水靺鞨人、日本人等在参加八关会的过程中自然会相见,这成为他们互相进行贸易的契机。除此之外,其他时候女真人等也可以前往宋商常驻的客馆与之交易。这样一来,高丽就成为东北亚贸易网络的中心。

(四) 宋商与高丽的贸易品

1. 一般贸易品

从宋朝进口的物品很多都是在高丽难得的珍稀品,主要供王室以及开京的贵族们消费。宋商每次前来都会准备大量此类商品。具体来说,有绸缎、瓷器、金箔、药材、茶、书籍、乐器等宋朝的产品以及香药、沉香、犀角、象牙等南洋各国的中介贸易品。这些物品常与高丽的金、铜、人参、虎皮、水牛皮、黄漆、硫黄、苎麻、白纸、香油、螺钿器具、金银刀、狼尾笔、松烟墨等进行交换。

除此之外,高丽还从宋朝输入过荔枝、书画、丝织品等,宋商则买走高丽的酒、砚滴、磨纳衣、铜碗、草席、火炉、扇子等。侍奉大觉国师义天的僧侣惠素曾向宋商购买过南宋的砂糖。宋朝的铜钱也通过贸易流入高丽,与高丽国内发行的货币一起通用。但是当时高丽国内货币的使用量较少,主要被作为财富用以收藏或显示身份地位,亦被作为冥币而用以陪葬。像这样,各式各样的物品通过宋商传到高丽,其中的手工艺品给高丽的手工业带来巨大刺激,其相关制作方法也随之流传过来。

2. 特殊贸易品

宋商根据过去贸易的经验,提前选取符合高丽人喜好的商品到高丽销售。但也有宋商接受高丽人的预订,先收取订金,回宋朝备货后再到高丽交付,如福建商人徐戩向高丽收取订金,在杭州花费巨资雕刻《夹注华严经》,印刷后装船运到高丽。《高丽史·崔怡传》中的一段记载也说明了宋商接受高丽人预订的事实:

> (高宗)十六年初,国家授宋商人布,令买水牛角来。至是,宋商买绨段以来,国家责违约。宋商曰:"我国闻汝国求水牛角造弓,敕禁买卖,是以不得买来。"怡囚都纲等妻,取所买绨段剪裁,还与之。后宋商献水牛四头,怡给人参五十斤,布三百匹。

从该记载可以看出,崔怡让宋商购买水牛角,但因为其为宋朝的禁输品,所以宋商没能守约,仅买来了绨段。于是崔怡囚禁了宋商之妻,并将绨段剪断扔掉,以表愤怒。后来,宋商终于买来了崔怡所需要的水牛角,崔怡用人参和布作为补偿。由此可见,当时宋商几乎垄断了两国的贸易,是接受订单进行交易的主体,但利益总是伴随着风险,宋商没有满足高丽人的要求时,也会面临损失和危险。

为了挽回信誉与解决危机,同时也为了能够继续在高丽贸易,宋商最终还是按崔怡的要求,带来了宋朝规定禁止出口的水牛角。宋商与高丽之间的贸易,看似由宋商主导,但实际上他们售卖的商品多是按照高丽王室或贵族们的喜好挑选的,还有不少

图 2 - 13　铜钱

国立公州博物馆藏,国立中央博物馆编:《高丽、朝鲜的对外交流》,2002 年,第 17 页。

位于天安市稷山面的高丽古坟中出土的宋朝铜钱。从成宗时期开始高丽多次试图推行金属货币,但因为国内商业不发达,最后均以失败告终。宋朝铜钱一般作为随葬品出土,说明宋朝的铜钱在高丽并非作为交换媒介被流通,而多成为亡者的身份象征或作为异国玩赏品被收藏。

是高丽人直接订购的。由此可见,高丽作为消费者在与宋商贸易中的地位也不容忽视。

以下对一些代表性贸易品作简要介绍。

（1）典籍

从光宗到成宗时期高丽与宋朝一直保持着外交关系。此时,高丽所需的典籍可以通过高丽使节到宋朝求取,也可以通过与宋商交易获得。但在两国断交时期,高丽就只能通过宋商代购所需典籍。宋朝的蜀本、闽本书非常有名,其中一部分便流入了高丽。

1027 年 8 月宋朝江南人李文通等来丽献上书籍 579 册,1192 年宋商带来《太平御览》,明宗赏赐其白金 60 斤,并命令崔诜对该书进行审校。虽然书籍的引进方式不一,但是引进书籍的种类反映了高丽的要求。宋商虽然是进献《太平御览》,但获得了白金 60 斤的回报,说明他们是接受了高丽方面的预订,以此获取商业利益。

与此相反的是,1174 年明州进士沈忞将高丽金富轼编撰的《三国史记》献给宋廷。当时两国之间没有建立外交关系,因此该书应该是通过宋商传过去的。

(2) 佛经

与其他典籍一样,佛经也是宋商的交易品。1087 年(宣宗四年)三月,宋商徐戬等 20 人送来《新注华严经》板,据说是按照高丽的预订制作的。义天曾从宋朝带回许多佛教经典,后来在兴王寺设置教藏都监,刊印从契丹、宋朝、日本等地搜集的 4000 卷佛典,完成《新编教藏总录》,置于开国寺。另外,12 世纪高丽的禅宗界在宋商的帮助下通过与宋朝禅宗界的交流,得到了《雪峰语录》《禅林僧宝传》《冷斋夜话》《筠溪集》《景德传灯录》等多种禅宗教籍。这种交流在武臣政权时期仍在持续,瑜伽宗的景照通过宋商与宋朝僧侣祖播禅师间接地进行交流,关注着禅宗的动向。

(3) 艺术品

宋商与宋丽艺术品的交易关系可以通过《破闲集》中李宁画作的故事来说明:

> 京城东天寿寺,去都门一百步,连峰起于后,平川泻于前,野桂数百株夹道成阴,自江南赴皇都者必憩于其下。轮蹄阗咽,鱼歌樵笛之声不绝,而丹楼碧阁半出于松杉烟霭之间。王孙公子携珠翠引笙歌迎饯,必寄于寺门。昔睿王时,画局李宁尤工山水,为其图附宋商。久之,上求名画于宋商,以其图献焉。上召众使示之,李宁进曰:"此臣所画天寿寺南

门图也。"折背观之,题志甚详,然后知其为名笔。

文中记载高丽李宁的画作《天寿寺南门图》通过宋商传至宋朝,之后受高丽仁宗的委托,宋商又将该画作买回高丽。虽然史料没有涉及具体的交易过程,但是可以看出画作的整个流转过程都是通过宋商完成的,其他种类的艺术品交易大致也与此相类似。

3. 流行于中国的高丽方物

高丽时代中国先后(或同时)存在五代十国、宋、契丹、金、元、明等多个政权,但高丽贡物的种类变化不大。虽然高丽使节常常在使行中兼行贸易,然而可以带到中国的高丽特产数量毕竟有限,不够满足市场需求。因此,往返两国的宋商仍有极大空间可以营利。

高丽的代表性方物有纸张、毛笔、墨、扇子、铜碗、座席、麻布、苎麻布、绸缎、瓷器等手工业制品和从自然中采摘的人参、漆、松子等土产品。以下根据种类、特征及宋人的评价进行介绍。

(1) 纸张

高丽生产的纸张在中国被称为三韩纸、鸡林纸、高丽纸等,其根据颜色可以分为《宋史·高丽传》和《鸡林类事》中记载的白硾纸、翠纸、金粉纸、鹅青纸、青磁纸、青纸等;根据用途可以分为表笺纸、佛经纸、门窗纸等;根据尺寸可以分为造大纸、毕大纸、大纸等。

高丽时代,纸张是用楮、藤、蚕丝等为原料制成的。高丽前期造纸技术就很发达,武臣政权时期由于《大藏经》的刊印以及金属活字的发明,对纸的需求量也随之增加,造纸技术得到进一步发展。高丽纸的质量很高,所以经常作为贡品被进献到宋朝。当时就有宋人认为"高丽出纸","高丽纸类蜀中冷金,缜实而莹"。①可见,高丽纸在当时深受宋人的喜爱。

（2）毛笔

与纸一样,高丽产的毛笔在宋朝也广受欢迎。根据《宋史》《鸡林类事》的记载,高丽产的鼠尾笔、狼尾笔等用野生动物的毛制成的毛笔在当时名声远扬。徐兢认为高丽黄毫笔"柔弱不可书,旧传为猩猩毛,未必然也"②,而强烈反对宋朝与高丽交好的苏轼则很喜欢用高丽猩猩毛笔,"爱其柔健可人意,每过予书案,下笔不能休"③。

（3）墨和砚台

高丽产的松烟墨同样有名。高丽的产墨名地有孟州（平安北道孟山）、平壤城（平安北道宁远）、顺州（平安南道顺天）、丹山（丹阳）等。孟州产的墨色泽暗、阿胶少、沙子多。丹山产的墨如鸦般黑,品质优良,被称作"丹山乌玉"。不过尽管有人称赞高丽的墨如黑色的潋滟,也有人指责高丽墨易碎。

宋朝文人经常在诗文中提及高丽产的墨,高丽墨也因此名声在外。于是,高丽墨成为与契丹、宋、元等各朝的贸易品。高丽使节到宋朝的时候,也常以高丽墨作为礼品赠给宋朝文人。同样,高丽砚在宋朝也受到认可,宋人称高丽砚"理密坚有声,发墨,色青间白,有金星,随横文密成列"。④

（4）扇子

高丽扇是宋朝文人最喜欢的高丽产品之一。徐兢记载高丽

---

① 译者注:《负暄野录》卷下。
② 译者注:《宣和奉使高丽图经》卷23,《杂俗二》。
③ 译者注:《山谷诗集注》卷3。
④ 译者注:《砚史》,"高丽砚"。

图 2 - 14　丹山乌玉铭墨

国立清州博物馆藏,国立中央博物馆:《走向高丽时代》,2009 年,第 115 页。

13 世纪制成的墨,上有"丹山乌玉"的字样。《新增东国舆地胜览》中记载的忠清道丹阳的特产中就有"丹山乌玉"。也就是说,高丽时代开始丹阳产的墨就已经享有"丹山乌玉"的美称了。

白折扇"编竹为骨,而裁藤纸鞔之,间用银铜钉饰,以竹数多者为贵。供给趋事之人,藏于怀袖之间,其用甚便"。① 折叠扇作为高丽时代的送礼佳品,深受宋朝文人欢迎。鸭青纸制的扇面上画有花木、水鸟,显得非常精巧。因此,甚至有宋人认为蒲葵扇、棕榈扇等名扇也不如当时高丽的折叠扇。

高丽还有松扇,是用松树之柔条细削成缕,捶压成线,而后织成的。徐兢记载其"上有花文,不减穿藤之巧"②,认为这是高丽国王给宋朝使节的物品中做工最精细的。

(5)铜器

铜器是用铜与其他金属按一定比例混合而制成的器皿。高

---

① 译者注:《宣和奉使高丽图经》卷 29,《供张二》。

② 译者注:《宣和奉使高丽图经》卷 29,《供张二》。

丽产铜量大,庆尚道铜泉所等全国各地的"铜所"挖掘铜矿后冶炼出铜,然后缴纳国家。铜在高丽的出口金属中所占的位置仅次于金和银。

铜器经常作为贡物或商品运送到后周、契丹、宋、金、元等国,出使高丽的宋朝和金朝使节们也很喜欢高丽铜器。高丽普通百姓也大量使用铜制器皿,因此高丽的铜器制作技术整体相对比较发达。作为贡物与外销品的铜器,大多是由制造金属工艺品的机关——掌冶署里的白铜匠和赤铜匠们制作的,他们是当时高丽制铜技术水平最高的匠人。

(6)席

席是用草、竹篾等编织而成的片状物。高丽的龙须席、藤席是中国多种文献中都有记载的高丽名品。宋人记载当时贩卖到宋朝的高丽席子"皆席草织之,狭而密紧,上亦有一小团花"[1],高丽的席子也曾在接待宋朝使节的时候使用。《高丽图经》中记载高丽文席有粗有精,精巧者施于床榻,粗者用以藉地,其"织草性柔,折屈不损。黑白二色,间错成文,青紫为襈"。[2]

高丽的草席制作工艺较高,纹饰美丽,用途广泛。它不仅可用作坐垫,也可被用于保护易碎品防止其因颠簸而破碎,甚至还可以用作船帆等。因此,它成为高丽销往宋朝的常见商品之一。

(7)苎麻布和麻布

苎麻布和麻布是高丽使用最多的衣料。《高丽图经》中记载:"(高丽)其国自种苎麻,人多衣布。绝品者谓之絁,洁白如玉,而窄边幅,王与贵臣皆衣之","纻衣,自王至于民庶,无男女悉服之"。可见,苎麻是高丽最普遍的织物。因其品质优秀,为宋朝使

----

① 译者注:《鸡林志》,"织席"。
② 译者注:《宣和奉使高丽图经》卷28,《供张一》。

节准备的绣枕、寝衣、纻裳等也是用苎麻制成的。苎麻产品给宋朝使节留下了很深的印象，所以也保留了不少的相关记载。

高丽的苎麻很有名，当然也是贡物之一。但是，苎麻布的产量相对少，所以其进贡量不如麻布。麻布中的生平布、生中布在具有"岁币"性质的布类贡物中所占的比重最大，一次使行便会送去数千匹。另外，在与宋朝的一般贸易中，大布、小布、毛丝布等也曾作为交易物品。

（8）绸缎等织物类

高丽人穿的衣服一般是用麻布和苎麻做的，但是高丽产的绸缎也很有名。蚕吐丝量很少，因此绸缎的价值相当高，在当时一匹绸缎可值银十两，一般是作为上层消费的奢侈品或外销品。高丽非常善于织文罗、花绫、紧丝、锦罽等，而且"善染采，红紫尤妙"①。尤其是与契丹发生战争时，高丽俘虏了很多对方的工匠，所以纺织工艺愈发奇巧，染色技术也大有提高。高丽的绸缎和毛织物品质优良，因此高丽贡物中有非常多染成各种颜色或用彩线绣成纹样的纺织品，《宝庆四明志》中也有高丽绸销往明州的记载。

（9）青瓷

高丽的瓷器也深受宋人的喜爱，但高丽的制瓷工艺一开始是受到宋朝影响的。宋朝文化的代表性传播媒介之一便是瓷器，当时宋朝各地生产的新瓷器一般很快便会流入高丽，至今韩国全境都出土过宋朝瓷器。用最新技法烧制的宋朝瓷器不断流入高丽，大大刺激了高丽人，高丽人在模仿中加以改造，高丽的制瓷技术也得以发展。高丽青瓷窑主要集中在朝鲜半岛的中西部和西南

---

① 译者注：《鸡林志》，"染采"。

部,这也从侧面说明高丽的制瓷历史与和中国的海上交通有密切的关系。中国瓷窑一般是规模较大的砖窑,而高丽的瓷窑一般是规模较小的土窑。

图 2 - 15　青白瓷瓜形瓶

国立中央博物馆藏,国立中央博物馆编:《走向高丽时代》,2009 年,第 77 页。
宋朝景德镇窑烧制一瓷器,高丽仁宗陵中出土的瓜形瓶与之相似,这说明高丽瓷器的形状受到景德镇瓷器的影响。

高丽工匠学习宋朝的制瓷技术,在此基础上研发出"秘色(翡色)"瓷色和镶嵌技术等,高丽的制瓷技术逐渐达到一流水平。不少宋人都提及过高丽瓷,曹勋曾为所谓"高丽炉"赋诗,太平老人也将高丽的"秘色瓷"与监书、内酒、端砚、徽墨、洛阳花、建州茶、蜀锦、定瓷等等一起归为"天下第一"的名品。徐兢也对高丽瓷器做过如下描述:

> 陶器色之青者,丽人谓之翡色。近年以来,制作工巧,色泽尤佳。酒尊之状如瓜,上有小盖,而为荷花伏鸭之形。复能作盌、楪、栖、瓯、花瓶、汤盏,皆窃仿定器制度。

　　（高丽陶炉）狻猊出香,亦翡色也;上有蹲兽,下有仰莲以
承之,诸器惟此物最精绝。其余则越州古秘色、汝州新窑器
大概相类。①

　　在徐兢看来,虽然高丽的青瓷还比不上宋朝的瓷器,但其制
作技术也已经有了长足的进步。高丽青瓷以其色泽和工巧获得
认可,高丽售往明州的"青器"即是高丽青瓷。

　　（10）人参

　　高丽人参很早就名扬中国,也是进贡宋朝的重要贡物之一。
《鸡林类事》中将其作为高丽的特产进行了特别的记载。也因贵
重,高丽人参在出口宋朝时也被列入征收高额关税的物品清单
中,其地位在高丽名产中可见一斑。宋朝很多地方也出产人参,
但因风土的差异、炮制方法的不同,功效也不一。高丽人参也常
作为礼物被赠予往来高丽的宋朝使节们。

　　徐兢在高丽也亲自了解过高丽人参,并对白参和红参作出了
如下记载:

　　　　人参之干特生,在在有之,春州者最良,亦有生熟二等,
生者色白而虚,入药则味全,然而涉夏则损蠹,不若经汤釜而
熟者可久留。旧传形匾者,谓丽人以石压去汁作煎,今询之,
非也。乃参之熟者,积垛而致尔。其作煎当自有法也。②

　　（11）漆

　　高丽的漆因其色泽出众,也多次成为进贡宋朝的贡物。高丽
的漆树种植于海岛,每年六月割取生漆曝晒炼制。因其涂在器具
上会反射出金光,故被称为黄漆。虽然黄漆本出自百济,但宋朝

---

① 译者注:《宣和奉使高丽图经》卷 32,《器皿三》。
② 译者注:《宣和奉使高丽图经》卷 23,《杂俗二》。

浙人称其为新罗漆。

1123年,高丽曾赐给宋朝使节漆器丹漆俎和墨漆俎。另外,输往明州的贸易品中有高丽螺钿漆器。螺钿漆器是一种用经过研磨、裁切的贝壳薄片作为镶嵌纹饰的漆器,其制作工艺烦琐复杂,十分贵重。

（12）松子

松树的果实松子、松实也是高丽具有代表性的方物。《宋史》《鸡林类事》《高丽图经》中都称其为高丽土产。《宋史》中说高丽的土质适合松树生长,《高丽图经》"土产条"中就高丽松树的情况等作了如下介绍:

> 广、杨、永三州多大松。松有二种,惟五叶者乃结实。罗州道亦有之,不若三州之富。方其始生,谓之松房,状如木瓜,青润致密。至得霜乃拆,其实始成,而房乃作紫色。国俗虽果肴羹截亦用之,不可多食,令人呕吐不已。

在宋朝,高丽松子是知名的舶来货,所以去往宋朝的不少高丽使节会私自携带松子向宋人销售以谋取私利。售往明州的高丽货物也有松子和松花,这显然是通过宋商过去的。

除了以上12种高丽代表性方物,高丽产的杜仲、白附子、麻子、牛鱼鳔、香油、毛皮、金器、银器等也曾作为贡物进献给宋朝,应该也会通过宋商的贸易流入宋朝市场。

（五）宋商的其他活动

由于北方有契丹和金朝,高丽和宋朝很难通过陆路进行外交和贸易活动,只能通过海路往来,而且双方的官方关系时断时续。在这种背景之下,往来高丽的宋商除了进行贸易,还参与了不少其他活动,具体可分为外交活动、为人员往来提供交通便利、中韩日三国的间接交流等,下面将对此进行具体说明。

1. 外交活动

宋商来到高丽进献,在八关会上起到了像外国使节一样的作用。这是宋商为了获取在丽经商的便利而自发参与的"非典型外交活动",并不代表宋朝官方立场。但是,宋商也在实际上真正参与了一些外交活动。例如,传递两国政府的文书、及时通报两国的消息,为两国政府之间的沟通做出重大贡献。

在高丽和宋朝断绝外交关系的时期,宋商充当了宋朝外交使节出席了八关会。起初宋商单独拜见高丽国王,向其进献物品。后来高丽将宋商、女真人、日本人等给高丽国王进献的仪式作为八关会活动的一部分,八关会因有周边国家商人和使节的共同参与而具有了国际性。

在八关会上,宋朝商人、东西女真酋长、日本商人等在高丽百姓的注视下依次向高丽国王进献"贡物",以及《万邦呈奏九成雅乐》的演奏等象征性仪式,向外国人宣扬了以高丽为中心的天下观,表达了高丽提高国际地位的美好愿望。在传统华夷思想的影响以及契丹、宋朝的政治外交压力与刺激下,高丽的自尊意识越发增强。

宋商的进献不仅给高丽王室带来经济实惠,而且提高了高丽国王的政治权威。而作为回报,高丽以外交使节的礼遇接待了宋商,为其提供相当于使馆的"客馆";同时为宋商的贸易提供各种便利,允许宋商与高丽人和在丽外国人自由地进行交易。可见,宋商与高丽国王的关系具有互惠的性质。而这对于参加八关会的东西女真酋长和日本商人来说也是一样的。

宋商在高丽与宋朝断交时期履行了传递两国政府文书的任

图 2 - 16　义天与苏轼

郑学洙、高丽大学高丽时代史研究室提供。

位于开城灵通寺的义天画像和位于杭州的苏轼石像。义天出居开城灵通寺多年,苏轼曾在杭州任官。重启对宋通交的文宗死后,契丹推迟对新任高丽国王的册封,想借此逼迫高丽中断与宋朝的外交关系。尔后,文宗的长子、新任国王顺宗突然薨逝,作为次子的宣宗登上王位。宣宗没有允许王弟义天入宋求法,对于向宋朝遣使也采取了慎重的态度。但是,义天强行搭乘宋商的船只入宋,宣宗不得已派使团前往宋朝。义天在宣宗时期对高丽维持对宋外交起到了决定性的作用。相反,苏轼批评义天的行动,建议他从泉州而非杭州回国。另外,苏轼认为高丽遣使入宋是为了获利,而且宋朝接待高丽使节扩大了财政支出,导致百姓困弊等多种弊病,因此他反对朝廷与高丽交好。义天在高丽与宋朝的外交中持积极的亲宋立场,而苏轼则强烈反对宋朝与高丽通交。同时代不同国家的两人基于不同立场对两国外交关系的态度大相径庭。

务。文宗时期,在高丽与宋朝重启外交关系的过程中,宋商黄慎做出了决定性贡献。他先奉命来到高丽传递宋神宗的通交意图,文宗响应后,两国才恢复了外交关系。1128 年 3 月,向高丽传递宋高宗继位诏的便是宋朝的纲首蔡世章,之后宋朝皇帝的密旨和国际情报也是通过宋商传递到高丽的。宋商受宋朝政府的委托,代行或辅助履行了不少外交任务。而作为报酬,宋朝也颁给宋商诸如三班借使或大将这样的低级官职。

宋商还承担运送两国使节的任务。1123 年出使高丽的宋朝使团乘坐的是两艘由国家专门制造的大型船舶神舟和六艘由宋商船舶改造而来的客舟,宋商负责船舶的运行。在海上航行需要丰富的经验和高超的技术,因此可以推测过去宋朝使团也是在宋商的帮助下出使高丽的。

在恢复与宋朝的外交关系后,宋商也运送高丽使节出使宋朝。高丽使团曾乘坐宋商徐戬、徐德荣的商船到达明州,苏轼也曾在奏文中提到宋商擅带高丽使节附船入贡。可见,宋商在重启、维持高丽与宋朝外交关系的过程中贡献极大。

2. 传递书信及物品

宋商往来于黄海,传递宋朝与高丽人的书信及其他物品。义天在与宋朝僧人交流的过程中,得到宋商的帮助甚多。从 1085年去宋朝之前开始,到回国后圆寂之前,义天与净源、辩真、从谏、行端、法隣、希中等宋朝的不同僧侣保持着书信往来,其间李元积、徐戬、陈寿、郭满、洪保等宋商给予了其不少帮助。

除了书信,一些价值较高的物品也通过宋商传递。义天给宋商财物,让其在杭州雕刻《夹注华严经》,然后将经版带回高丽。义天还曾让宋商转交白银 200 两给宋僧净源,以答谢其送来佛典。像这样,义天拜托宋商直接购买价值昂贵的物品,或者通过宋商传递所需物品的购买费用,这都是建立在对宋商信任的基础上的。

这种现象并非个例。睿宗时期高丽僧人坦然通过宋商将《四威仪颂》和《上堂语句》送给宋朝禅师介谌。介谌读后,回信称赞坦然,对其著述十分认可。来往于两国帮忙传递的是宋商方景仁。武臣政权后期的僧人了世留下的《法华随品赞》和《天台祖师赞》也证明,了世的思想以僧人卓然为媒介与宋朝的延庆寺有着联系,因为当时宋商依然来往于两国,能为他们传递信件及书籍。

由此可见,离开宋商,高丽僧侣与宋朝僧侣之间的交流将无法
维系。

图 2 - 17　净源法师与大觉国师义天

高丽大学高丽时代史研究室提供。

杭州慧因高丽寺内的宋朝净源法师和高丽大觉国师义天的塑像。宋朝的净源法师在华严学方面造诣高深,义天通过宋商获悉后,利用书信拜净源为师。之后,义天又亲自前往宋朝拜见了净源,回国之后也一直与其保持书信、典籍和物品的往来。

3. 为人员往来提供交通便利

宋商的船只为高丽人到宋朝求学提供交通上的便利。文宗时期高丽曾派遣僧侣到宋朝求法,1085 年义天不顾担心与契丹关系恶化的宣宗和臣僚们的反对越海赴宋,这与文宗死后宋朝想继续维持与高丽外交关系的态度有关,但是如果没有提供运输的宋商林宁,义天也不可能成行。净源圆寂后,其弟子颜显来到高丽将净源的舍利交给义天,义天派人前去吊唁,宋商为他们的往来提供交通便利。宋商还将漂流至宋朝的高丽人运送回国,也将从蒙古军队逃脱至高丽的宋朝难民遣送回国。

与人员往来相关的诸多事例流传了下来,这其中主要与宋人归化高丽有关。高丽初期,很多闽地的人在高丽开京生活,他们主要是到高丽贸易后定居下来的海商。之后,由于高丽与中国外

图 2 - 18　位于杭州的慧因高丽寺

高丽大学高丽时代史研究室提供。

　　慧因寺始建于五代十国时期,净源法师曾驻锡于此。净源圆寂后,义天派弟子前往吊唁。后来义天还通过宋商捐资修建慧因寺。这不仅是因为之前义天就与宋商建立了良好的信用关系,而且在于宋商庞大的贸易规模也可成为保证。

交文书的撰写需求,一些在考场失意或仕途不畅的文人搭乘宋商的船只归化高丽,并成为高丽朝廷中的高级官员。代表性人物有周伫、刘载、胡宗旦、慎修等,其中以泉州等地来的福建人居多。他们从宋商口中得知,高丽为与中国进行外交,需要精通文翰的人才,于是乘坐宋商的船只来到高丽,后被任命为高丽官员,供职于秘书省、礼宾省等与文翰相关的机构。

　　宋商的船只定期往来于宋丽,在两国之间传递消息,为往来人员提供交通便利。宋商利用贸易上形成的人际关系网络,推荐有能力的归化人出任高丽的官员。生活在高丽的宋朝归化人可以与留在宋朝的家人保持联系,有时若有家事也可放弃归化,回到宋朝。他们或是为官,或是与宋商一道经商,很少会有独在异乡为异客的孤独感,这都有赖于宋商船只"常时性"往来于两国。

4．与日本间接交流的中介

宋商还起到了促进高丽与日本之间文化交流的作用。1095年，日本僧侣拜托往来于日本的宋商柳裕传语高丽王子义天求取极乐要书、弥陀行愿相应经典章疏等，其后柳裕守约，自义天所传得《弥陀极乐书》等13部20卷被送往日僧那里。另外，1120年七月，宋商庄永、苏景等受大宰府大法师觉树的委托，从高丽带去《圣教》100多卷。宋商也参与高丽与日本的贸易，传播对方的文化，在丽日之间起到了中介的作用。

在高丽与日本没有定期来往的情况下，日本获得高丽相关信息的最方便、快捷的方法就是拜托宋商。到高丽和日本的宋商虽然有所不同，但因为宋商回国使用的港口都是宋朝的明州，所以他们在明州见面后可以互相交换商品与信息。因此，高丽和日本即使不直接通商，彼此也可以通过来往于两国的宋商获得各自所需。以宋商作为中介的间接贸易还不局限于高丽与日本，与东南亚及阿拉伯地区等的情况也同样如此。

图 2-19 《大方广佛华严经疏》卷第三十

国立中央博物馆藏，国立中央博物馆：《走向高丽时代》，2009 年，第 92、93 页。
〔唐〕澄观撰、〔宋〕净源疏注的《大方广佛华严经疏》，经由宋商传到义天那里。图中所示为 14 世纪重刻本。

5. 关于高丽商人海上贸易的再讨论

高丽礼成港是宋朝、大食、日本等许多国家商人聚集的国际贸易港口。与封闭的朝鲜时代相比,高丽时代港口的开放度较高。有研究者认为,此时期高丽商人也有到海外进行贸易的。但在实证方面,有几个问题值得探讨。

日据时期民族主义史学家发表的关于高丽商人积极参与海外贸易活动的观点长久以来一直被学界所认可。而得出此结论的重要根据之一,便是《宋史·高丽传》和《高丽史》中不少有关高丽船只漂流至宋朝明州、登州的记载。明州和登州作为面向高丽进行通交、贸易的重要港口,从唐代开始便有许多朝鲜半岛的商船进出于此,所以漂流至此的高丽船只倒是有可能为商船。

不过,《宋史·高丽传》和《高丽史》中虽然有几则关于宋朝送回高丽漂流民的记载,却都未提到他们的商人身份。倘若他们果真是商人,至少会有所言及。部分学者把这些漂流民的船只理解为用于走私贸易的商船。但若它们本身就是以明州或登州为目的地的私人商船,就不会以漂流的方式到达了。因为在横渡黄海时若遭遇风浪,航向就不会继续往西至明州、登州等地,而会向南或向北漂至其他未知地域。因此,高丽漂流民的情况本身无法成为高丽商人活动的有力证据。退一步讲,即便确是商船,由于性质是走私贸易,属于未经宋朝或高丽政府允许的非法行为,也不能证明高丽商人对外贸易的活跃性。

同时,还有其他的史料也涉及高丽商船的问题。《宝庆四明志》的记录表明,南宋末期明州地方向其他外国船舶征收的入口税为 1/15,而对高丽商船仅征收 1/ 19。有研究认为,当时的明州是对高丽贸易的重要港口与交通枢纽,上述征税政策是对经常到来的高丽商船的优惠待遇。但是也有其他观点认为在明州交入口税的不是高丽商人,而实际是来往于高丽的宋朝商人。值得注意的是,该地方志的前面部分还提到,来自高丽的贸易船并不多。换言之,之所以向高丽商船施行仅征收 1/19 关税的优惠政策,就是因为高丽"商舶不来",可知当时实际上很少有高丽商船前往明州贸易。

此外,有学者认为"日本国归我飘风商人安光等四十四人"①这样的记载也说明了高丽海商的活动。但是此记载并没有明确指出商人安光乘船的目的,通过该史料能够确定的仅是安光商人的身份。要证明他乘船是为了出海进行贸易活动的话,还需要发掘其他的相关史料加以佐证,不过目前并没有其他关于高丽海商到日本进行贸易的记录。

综上所述,有必要重新商榷高丽商人积极参与海外贸易这一观点。有前朝新罗的张保皋通过海上贸易成长为政治势力的前车之鉴,以同样手段成长起来的高丽王室深知如果允许民间商人自由进行海外贸易的话,将对王权构成严重威胁。因此高丽政府规定外国商舶只能停靠在礼成港,并派官员监督其出入。高丽表面上开放国门迎接外国商人前来贸易,但实际上也限制着他们的活动。因为高丽王室意在将对外贸易的主导权紧紧掌握在自己手里。宋商通过向高丽国王进献获得在丽贸易许可,而高丽政府凭借这种方式获利,也就没有奖励海外贸易的动力。在契丹和金朝灭亡之际,他们都曾要求开展与高丽的边境贸易,而高丽王室果断禁止边境的人与之自由贸易,也缘起于此。因此,高丽太祖以后,史书中就再也没有出现过前往宋朝的高丽商人的名字。事实上,当时宋商掌握了对高丽贸易的主导权,在这种情况下即便

---

① 译者注:《高丽史》卷 9,《世家九》。

与他们竞争也很难获利。

　　高丽与宋朝、日本、大食等许多国家进行贸易是事实,但这并不是高丽商人出海与之进行的贸易,而是仅限于离开京较近、作为王室发家之地的礼成港,并以宋朝、日本和阿拉伯商人及使节为主要对象进行的贸易。因此可以说,在元干涉期之前,高丽商人基本上没有参与海上贸易活动,这种观点更加贴合事实。

第三章　与契丹的交流和贸易

一、外交贸易

(一) 使行的种类与贸易

高丽的对宋贸易由两部分组成,包括通过使节往来开展的外交贸易和通过宋商往来进行的其他贸易,而对契丹的贸易则主要是外交贸易。值得注意的是,相比宋朝,高丽与契丹的使节往来更加频繁。

契丹派往高丽的使节有东京持礼使、横宣使、册封使、敕祭使和高丽国王的生辰使等。而高丽派往契丹的使节更多,大约有三十多种,代表性的使节有方物使(进奉使)、贺正使(正旦使)、四季问候使、贺生辰使等定期派遣的使节,以及谢恩使、回谢使、告奏使、贺改元使等不定期派遣的使节。其中,高丽也会往宋朝派遣方物使、谢恩使、告奏使等,但派往契丹的使节种类更多。

高丽频繁地遣使让契丹倍感负担,所以 1022 年契丹派东京持礼使李克方让高丽春夏季问候使并差一次,与贺千龄节、正旦使同行;秋冬季问候使并差一次,与贺太后生辰使同行。这样一来,一年七次的使行就减少为两次。但是,此举也不过是将春季问候使与夏季问候使合为春夏季问候使,将秋季问候使与冬季问候使合为秋冬季问候使而已,其他的使种仍然维持着。之后,高丽往契丹派遣的使节种类反而更多。高丽这样派遣名目繁多的使节,是为了通过使行获得经济利益。

图 3-1　契丹地理之图

　　标记有契丹主要行政区。中间是首都上京,右下角江的右边标记有高丽、百济、新罗界。值得注意的是地图右边的东京,因为与高丽接壤,其留守官曾多次单独向高丽派遣使节交换外交文书。

　　高丽与契丹的外交不论是在朝贡贸易上还是使节派遣上都不是单方面的,这在契丹派往高丽的使节上就有所体现。契丹的册封使在册封高丽国王之后,赐予其相应的服饰,1057 年契丹皇帝不仅对高丽国王,还对皇太子予以册封、赏赐服饰。另外,1023年 7 月契丹遣使祝贺册封国国王高丽显宗的生辰,也曾派使节祝贺高丽太后的生辰。1085 年(宣宗二年)9 月契丹派御史中丞李可及来祝贺高丽国王的生辰,他因未能按期到达而遭到高丽人的嘲笑。皇帝遣使祝贺诸侯生辰本来就是特例,但高丽人认为这是理所当然的,于是才斤斤计较使节的延误;宗主国契丹还定期派横宣使等使节到访高丽,这些都说明不能单纯用朝贡—册封关系来形容当时高丽与契丹的外交。高丽在与契丹的战争中没有战败,所以战后与契丹的外交对高丽多少是有利的,两国外交关系也有对等的一面。由于契丹各种使节的到来,高丽获得了不少赏赐。贺生辰使,顾名思义就是为了祝贺生辰,所以皇帝会给祝贺对象——高丽国王或太后送来很多贺礼。横宣使是皇帝派遣的正规使节,所以礼数上应该也差不多。

相反,高丽使节虽然也为契丹送去很多礼品,但送礼同样可以获得更多的回赐。朝贡使节本身的任务是进献方物、币物。高丽派往契丹祝贺皇帝或皇太后生辰的使节、祝贺改国号或年号的使节、祝贺冬至或元旦的使节等为表祝贺也都会带上很多物品进献。在特别的日子里,对于远道前来祝贺的使节,大国契丹的皇帝不得不适当地赐予其一些酬劳,也对上表献礼的高丽国王予以回赐。所以不管是契丹的使节来高丽,还是高丽的使节去契丹,高丽通过外交都可以获得契丹的珍贵物品。因此,高丽以各种名目为由想增加使节的派遣数量。

契丹也希望通过与高丽的外交进行贸易。契丹允许人数众多的使节出行也反映了其与高丽进行贸易的迫切需求。1043年(靖宗九年)契丹派往高丽的有册封使萧慎微、副使韩绍文等133人。这里面很难判定是否全是单纯的使节,应该还掺杂着很多商人。从人数上看,当时的贸易规模较大。

朝贡关系相当一部分是形式层面的。朝贡国使用宗主国皇帝赐予的册历,遵守规定的朝贡时间、使节人员、贡物种类和数量、外交文书形式的话,后者便也保证前者的政治自主性。所以,高丽接受中国王朝的要求,就可以在获得各种便利的同时得到比朝贡品更多的回赐品。中国的"厚往薄来",对高丽非常有利。高丽与契丹的关系就属于这种关系的典型,高丽的独立性得到认可的同时,亦可通过大量的使行获得经济实利。

图 3-2　契丹字铭铜镜

国立中央博物馆藏,国立中央博物馆:《走向高丽时代》,2009 年,第 99 页。
开城出土的铜镜,上面有"长寿福德"等契丹文铭文。该铜镜从契丹流入高丽,被使用过。

(二) 高丽贡物和契丹的回赐品

高丽与契丹之间的使节往来非常频繁,在这个过程中交流的物产与宋丽交流中出现的略有差异。《高丽史》中记载有鹰、金吸瓶、银药瓶、幞头、纱纻布、贡平布、脑原茶、大纸、细墨、龙须簟席,而《契丹国志》里记载有金器、金抱肚、金纱罗、金鞍辔马、紫花锦绸、细布、粗布、铜器、法清酒醋、藤造器物、成形人参、无灰木刀摆、细纸、墨等。对横宣使的答礼有粳米、糯米和五彩御衣等。

高丽进献给契丹的贡物中也有在宋朝广受好评的墨、纸、人参等,但御衣、器仗等象征权威之物则没有出现。根据使行类别的不同,进献的贡物也有所不同。但总体而言,器具、各种绸缎及布匹、人参等在高丽献给契丹的贡物中所占比重相对更大,而送到宋朝的贡物中装饰华丽、技艺精湛的手工艺品较多。相比之下,给契丹的贡品虽然也高级,但远远不如给宋朝的。

契丹皇帝的回赐品或赏赐品中较多是与国王及太子相关的。契丹在册封国王或太子之后,一般会赐给其相应的服饰及仪物。从两国第三次战争结束、重启外交关系的 1022 年(显宗十三年)开始,随册封诏书一起送来高丽的,常有车、衣服、仪物等。之后,赐给高丽国王的还有九旒冠、九章服、玉圭、玉册、象辂、衣襨、匹段、弓箭、鞍马、印绶等,给高丽太子的有九旒冠、九章服、牙笏、竹册、革辂、衣襨、弓箭、酒等。

图3-3　高丽太祖王建影帧
郑学洙提供。

开城太祖显陵祭堂所供。这是现代人根据想象创作的。画中人穿着天子才能使用的黄袍,黄色在五行中位于中央。另外,画中人还佩戴了天子专属的十二旒冠冕。高丽以天子国自居,统治者自称天子。但是,契丹皇帝在册封高丽国王时送来的是相当于诸侯地位的九旒冠、九章服等。

契丹将国王的服饰和仪物等作为赐给高丽的主要物品之一,既表达了对高丽国王作为本国国王以及契丹诸侯这一身份的承认,也是对自己宗主国地位的宣示。对于高丽国王来说,契丹虽然在文化上不及宋朝,但其掌握了东亚地区的军事霸权,因此契丹皇帝的赏赐同样可以提高自己在国内的权威。可见,在两国关系中,双方可谓各有所得。

另外,太祖时期契丹曾送来骆驼和毛毡等,993 年在与萧逊宁的谈判中取得成功的徐熙从契丹阵营回来时,接受了 10 头骆驼、100 匹马、1000

头羊和 500 匹绸缎的礼物。另外,《契丹国志》中还记载有犀玉腰带、金涂鞍辔马、散马、弓箭器杖、细锦、绮、绫罗、衣著绢、羊、酒、点心等,这些绸缎与羊、酒、点心等应该是一般的赏赐品。

二、文化及技术交流与榷场

(一) 文化及技术交流

契丹在壮大过程中,通过不断吸收与融合中原先进文化,提升了本民族的文化水平。921 年契丹攻打定州,俘虏了很多人口。定州盛产铜,陶瓷业也比较发达。947 年契丹攻打汴京,又将城内从事各种手工业的匠人带回上京城。被抓走的汉族手工业者受到的待遇仅次于契丹族,他们发展了契丹的手工业技术。之后,随着高丽与契丹的往来,其文化也自然传到了高丽。

契丹与高丽一样都是佛经盛行的国家。宋初大规模刻印了《大藏经》,即《开宝藏》,契丹可能参照了《开宝藏》,又进行增补,最后完成了《契丹藏》。《契丹藏》于 1063 年(文宗十七年)、1099 年(肃宗四年)、1107 年(睿宗二年)等多次传入高丽,是契丹皇帝赐给高丽国王的赏赐品之一。尤其是在宋丽重启通交的背景下,契丹对高丽加赐《大藏经》,可以说是对高丽的一种怀柔政策。此时《契丹藏》里收录有《释摩诃衍论》,1097 年契丹使节耶律思齐又送来庆录大师的《摩诃衍论记文》,其被收录入义天编的《教藏总录》里,后又传到宋朝和日本。另外有研究指出,《高丽大藏经》是以《开宝藏》《契丹藏》为蓝本雕刻的。

高丽与契丹之间没有私人贸易,所以文化的交流主要是依赖回赐品的获得以及高丽使节的出使见闻。交流的代表性例子有陶瓷技艺和佛教美术。最能体现高丽青瓷和契丹陶瓷相似性的是青瓷鱼龙纹笔架和辽三彩印花鱼龙纹笔架。契丹瓷器的鱼龙纹、竹鹤纹、芭蕉纹等纹样影响了高丽青瓷。12世纪高丽陶瓷和工艺品上流行的蒲柳水禽纹就与契丹有关,水波纹器也是从契丹传入高丽的。高丽筷子的竹子纹样曾于11世纪流行于契丹部分地区(今中国内蒙古、辽宁省一带),高丽还用其来装饰金属或青瓷注子的把手。另外,瓷器成型之后,用低温进行第一次煅烧,涂上釉后再进行二次煅烧,这样的方法以及象嵌技法等制瓷技术在高丽的运用,也是来源于契丹北方陶瓷技术的影响。

契丹丝的品质优良,用这种丝做的契丹毛织品成为高丽统治阶层的防寒衣料,倍受欢迎。1185年(明宗十五年)高丽宫中绢丝短缺,明宗命令西北面兵马使通过与金朝商人的走私贸易,购买了契丹丝500束。此时,契丹已经灭亡,虽然是与金朝进行的贸易,但"契丹丝"的名称仍然被沿用,这也说明契丹的绢丝声名在外。

徐兢曾评价说:"闻契丹降虏数万人,其工技十有一,择其精巧者,留于王府。比年器服益工,弟浮伪颇多,不复前日纯质耳。"①高丽与契丹战争时期,被俘虏的手工业者定居高丽,直接促进了高丽手工业的发展。在韩国金属工艺史上,11、12世纪的高丽金属工艺品以造型美著称,其体现了高丽人卓越的造型能力和审美意识,同时也是北方文化通过高丽与契丹的交流传入并本土化的集中反映。

(二) 契丹设置榷场及其实际情况

榷场是指在边境所设的同邻国互市的市场,是高丽与契丹的

---

① 译者注:《宣和奉使高丽图经》卷19,《民庶》。

图 3-4 义州附近图

截取自《青邱图》。

朝鲜时代平安道义州府附近地图。义州的下面写有契丹保州。契丹第二次入侵后,占领了与高丽的边界——鸭绿江中的岛屿,获取了攻打高丽的桥头堡位置。之后,契丹为了阻挡高丽重启与宋朝的外交关系,设置了邮亭和榷场,对高丽施压。

贸易中比较有争议的部分。两国于 1005 年(穆宗八年)在边境地区的振武军和保州设置了榷场,1010 年(显宗元年)因契丹的入侵而关闭,1014 年契丹占领保州和静州后重新设置了榷场。但因契丹的第三次入侵,榷场未能发挥其功能。

之后,高丽成为契丹的册封国,两国边境维持了长期的和平,双方之间也没有设置榷场的想法。但是,继文宗之后,1086 年宣宗想维持与宋朝的外交关系,契丹便突然告知高丽要重新设立榷

场。契丹在鸭绿江边的保州设置榷场,正式将两国争议地区鸭绿
江作为边界。这样做的好处是,契丹不仅在政治、军事上对高丽
施压,同时可以为获取鸭绿江以东地区的物产提供便利。对此,
高丽多次派遣使节到契丹斡旋,其依据是 994 年契丹与高丽的协
定中认定保州是高丽的领土,因此反对在此设置榷场。从高丽的
立场来看,契丹在长期处于纷争中的保州设置榷场进行贸易的行
为,实际上等于要高丽默认此地为契丹的领土。高丽对此强烈反
对,经过外交上的努力,最后使得契丹取消了设立榷场的决定。
宣宗时期,榷场问题按高丽所期望的方向得以解决。高丽阻止了
契丹设置榷场的计划,防止了可能因此而增加的军费负担,粉碎
了契丹试图影响高丽对外决策的企图。

有学者基于契丹设置榷场的计划,认为当时契丹与高丽存在
边境贸易,而高丽反对设置榷场的理由之一是想保持贸易的主导
权,另外榷场的设置还会阻挡高丽与女真进行贸易,由此可能引
发不必要的政治、经济上的危机。以上主张的前提是当时榷场确
实发挥了互市的作用,但这一点仍有待商榷。

契丹为了和高丽互市的确设置过榷场。但是,互市顾名思义
是双方之间的贸易往来。契丹即使设置大型榷场,高丽对此不认
可、不使用的话便会变得毫无意义。从现实出发,与经济、文化都
落后于自己的契丹进行贸易,高丽无利可图。这也是契丹虽然三
次设置榷场,但都以失败告终的重要原因。而且,1014 年契丹军
事占领鸭绿江上的岛屿之后,一旦高丽利用其设置的榷场进行贸
易,便等同于认可契丹的不法占有行为,因此高丽没有同意契丹
的决定。

另外,高丽不允许一般人进行对外贸易。1108 年(睿宗三
年)契丹受到女真的攻击,在被包围、缺少粮食的情况下,契丹明

知会吃亏,也要动用国家财富来交换高丽的大米。但对此,高丽边疆的地方守令禁止百姓跟契丹的交易活动。之后,高丽政府派都兵马录事邵亿为契丹送去 1000 石大米,但遭到来远城统军的谢绝。两个事件之间显然有某种联系,即边疆的守令在可乘契丹之危赚取利益的前提下仍禁止买卖;作为补偿,高丽政府不求利益,无偿送去 1000 石大米。

高丽政府宁愿放弃可图之利,也要以无偿援助的方式来防止百姓私自与其他国家进行贸易,此举显示了高丽政府的一贯立场。在此背景下,契丹即便设置了榷场,也注定会被废弃。因此,高丽与契丹之间的榷场贸易实际上仅在初期有限地进行过。

第四章　与金朝的交流和贸易

一、外交贸易

（一）使行的种类和贸易

与对契丹的贸易一样,高丽的对金贸易中占比最大的是外交贸易。高丽派往金朝的使节同样可以分为定期派遣的和非定期派遣的。前者有进献方物的进奉使,在天寿节或万寿节向皇帝祝寿的节日使,祝贺冬至和新年的贺冬至使、贺正使,答谢向高丽国王遣使贺生辰的谢贺生辰使,答谢向高丽派遣横宣使的谢横宣使等;后者有谢册封使、告奏使、谢宣谕使(谢宣庆使)、贺登极使、奉慰使、祭奠使、会葬使、勅祭使等。

另一方面,金朝向高丽派遣的使节有贺生辰使、横宣使、宣谕使、册封使、祭奠使、吊慰使(慰问使)、起复使、落起复使等。如上所述,高丽会相应地派遣谢贺生辰使、谢横宣使、谢勅祭使、谢起复使、谢落起复使等作为回礼。在两国的使节往来中,金朝的横宣使和高丽的谢横宣使的派遣时期固定为六月和十一月,这应该是为了能在物产丰厚的季节进行贸易的缘故。另外,遣往金朝的高丽使节们会集中在行贺礼的十二月和正月展开使行贸易。

高丽向金朝派遣的使节数量总体上比契丹要少，但定期使行的回数反而增加。这意味着两国间通过朝贡和回赐进行物品交换的机会和数量增多。特别是1199年(神宗二年)四月来高丽的使团，规模为正使、副使加上18名上节、14名散上节、27名中节、100名下节、100名纲担夫等共261人，另有21辆车、14匹马同行。规模是契丹使节的两倍，并且在搬运行李上动用了大量的车、马、纲担夫，这意味着他们给高丽带来的物品数量相当巨大。

高丽通常也会对金朝皇帝的赏赐进行答谢，但为261人这样大规模的使团准备不同种类和数量的礼物，对高丽来讲也是一笔不少的财政负担。但即便如此，高丽的支出可能还比金朝的开支少。通过两国间的使节往来，高丽可以得到更多贸易机会，例如通过朝贡和回赐、使行贸易等形式来进行贸易。高丽和金朝的使节往来次数增加，与契丹相比往来使团的规模也有所扩大，这意味着两国间贸易规模也在扩大。通过两国外交贸易往来的物品中，值得注意的是金朝册封高丽国王时所赐予的服饰与仪物。1142年下赐的有九旒冠、九章服、玉圭、金印、玉册、象辂、马、衣襨、匹段、器用、鞍辔马、散马等；1172年下赐的有九旒冠、九章服、玉圭、金印、驼纽象辂、马、衣服、细衣著、细弓、鹏翎大箭、鞍辔马、散马等。另外除了册封，其他时候金朝也有赐予高丽国王玉带的情况。由此可见，与契丹相似，金朝也会在册封高丽国王之后，赏赐彰显其地位的物品，这已经成为一种惯例。

金朝给高丽的回赐品有衣带、犀、绢、绸缎等，横宣使也曾向高丽送来过2000只羊。这应该是受到了契丹的影响。使团出使高丽的同时牵来2000只羊并非易事，其价值也不菲，这也从侧面反映了高丽的地位。

目前所知高丽献给金朝的贡物有1130年(仁宗八年)遣告奏

使进献的御衣、衣带、银器、茶等,此外也进献过青磁纸。虽然没有更多关于高丽贡物种类及数量的相关记载,但应该与献给宋朝和契丹的类似。

图 4-1　白地黑花牡丹唐草纹瓶

国立中央博物馆收藏,国立中央博物馆:《走向高丽时代》,2009 年,第 102 页。

金朝磁州窑生产的瓷器。金灭契丹后继续南下,逐渐占领了宋朝东海岸的大量瓷窑,进一步发展了本国的陶瓷文化。磁州窑出产的陶瓷也通过外交贸易的方式流入了高丽,并影响了高丽瓷器的器形和纹样。

(二) 使节一行的贸易

在与金的贸易中,使节们的私人贸易值得关注。相关例子很多,这里也顺带连同高丽与契丹、宋朝的使行贸易的情况一起来展开叙述。作为接受国家命令而被派遣到外国的人,使节一职需要挑选能够出色完成任务的人担任。以派遣到宋朝的使节为例,学识、人品以及清廉等方面都符合标准的人方能出任此职。

被选为使节派遣到外国,对高丽官员们来说是件值得骄傲的事，甚至偶尔还能获得中国的官职等荣誉。但是，使行并非易事。在交通不发达的状态下，往返于开京与契丹、宋、金的首都不仅耗时长，而且气候的变化也会加大出行的难度。尤其是宋丽使节往来所利用的海路还面临着无法预料的海难等危险。另外，使节还有可能遭遇因外交关系恶化而被扣留的情况。在契丹第二次入侵的 1010 年，高丽使节陈頔、李礼均、尹余、王佐暹等出使契丹后最终也没能回国。

国家虽然想给这些为国英勇冒险、出使外国的使节们一些补偿，但是碍于一些原因无法公开行赏，所以会允许使节与所到国家的人进行贸易，以获取一些经济利益作为报酬。

因此，宣宗时期中书侍郎平章事邵台辅建议："令入辽使臣拣（北路边城将士）壮健者为傔从，因使侦察疆域事势，且有互市之利，人必竞劝。"[1]邵台辅让将士们执行侦察任务的同时，通过贸易获得利益，实际上是主张允许使节及随行人员携带商品各自通过交易取得利益以作为其出使的补偿。

武臣政权时期，宰相建议："每岁奉使如金者利于懋迁，多赍土物，转输之弊，驿吏苦之。夹带私柜，宜有定额，违者夺职。"[2]该建议虽然得到了明宗的许可，但不久后又恢复原样。这则史料中言及的弊端指向的是携带的物品数量过大，而并非谴责携带物品这一行为本身，并且最后连限制携带物品数量的规定也被再次废止。

往返于中国和高丽的使节们与出使国的统治者之间也有物品的献赐往来。例如，契丹的东京回礼使高遂曾以个人名义向高丽国王献上大量绫罗和绸缎，因此得到了高丽国王的回赐，当中

---

① 译者注:《高丽史》卷 95，《邵台辅传》。
② 译者注:《高丽史》卷 20，《世家二十》。

有酒食和衣襈等。而契丹皇帝赐予高丽使节的物品在《契丹国志》中有详细的记载如下：赐奉使物件，金涂银带 2 条、衣 2 袭、锦绮 30 匹、色绢 100 匹、鞍辔马 2 匹、散马 5 匹、弓箭器 1 副、酒果不定数；赐上节从人物件，白银带 1 条、衣 1 袭、绢 20 匹、马 1 匹；赐下节从人物件，衣 1 袭、绢 10 匹、紫绫大衫 1 领。

出使国的皇帝有时会对高丽的使节或随行人员进行赏赐，这是对他们舟车劳顿的慰问。而使节个人携带物品则主要是为了获利。除了以国家名义进献的贡物与聘礼，高丽的正使和副使有时会另外献上自己准备的礼品，这与契丹东京回礼使高遂的情况是类似的。1132 年前往宋朝的高丽使节崔惟清在奉上以国家名义进贡的 100 两黄金、1000 两白银、200 匹绫罗、500 斤人参后，也以个人名义进献了数量达到以上物品 1/3 的财物，宋朝皇帝赐予了他金带。据说宋朝除了常规的回赐，还要花费数万两来接待高丽使节，其中应该也包含了赏赐给使节及随行人员所花的费用。

派往金朝的使节也类似，所以《金史》记载"高丽使者别有私进礼物以为常"①，这给不得不进行回赐的金朝造成了负担，因此 1165 年金世宗"以使者私进不应典礼"为理由，禁止高丽使节的这种私献行为。

前往金朝的高丽使节可以获取不少的利益，这可以从《高丽史》卷 128《郑仲夫传》中有关宋有仁的记载来窥探一二：

> （宋有仁）进参知政事。旧例宰相奉使如金，其傔从有定额。要市利者，赂使银数斤，然后得行。内侍郎中崔贞为生日回谢使，有仁嘱一奴，令带去，时贞以货得者已满数不能

① 译者注：《金史》卷 73，《外国下》。

补。奴恃主势,遂行。金人检还之,贞还坐免。

从该记载可见,为了成为使节的侍从,有的人不惜花数斤白银,这是因为跟随使节出行可以得到比所付代价更大的利益。从侍从的例子可以推测,正式的使节获得的利益肯定更多。另外,使节拥有在规定范围内挑选侍从的权力,因此在选侍从的过程中也可收受不少好处。

毅宗初期,李公升担任殿中侍御史时,获得命令出使金朝。按照当时的惯例,正使有选拔随行军人的权力,因此他可以向每名被选拔上的军人收取1斤白银作为"好处费",也不会被视为是收受贿赂之举。但是李公升分文不收,人们无不赞叹他的清廉。因此,毅宗夜晚去清宁斋,对李公升颂扬道:"秋月澄霁,无一点尘,正如公升胸中。"①这是李公升1148年赴金进贡前发生的美谈。

李公升此举成为当时的特例,因此在史书上留下了记录。除此之外的其他使节,像崔贞一样,都理所当然地收取了白银。出使外国是件苦差事,作为回报,国家允许使节们携带个人物品进行交易,并默许了使节从其他使团参与人员那里收取一定的费用,以此来保障其经济利益。

对于王室或者官僚阶层来说,使节往来是有利可图的。所以,即使与契丹有朝贡册封关系,高丽也不惜冒险重启对宋通交。继契丹后,高丽也向金朝派遣了各种名义的使节。然而随之而来的财政耗费及百姓的困苦却被视而不见,也没有人以此来建议减少使行的次数。这种情况之所以可以持续数百年,是因为通过外交及其附随的贸易,国王的权威得以提高,王室的财政收入得以

---

① 译者注:《高丽史》卷99,《李公升传》。

增加,参加使行的官员们也可以获得赏赐和兼行贸易,国王和官员可谓各有所得。

二、榷场贸易和边境贸易

契丹为了与高丽开展贸易活动,多次提出要在边境设置榷场,但高丽没有对此做出积极回应,因此两国的榷场贸易实际上并没有真正展开。与此相反,高丽和金朝设置了榷场后,双方的榷场贸易得以顺利开展。随着高丽收回鸭绿江边的保州,高丽和金朝之间没有了领土纷争,这是两国得以进行榷场贸易的最重要背景。我们可以通过《东文选》卷6收录的金克己诗文《榷场》对当时两国榷场贸易的情况窥探一二:

（前略:忽闻金使前来,惊起前往迎接）

奔波始及枕水馆,

屈体拜叩麾幢前。

一队刀枪独西渡,

横穿半里圭璧田。

忽见毡庐临野市,

高旗猎猎鼓阗阗。

豪商貂裘手可炙,

鼻息直上成云烟。

奔竞毫芒收货贝,

载车折轴担赪肩。

野人貌古口喑哑,

甘被欺谩良可怜。

买得燕珉作荆璞，

囊中散尽三万钱。

满眼贤愚总争利，

时予兀坐犹块然。

从以上诗句可以看出，榷场位于鸭绿江边高丽一侧的田野上，商人们搭起帐篷展开交易。大商人们穿着贵重的貂皮大衣进行买卖，由于交易量大，装载车的车轴都压断了。也有不懂行情的人在榷场因受骗而遭遇损失。虽然金克己通过此诗要强调的是自己与追求利益的商人所不同的超然，但诗的内容生动展现了榷场热闹及贸易繁荣的画面。榷场位于高丽边境内，因此金人的出入以及两国百姓的交易都必须在取得许可的情况下进行。这首诗描写的是高丽一侧的榷场，金朝的一侧是否另有其他的榷场则不得而知。

高丽与金朝的榷场贸易也曾中断过。12世纪初，金朝宣抚使蒲鲜万奴在辽东发动叛乱，建立了大真（东真、东夏）。粮食不足的金朝两次向高丽请求出售大米，然而高丽令边官拒而不纳。因此，从1215年（高宗三年）开始，金人因兵乱资竭而纷纷携珍宝来到高丽宜州、静州等关外地区购买粮食。此时一锭银才换四五石米，所以商贾争射厚利。尽管高丽政府以严刑禁止，但有贪欲的人依然冒险违法偷偷进行交易。因高丽没有答应金朝的请求，所以关外才出现了走私贸易的现象。高丽的决定主要是考虑到鸭绿江以北地区因蒲鲜万奴的叛乱而处于战乱之中，是一种政治性的判断。通过此事也可以确定，当时的榷场贸易中断了。之后的1218年，在金朝的强烈要求下，榷场贸易又恢复了。

1224年，蒲鲜万奴遣使到高丽建议在东真的青州（今咸镜南道北青)和高丽的定州(位于今咸镜南道)"各置榷场,依前买卖"①。青州和定州是沿海航线船商的活动区域。"依前买卖"意味着要沿用此前高丽和金朝榷场贸易的模式开展互市。当时此建议是否被采纳已无法通过史料来确定。

正如上述商人为谋厚利私下与金人进行买卖一样,高丽当时存在着国家禁止的边境走私贸易。1101 年(肃宗六年),定州长今男偷取官库的 4 部铁甲,卖给东女真,因事情败露,被处以死刑。1185 年正月,明宗对即将赴任的西北面兵马使李知命说道:"义州虽禁两国互市,卿宜取龙州库绁布市丹丝以进"②,即指示李知命携带龙州的绁布与金朝换取"契丹丝"。李知命后来完成了任务。由于当时高丽禁止与金朝的互市,李知命应该是通过其他方式与金人进行交易的。虽然当时存在试图躲避国家监视秘密在边境与周边国家和民族进行贸易的现象,但除了像今男偷盗官库物品等特殊情况,一般都不会被上报,所以留下的相关记载特别少,我们也就很难了解到高丽与金朝边境贸易的更多情况了。

---

① 译者注:《高丽史》卷 22,《世家二十二》。
② 译者注:《高丽史》卷 20,《世家二十》。

第五章　与元朝的交流和贸易

一、外交贸易

(一) 高丽的贡物

高丽作为诸侯国，理应向宗主国元朝朝贡。但是，这一时期高丽进献的贡物，无论是从种类还是数量来看，与献给五代、宋朝、契丹、金朝等的相比都大有不同。这是因为与此前的这些王朝相比，元朝对于高丽的政治影响力尤为巨大。元朝对高丽的朝贡需索苛刻而严厉，在对高丽贡物种类、数量的要求上都带有明显的强制性，这与传统意义上重视礼仪象征性的朝贡大为不同。高丽献给元朝的代表性贡物列举如下：

> 表纸、奏纸，粗绸布、细布，金银、好珠子，水獭皮、鹅岚，好衣服，黄金、白金，襦衣、罗娟、绫绸，金银酒器，画韂、画扇，金钟、金盂、白银钟、银盂，真紫罗，黄漆，虎皮，花文大席，人参，环刀，济州木衣，脯、獾皮、野猫皮、黄猫皮、麀皮、皮货，鞍桥，苎布，金画瓷器，耽罗牛肉，酥油，画佛，细苎布、织纹苎布，龙席、竹簟，熊羔皮。

其中虽然包含有纸、人参等高丽传统的特产,但与献给契丹、宋朝、金朝的贡物相比,物品的种类也大为增加。这些物品按照种类,可分为苎布、绸缎等布料类,金钟、银盂等金属工艺品类,金画瓷器等陶瓷类,水獭皮等动物皮类,花文席等家庭手工艺品类,以及肉类和酥油等。其中除了以往常出现的布匹和手工艺品,新增了与蒙古人的食性和穿衣习性相关的肉类、乳制品、动物皮类等。鹞、鹰、畋犬等动物也是前所未有的,应该与蒙古上流层的狩猎习惯有关。蒙古人喜欢鹰,对鹰的需求量大,为此高丽还专门设置了鹰坊,安排250户民户负责抓鹰,并派专员管理。

高丽还专门为元朝皇族准备贡物。例如,献给皇太后海菜、干鱼、干脯,献给皇太子金鐼、酒钟、真紫罗、玳瑁鞘子等。同时也会给出使高丽的元朝使节礼物。1353年(恭愍王二年)在送别元朝使节时,宰枢按照旧例赠予其白银2锭,苎麻布9匹,绫3匹,但元使没有收下该赠礼。但由此可知,元朝使节一行归国时,高丽会按照惯例赠予含有践行之意的礼物。

有趣的是,为了收买入侵高丽的蒙古军指挥官们,高丽国王经常给他们送礼。其中,有满镂凤盖酒子、台盏、细苎布、驿马、银镀金粧鞍桥子、满绣鞯、黄金、金酒器、白银、银酒食器、银瓶、纱罗锦绣衣、紫纱袄子、银镀金腰带、绸布襦衣、水獭皮、金饰鞍子具马、散马、细苎布、绫纱、大小盏盘、衣绸、纟宁布、加布、粗布、马鞍、马缨、金银器皿、匹缎、画扇、画鞯、皮币、罗绸、笠带、银樽、银缸、酒果等。

这些是高丽为求停战向蒙古将帅们馈赠的礼品,其与进献给皇帝的贡品没有大的区别。本来在1219年高丽就与蒙古签订了友好的兄弟盟约,但战争依然频发,主要是因为蒙古使节们行动傲慢,要求过多的物资,高丽无法忍受这种屈辱和痛苦,便没有放弃反抗。高丽既向蒙古朝廷交纳正式的岁贡,有时也给蒙古将帅们献礼,但物品的数量和品质无法一直满足蒙古方面的要求,这也是 40 年间两国战争不断的重要原因之一。

高丽和蒙古之间的外交是单向的,并且具有很强的支配性。在贸易方面,与以往重视礼仪象征性的朝贡贸易不同,当时的蒙古强行提出各种要求,而要满足对方并非易事。1259 年,高丽太子到蒙古觐见,用 300 匹马装载国贶,其费用是由四品以上文武官员各交 1 斤白银、五品以下官员交布来凑齐的。由于高丽献给蒙古的贡物量大,国家财政难以负担,所以不得不向官员们征收财物以补其缺口。

图 5-1 成吉思汗和忽必烈肖像画

台北故宫博物院藏。

成吉思汗建国后灭金,建立横跨东西方的大帝国。他在位期间,高丽和蒙古联合在江东击退契丹,并一直维持友好关系。忽必烈于 1260 年接替蒙哥成为大汗,1271年改国号为元。忽必烈中断了与高丽的长期战争,使高丽维持了政治上的独立,并让女儿下嫁给高丽元宗的太子。之后,太子继位高丽国王,高丽成了元朝的驸马国。

总之,高丽与以往王朝的外交贸易对高丽王室和国家财政的贡献巨大,但是在与蒙古(元朝)的外交关系中情况恰恰相反。高丽的朝贡已不单单是为表对蒙古皇帝的忠诚,蒙古欲壑难填、得寸进尺的进贡要求使高丽疲于应付。以往高丽积极推动与其他王朝的外交贸易是因为高丽从中获益良多，但在与蒙古（元朝）的外交往来中，高丽只能被动地满足元朝的要求，获利更无从谈起。与以往的外交贸易相比，这是最明显的变化之一。

（二）元朝的回赐品

在高丽与宋、辽、金的外交往来中，中国物品的流入方式比较单一，大部分都是通过使节带来的。但是，元朝回赐高丽的方式多种多样。元朝皇帝给高丽国王和王妃的赏赐品一如既往，比如西锦、间金熟绫、羊、金线绸丝、色绢、马、弓矢、重锦、秤和秤砣、鹘、海东青、药物、珍珠衣、玉带和金袍、鹦鹉、宋朝秘阁所藏书籍、画金瓷器、王衣、剑、宣酝、浮车等。

其中的服饰类、弓箭、大车等是提升高丽国王威望的利器，羊来源于蒙古游牧的传统，金线绸丝、色绢、重锦等衣料因为较为高贵具有了财物的属性。

除了皇帝给高丽王室的赏赐品，也有因元朝公主与高丽国王通婚带来的嫁妆。1390年（忠宣王二年），忠宣王王妃——蓟国大长公主乘坐两辆饰以金银锦绮的车前来高丽，同时还有另外50辆车随行。毡帐大小不一，大的据说需要用14辆车装载。运输的嫁妆有：金瓮1个、钟两个、大钟子6个、只里麻钟子和字栾只钟子及盏儿各10个，银札思麻14个、番瓶2个、大钟子和只里麻钟子各10个、字栾只钟子14个、察刺盏儿和察浑盏儿各6个、灌子2个、猪嘴滤子及胡芦各1总、金40锭29两、银68锭34两等。

上述嫁妆极尽奢华之能事。之前的齐国大长公主（高丽忠烈王妃）及其之后的其他元朝公主们所带物品的贵重程度应该也不亚于此。她们穿着华丽服饰,乘坐大车,使用当时代表着最高工艺水平的各种器具。其到来对高丽王室或上层贵族产生了重大的影响,同时也促进了高丽手工业的发展。

图5-2　金铜观音菩萨坐像

国立中央博物馆收藏,国立中央博物馆:《高丽、朝鲜的对外交流》,2002年,第38页。

该佛像受到元朝皇室所信仰的藏传佛教的影响,显示出密教造像的特点。

值得关注的是,元朝皇帝给高丽国王的赏赐品中还有货币。元朝皇帝赐给高丽国王银币、楮币、钞等,让其直接购买所需物品。在对元贸易中使用的宝钞,最初只是作为战舰建造费用而流入高丽境内,其功能只不过是单纯的军票,此后逐渐具备了在元朝经济圈中作为通用货币的性质。高丽在国内交易中本以本国特色货币——银瓶和米布作为主要的交换手段,但由于受到元朝的政治影响,高丽逐渐进入统一的元朝经济圈内,加之白银不足,银瓶铸造变难,于是高丽内部似乎也开始逐渐使用宝钞。

元朝多次赏赐高丽数额较大的宝钞,例如 1301 年就赏赐了一万锭。高丽国王赴元时可以使用宝钞,也可以向来到高丽的元朝商人或前往元朝的高丽商人支付宝钞,获得宝钞的商人便可以在元朝购买其他物品。

高丽使节或对蒙元有功的高丽人也会得到蒙元皇帝的各种赏赐。1269 年(元宗十年)七月,申思佺等人去日本之后与倭人一起赴蒙古谒见皇帝,获得了匹帛等赏赐。1270 年,洪圭参与铲除林惟茂政权,然后与世子一同前往蒙古入朝,获得锦袍与鞍马等赏赐。1273 年,为了祝贺皇帝登基而前往元朝的顺安公王琮得到皇帝赐予的 500 斤白金、800 匹苎布。

1273 年 7 月,金方庆平定了三别抄的叛乱,元朝皇帝因此赏其金鞍、彩服和金银。1280 年,元朝皇帝又奖赏给参加讨伐日本的金方庆弓、箭、剑、白羽甲,而给其他将士们的赏赐则是弓、甲胄、绊袄等。击退哈丹入侵、立下功劳的金忻、韩希愈等也被赐予弓矢、鞍、玉带和银一锭。

推翻武臣政权、还都开京,平定三别抄叛乱,击退哈丹的入侵,这些都成为元朝皇帝给高丽人特别赏赐的理由,更重要的是,这些都是高丽和元朝面临的重要问题。元朝皇帝给予高丽人赏赐,这也反映了两国政治、军事密切关联的现实以及各自的地位。

世界最强国的统治者——元朝皇帝的赏赐品本身就代表了当时最高水准的工艺,而当时参加讨伐日本的指挥官和士兵人数众多,因此流入高丽的赏赐品数量应该十分庞大,这对高丽和元朝之间的文化交流产生了巨大影响。

(三) 使节一行的贸易

高丽还都开京后,在政治上对元朝的从属性愈加强烈,换言之,通过国家层面的外交所获得的收益也愈发减少。但是,使节贸易带来的利益依然如昨,没有改变。元宗时期的使节朱英亮受贿事件可以说明这一点。1263 年(元宗四年),礼宾卿朱英亮和郎将郑卿甫前往蒙古上表和进献方物,八月回国。但是,同年十二月,朱英亮、郑卿甫收取了 17 人的贿赂,让其参加到使团中进行贸易的事情败露了。元宗没收了 170 口银瓶和 700 斤真丝等赃物,又分别向朱英亮和郑卿甫追缴白银 9 斤和 7 斤,并将两人流配到荒岛。

图 5-3　酱釉四耳壶

国立海洋文化研究所藏,文物厅、国立海洋文化研究所:《泰安马岛海域探查报告书》,2011 年,第 142 页。

该四耳壶产自元朝,故又称蒙古瓶。其打捞自海底,此类多出土于韩国和中国境内与蒙古相关的遗址。

从这一事件可见,如果成为前往元朝的正使或者副使,就拥有了选拔随行者的权限,这一点和之前出使金朝时的情况是一样

的。另外,为了能参与出使,这 17 人每人平均需要缴纳贿金 10
口银瓶和大约 40 斤真丝。即便行贿负担巨大,但他们依然愿意
加入使团,因为有利可图。虽然此次贿赂事件被发现后,正使和
副使也受到了处罚,被收回了其不正当的收益,但这可能仅仅是
众多同类行贿事件的冰山一角。

　　忠烈王前往元朝时使团的规模之大可以说明元干涉期高丽
使节贸易的活跃程度。1284 年(忠烈王十年),高丽国王和王妃
前往元朝时携带了 1200 名使节和 630 余斤白银、2440 匹苎布、
1800 锭楮币。1296 年,也有 233 名大臣以及 590 名侍从、990 匹
马同行。此时,随行人员中或单独进行贸易,或和商人勾结进行
贸易,也有借元朝的钱财进行贸易的。1295 年闰四月,元朝使节
来传达皇帝诏令:"自窝阔台皇帝到今以来,买卖人等贷出官钱,
不以利钱还纳,彼此隐匿者多矣。其内外官员寻捕买卖人,收取
利钱,依数交纳泉府司。若有见买卖人隐匿,首告者赏之。"①

　　这是针对前往元朝借钱经商不还的高丽人而制定的政策。
但从另一个侧面可说明,参与使团的人们为了利用随行机会牟
利,已经无所不用其极。使行贸易对前往元朝的高丽使节一行来
说是获取利润的大好机会,这也是一般官员即便冒险也依然参加
使行的动因。

(四) 外交贸易的特征

1. 元朝的贡物要求

　　在军事侵袭之后,元朝和高丽在政治上形成了支配—附属的
隶属关系,双方之间的贸易没有互惠可言,只是高丽一味地牺牲

---

① 译者注:《高丽史》卷 31,《世家三十一》。

让步。高丽在和契丹、金朝的外交中，对于贡物讲求的是心意而不在于其价值。但是，元朝相反，不仅直接规定高丽贡物的种类和数量，而且还十分看重其品质。

高丽和蒙古建立外交关系后，1221年（高宗八年）蒙古使节著古与等要求高丽进贡10 000领水獭皮，3000匹细绸，2000匹细苎，10 000斤绵子，1000丁龙团墨，200管笔，100 000张纸，5斤紫草，茋花、蓝荀、朱红各50斤，雌黄、光漆、桐油各10斤。元朝不满意以前高丽送去的粗绸布，著古与直接把贡物甩到高丽国王面前。

马是高丽与中国历代王朝外交中常见的贡物，因此给元朝的贡物中自然也包含了马。1230年初高丽就向元朝送去了散马、骁马、大马、小马等。后来，元朝又直接向高丽要求征收战马和马料。高丽为求早日停战，只能选择服从。而这些巨大的支出分摊到诸王、宰相等臣僚、军人及一般百姓的头上。这对于经济能力相对薄弱的一般百姓们来说则是雪上加霜。

蒙古对贡物的要求十分之高，只要使节在高丽国王面前稍一强硬，高丽朝廷便惊慌失措。因为不满足蒙古的要求便可能遭受侵略，高宗因此非常紧张。蒙古以军事力量为底气，强制高丽进贡，这也重新定义了高丽和中国之间的关系。从此，双方不再只是外交形式上的君臣关系，而是政治、军事的实质性隶属状态下的宗主国与诸侯国的支配关系。蒙古的要求是强制性的，对于高丽来说只有单方面的义务。

这种状况随着军事性侵略的开始愈加严重。1231年十二月，蒙古要求高丽进贡100万件军人衣服、10 000匹真紫罗、20 000领水獭皮、大小官马各10 000匹、包括王族和达官贵人子女在内的男孩和女孩各1000名等。对于高丽来说，这几乎是不可能完成的任务。

劝说蒙古撤回要求是高丽避免战争的唯一对策,但蒙古并没有手下留情。当时的实权者崔瑀认为高丽负担不起蒙古过分的贡物要求,于是拒绝和对方和解并断交,并且将首都从开京迁到江华,开始了正式的反蒙抗争。

蒙古对高丽的贡物要求即使在战争时也没有停止。1253年,蒙古要求金、银及水獭皮、苎布等,高丽派使节去解释本国不产金和银,苎布也因为战争难以生产,以求得到蒙古的谅解。同类事例在高丽和蒙古和解、还都开京后的1271年(元宗十二年)六月再次上演。高丽人李枢等向元朝皇帝谎称高丽盛产金漆、青藤、八郎虫、榧木、奴台木、乌梅、华梨、藤席等。元帝信以为真,派必阇赤黑狗、李枢等七人前来高丽,命令高丽准备以上物品送往元朝。高丽方面答复说,金漆难求,高丽只能送去仅有的存货,并答应会确认南海岸是否生产榧木、青藤、八郎虫;奴台木、海竹、冬栢、竹簟等已是悉数献奉;而高丽并不生产乌梅、华梨、藤席,少量存货也是之前从宋朝商人那里所购,也已全部进奉给元朝。尽管非常困难,但高丽依然竭尽所能以求满足元朝对于贡物的强制性要求。因为一旦高丽违背了元朝皇帝的强制命令,便会招来其他是非。

蒙古亲自派遣使节来高丽要求特定贡物的情况在战争结束后的元干涉期也持续不断。特定贡物有大木、宫室大木、火熊皮、御床材香樟木、金、箭、箭头、铁、珍珠、环刀、战船、马、耽罗香檀木、鹦鹉、银、青砂瓮盆瓶、佛经纸、皮币、鞍辔、纹苎布、熊羔皮、枪材、毛皮等。

以上的特定贡物大致是武器类、贵金属类、皮革类、木材类、纸类、瓷器类等高丽比较擅长制造的物品,有些在元朝尚属稀有,所以也常作为高丽给元朝的常贡品。其中,高丽苎麻布在元朝十分有名。元曲《樵渔记》中便出现了高丽苎麻布。所以献给元朝皇帝的不仅有毛织品和绸缎,还有苎麻布。随着技术的发展,后来还送去了有华丽花纹的高级苎麻布——花纹苎布。

但高丽百姓的生活因此愈加艰难。高丽精致的手工业制品及物产使元朝更贪得无厌。为了满足元朝无穷无尽的要求,像曹允通这样的附元势力回到高丽之后,变本加厉地对百姓进行榨取。他根据元朝皇帝的命令,强制百姓到处采摘人参。如果人参稍有腐烂,或者尚未成熟,他就会勒令百姓上缴白银,以银替参,借此谋取私利。忠烈王为了拯救百姓,派使节向元朝说情,以请求宽饶。1285 年 6 月,元朝下达命令:"除法物钟、磬、铜镜、古铜瓶、鼎、熟铜器物外,其余应有铜钱、生铜器物以圣旨到限百日悉纳所在官。"①但随后命令马上被收回了。元朝不考虑高丽实情,只是天马行空地提出要求,自然也不能如己所愿。

当然,除了直接索取,元朝有时候也会和高丽交易物品。1274 年四月,元朝的汝龙于思携带 33 154 匹绢来购买征讨日本所需的军粮。因此元宗立即设置官绢都监,把这些绢分配给各地的百姓,1 匹卖 12 斗米,王京分到 4054 匹,忠清道分到 4000 匹,庆尚道分到 20 000 匹,全罗道分到 2000 匹。高丽以绢易米,把与百姓交换得来的大米输往元朝作为其军粮。

而在此一年前,高丽曾经出现过饥荒,并因此向元朝请求过援助。元朝通过海路向高丽运送了两万石米。可能基于此,元朝体恤高丽的困窘,所以没有一如既往地无理掠夺,而是以绢换粮。

元朝以物跟高丽易物的例子还有几个。1274 年,元朝遣使

---

① 译者注:《高丽史》卷 30,《世家三十》。

携 1640 段官绢来高丽为在南宋襄阳府的生卷军人求取妻室。1280 年(忠烈王六年)元朝用 2000 匹绢来换取了征讨日本所需的军粮。但这种情况并不多见。

在直接掠夺已成为家常便饭的情况下,朝贡已不是向皇帝展现忠诚的自律表现了。除了具有半强制性质的朝贡义务,元朝还会专门派使节来高丽直接掠夺自己想要的物品。

在高丽和元朝的外交中,使节往来通常也伴随着物资往来。但是,元朝给予的物资和其取走的相比,可谓相去甚远。相较而言,元朝对高丽的回赐只是停留在形式性的水准,实际上可以说只是高丽单向纳贡而已。

总体而言,高丽与元朝的朝贡册封关系和以前与其他王朝的关系不同,元朝的单方面的支配性较强,高丽很难再像辽金时期那样通过外交获得经济利益。高丽后期与前期相比,尽管政治和社会方面也有很多变化,但在外交和贸易上的变化尤为明显。

2. 救恤谷的流入和流出

最能体现高丽对元贸易特征的是两国间大米的流动。元丽联合军远征日本后,战船经过的海道成为连接中国江南地区和高丽、日本的海上贸易通路。高丽或元朝遇到灾年,救恤谷也会经过该航路互相接济。1273 年高丽发生了大的饥荒,向元朝求助,第二年元朝通过该海路运来 20 000 石米。1285 年五月,高丽遭遇干旱和蝗灾,元朝中枢省给高丽送来 10 000 石米。1289 年二月,元辽东地区谷物欠收,百姓挨饿,出现饥荒,高丽也给元朝送上 100 000 石粮食以解燃眉之急。1291 年闰六月和 1292 年六月元朝也各用 100 000 石的江南米抚恤高丽饥民。1294 年十二月,为讨伐日本而运往江华岛的 100 000 石江南米中有 50 000 石被用于解决辽阳和沈阳地区的饥荒。

元朝如果发生饥荒,高丽会以自产的大米为其解急;相反,如果高丽遇到灾年,元朝也会广开自己的粮仓,用江南等地的大米来救济高丽。虽然往来的大米数量都有 100 000 石之多,但这并非贸易往来,而是互相援助。从侧面可以看出,高丽和元朝的关系十分紧密。

1289 年辽东遇到灾年,元朝在讨论救灾对策时,有官员认为"江南险远,船运粮斛,不敷给散,辽东与高丽接境,乞令本处措办粮十万石前来接济"①,此建议被采纳。提出此建议的人至少从财政上淡化了辽东和高丽之间存在的边境线,而只考虑到地理位置的接近。事实上,这是把高丽当作了元朝的一部分来看的。因此,100 000 石之多的粮食在高丽与元朝之间的来回流动不是以国际贸易形态而是以国内地区间的赈恤形态来实现的。高丽和辽东地区发生饥荒时互遣救恤谷,这说明了在元廷里,高丽虽然不是内地行省,但与辽东处于同一个财政圈。至少单从救恤财政来看,高丽与元朝是同在一个国境之内的。

二、对元私贸易的样貌和特征

(一) 对元贸易通道和海上贸易

1. 陆路贸易

高丽和元朝的贸易异常活跃,除了外交贸易,私贸易也空前繁荣,两国的商人会互相前往对方国家进行贸易。元大都的漕运集散地通州有高丽人的聚居地——高丽庄。与新罗坊类似,高丽

---

① 译者注:《高丽史》卷 30,《世家三十》。

庄被看作是在元经商的高丽人的聚集地。元朝是当时世界最大的国家,同时也是东亚经济中心,世界各地的商品汇聚于此,这使得地理上相邻的高丽拥有贸易上的有利条件。

早在 1261 年七月,根据巴思搭儿的建议,蒙古决定在鸭绿江西边开展互市,同年十月,派焦天翼等出使告知高丽此事,但第二年正月该决定又被废止。高丽和蒙古之间的官方互市虽然几乎没有进行过,但可以肯定的是民间贸易通过各种渠道一直在持续。

对蒙抗争结束,三别抄叛乱被镇压后,高丽和元朝之间的贸易开始蓬勃起来。高丽不仅北方边境与中国相接,通过海路还与华北、江南相连。因此贸易通道既有陆路,又有海路,贸易形式也就比较多样了。商人们可选择最便利的方式进行贸易。在这之前,高丽和宋朝通过宋商进行海上贸易,高丽和金朝通过榷场进行边境贸易,这些特定的贸易形式都有局限性,而高丽和元朝的贸易就可以避免各种局限了。

从高丽的开京到元朝的大都,通过陆路需要花费约一个月的时间。元帝国的建立和中国北方地区的统一,使高丽和大都之间的通路不再受到其他民族或反对势力的阻扰。陆路虽然不利于物品的大量搬运,但是与水路相比更安全。为有效地统治幅员辽阔的帝国,元朝还整顿了包括从鸭绿江到辽阳和沈阳地区在内的交通道路。因此,入元宿卫的高丽国王及臣僚、两国使节、商人等都经常选择陆路,这大大促进了两国陆路贸易的发展。

这时期高丽和大都间的站赤线路跨越鸭绿江,经过东京站、沈州站、北京站,连接着大都。与朝鲜时代前往明清的使节所使用的渤海湾路线相比,这条通道主要部分均位于内陆。1273 年,李承修等使节经过义州、婆娑府、东京、沈州、崖头站、大宁、神山

图 5-4 法旨

国立中央博物馆藏,国立中央博物馆:《走向高丽时代》,2009 年,第 126 页。

据推测是元朝佛教界制作的前往高丽的通行证或特别文书,其依照元朝公文书的样式用藏文所写。

等到达元大都。这条路线与站赤线路关联密切。高丽末李穑五次前往元朝,有三次使用的是类似站赤的内陆线,有两次使用的是从大都经过山海关到海城的沿海路线。高丽人从义州或龙州出发,越过鸭绿江后,可以根据距离、地形、渡河的便利、季节等自然条件的差异和旅行的目的、携带的物品、身体条件等选择使用陆路或海路。

通过参与使行的人留下的记录可以复原元朝和高丽的陆路交通线路,而最频繁使用该线路的其实是商人。1296 年,洪子藩就指出很多高丽商人带领牛马走出高丽疆域,前往元朝。通过高丽人学习汉语的教材《老乞大》可以得知高丽对元贸易的情况。此书描述的高丽商人从开京出发,用十余匹马载着 130 匹苎麻、100 斤人参,经过辽东,抵达大都,通过买卖物品换取宝钞。然后再去山东的高唐买丝织品等,接下来在直沽将这些物品装上船,最后回到高丽。另一本教材《朴通事》中也出现了高丽人在元朝购买各种物品,并对羊皮、宝石等讨价还价之类的与贸易相关的内容。

图5-5 《老乞大》

首尔大学奎章阁藏。

高丽末期高丽人学习中国北方汉语使用的会话教材。内容讲述了三个高丽商人到元朝经商的故事:他们用马装载人参,越过边境,经过辽东,到达大都贩卖所带商品,而后再购买所需物品,在直沽乘船返回高丽。由此可以看出当时高丽人的贸易情况。

《老乞大》中的商人在越过边境鸭绿江时,需要出示文引,表明自己是得到许可进行贸易的商人。他一年前也曾经前往中国进行贸易,由此可知,他应该会每年定期往来于元朝和高丽。去元朝的时候,这名商人有两名堂兄弟同行,在大都也有亲戚接待,看得出来,这是一个属于同族联手专门从事贸易的商团。

《老乞大》中的商人们熟知消费者的心理,他们带去元朝贩卖

150

的都是元朝人喜欢的物品,而买回高丽的则是高丽人喜欢的书或奢侈品。作为高丽的特产,马、人参、苎布经常被作为献给元朝皇帝的贡物。苎布和马的价格在高丽比中国便宜,中国产的丝织品在高丽则会贵两倍左右,商人们利用这种地域造成的差价牟利。同时,他们利用没有市舶司的港口直沽归国,似乎也避开了关税。

与高丽和契丹、金朝的贸易不同,高丽商人通过陆路展开对元贸易,没有被限定贸易场所,可以不经许可便前往各地经商,所以也有研究认为这是"自由贸易"。高丽和元朝的陆路贸易路线就像《老乞大》中的商人所使用的一样,一般经过辽东到达大都。因为商人们的出入境和贸易场所不受限制,所以才可能出现《老乞大》中的场景。

2. 海路和海上贸易

《老乞大》生动反映了高丽商人陆路贸易的场景,因为运输货物主要依靠马,所以陆路贸易的规模并不大。与此相反,海上贸易使用船只装载货物,因此贸易规模要大得多。连接高丽和元朝的海路如果顺风的话只需要花费两至三天的时间,但其缺点是容易遇难。因此,小型贸易或人员往来一般会选择陆路,量大且对时效有要求的货物则会选择海路运输。

当时海路大体分为北线和南线。北线有《老乞大》中记载的往来于直沽和礼成港之间的海路,还有从瓮津半岛到山东半岛登州的海路,以及从礼成港出发,经过高丽西海岸、渤海湾、中国东北沿岸到登州的海路。南线为从礼成港出发,沿高丽西海岸南下,到黑山岛后,向西南延伸,到江南的庆元港。

与宋代不同的是,元代从山东半岛到辽东和高丽的海路得以使用。此时山东成为漕运的重要枢纽,登州、密州、莱州等港口发展为商业城市。虽然元朝辽东和高丽之间的边境几乎完全开放,但鉴于高丽到山东半岛的海路快速便捷,所以尽管有陆路可选,海上仍然有大量船只来往于高丽和山东半岛。

元朝会利用这条航路向相关地区供给军粮和赈恤粮,同时也会利用其从高丽征收粮食。虽然持续时间不长,13 世纪末元朝曾在高丽西海岸一带设置过海上的驿传(水站)。高丽和元朝政治关系密切,为了官方的海上物流和人员往来的便利,元朝将高丽沿海纳入其交通体系。因此,如上所述,两国间赈灾粮食可以通过海路运输。

出于运输便捷的考虑,元朝皇帝曾提议在高丽设置水驿,并欲任用随高丽太子入元的大臣郑可臣为江南行省左丞使,让其主

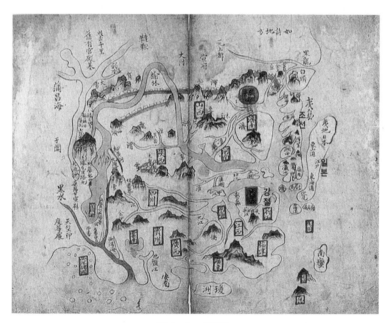

图 5-6 掌运图

国立民俗博物馆藏,国立民俗博物馆、海上王张保皋纪念事业会:《朝鲜半岛与海洋》,2004 年,第 14 页。

描绘从朝鲜到中国及日本的陆路与海路的图籍。在此图中,陆地画得较大,海洋间隙画得较窄,江浙和朝鲜半岛之间有济州岛,中国、朝鲜、日本彼此离得非常近。比起陆路,利用海路所需时间较短,可能因此给予绘图者一种三国离得很近的感觉。

管海运,"岁可致若干斛匹,岂唯补国用,可给东人寓都之资"①。
但是郑可臣婉拒了此提议,他认为高丽可耕作的土地少,即便是
竭尽全力进行耕织也只够国内百姓温饱,而且高丽人不熟悉海
路,此举会给高丽人民带来不便。元帝遂从其所请。

　　虽然元朝商人从明州地区出发往来高丽的情况在《高丽史》
等正史中没有记载,但相应描述经常出现在各类文集之中。李穑
的《报法寺记》中记载了如下事件:侍中漆原府院君尹桓和法蕴和
尚重建报法寺,1348 年从江浙输入了《大藏经》;1361 年因红巾贼
的入侵,寺庙和经传遭损毁;随着寺庙的重建,1367 年又重新从
江浙输入了《大藏经》。高丽后期,虽然高丽官方刊印了几次《大
藏经》,但民间因为佛经刊刻耗资巨大而难以刊行。因此,民间会
拜托海商以相对较低的价格从中国购入《大藏经》。

图5-7　普陀山慧济寺景区游览图

高丽大学高丽时代史研究室提供。
　　舟山群岛上有很多供奉观音的寺院,如法雨寺、宝陀讲寺等。普陀山地区观音信
仰盛行的原因之一是很多海商从此地出发前往日本和高丽经商,他们为祈求自身的
平安和事业的繁荣而信仰观音。

① 译者注:《高丽史》卷 105,《郑可臣传》。

据记载,朝鲜初期的恭安府尹唐诚为"浙江明州人,元季避兵东来,初为征东行省橡史,行省罢,以中郎将为司平巡卫府评事"。① 江浙地区的中国人和《大藏经》出现在高丽,说明元朝末期有船只往来两地。元代大都和杭州制作的佛像、经传和经版传到高丽,对高丽后期佛教美术的发展产生了很大影响。实际上高丽和元朝之间的人员往来要比史料所载更频繁。

图 5-8　普陀山观音像、洛迦山

高丽大学高丽时代史研究室提供。

中国普陀山的观音像,与韩国江原道襄阳郡洛山寺观音像一样面朝东面大海。宁波在宋代称为明州,元代则为庆元,是海上贸易的起点。前往高丽、日本的海商们正是从这里出发。普陀山坐落于宁波前方海域的舟山群岛中的一个小岛,上面的观音像建造得非常巨大,这是为了让船员从远海也能看到此像祈祷行船安全,以及让已经归岸的船员们面朝观音像感谢平安归来。洛迦山位于普陀山附近的一个小岛,相传为观音发迹、修行之圣地。普陀洛迦山是著名的观音道场。

1352 年李穑认为高丽"东有日本,北有女真,南通江浙之船,止有朝天之路,西走燕山。倭贼之来,既已仓皇失措,至请甲兵。江浙之贼万一帆船而来,女真之人万一南麾其骑,则荷末之民其遽为干城之卒欤?"②所以建议高丽设置武科,补充守卫的士兵,以高丽的南部为界抵御从江浙乘船而来的盗贼的进攻。在

① 译者注:《朝鲜太宗实录》卷 26。
② 译者注:《高丽史》卷 115,《李穑传》。

他看来,两地虽然有海相隔,但是大海并没有成为阻碍沟通的大障碍。

　　高丽和元朝的海上贸易也和之前的宋丽海上贸易一样活跃。元朝一般对于进口的货物征收 1/10 或 1/15 的抽分(即市舶税)和 1/30 的商税。1295—1296 年间忠烈王派周侍郎赴元展开贸易,元市舶司要征收 3/10 的抽分。为此江浙行省右丞史耀请求免去高丽货物的市舶税,只征收商税。官员们想要优待高丽不仅是因为来往于高丽的海商比较多,还考虑到两国之间特殊的关系。从元朝政府对海商的监督及征税情况来看,携带高丽货物入元的不是高丽商人,而是来往于高丽的元朝商人。

　　《至正四明续志》记录了 1342 年左右庆元(明州)港进口物品的情况,通过它可以了解两国间海商贸易的物品种类。元朝从高丽进口的物品中,属于高级品的"细色"有人参、麝香、红花、榛子、松花、茯苓、松子、细辛、新罗漆、高丽铜器和青器等;属于一般品的"粗色"有杏仁、芜荑仁、白术、螺头、螺钿、合覃等。与 1226 年左右同一港口的物品相比,榛子、松花、茯苓、松子、细辛、新罗漆、高丽青器从"粗色"升为"细色","粗色"减少为六种。

　　考古学上,新安海底发现的

图 5-9　新安船上发现的高丽青瓷

国立海洋遗物展示馆:《水·大海·人·船·梦想·生活,及其足迹》,1998 年,第 48 页。

所谓"新安沉船"上发现的青瓷象嵌云鹤纹大碗和青瓷象嵌菊花纹枕头。新安船是 1323 年从元朝的庆元港出发的,据推测,其中的高丽瓷器是由康津沙堂里窑和扶安柳川里窑烧制的。瓷器的烧制时期和船只出发沉没时期可能相隔百年以上。因此,这些瓷器也许是生产后通过宋商输出,后被元朝商人买入的,或者是往日本出发前,元朝商人直接从高丽进口的。

元朝商船的遗物可以证明,高丽生产的物品通过元朝传到了日本。从元朝的庆元港出发前往日本的这艘船,据推测是在1323年沉没的。因这一时期连接元朝和日本的海路并不经过高丽,所以沉没的船只似乎也应该是直接开向日本的。在这艘沉船上发现了七件高丽的瓷器,这说明高丽高品质的陶瓷经元朝商人进口后,以中介贸易的形态传到烧瓷技术相对落后的日本。不只陶瓷类,高丽的其他物产也可能通过同样的方式传到日本乃至东南亚等地。

图5-10　白地黑花云龙纹瓶

国立中央博物馆藏,国立中央博物馆:《走向高丽时代》,2009年,第170页。

烧制于元朝的磁州窑,出土于朝鲜开城的瓶子。其白底上有黑花、云、龙等图案。这是元干涉期中国的瓷器流入高丽的证据。

(二) 私贸易品

高丽的私贸易非常繁荣,高丽的特产通过去元朝的高丽商人或来高丽的元朝商人得以交易。上文所言进口到元朝庆元港的"细色"和"粗色"是具有代表性的高丽特产及交易品。各种记录中还提到了茶、花纹席子、纸张、碗、苎布、麻布、绸缎、松子、杏仁、马、人参、茯苓、石琉璃、熊掌等物品。用松木烧出烟灰作为原料来制作的柯山墨、灯盏所用的石琉璃等在元朝也很出名。

其中苎布、人参、马所占比重较大,可以称为三大种类。这些物品在《老乞大》中也作为高丽的代表性贸易品被提及。高丽的苎布因其材质和编织优良早已在中国受到欢迎。忠烈王时期某尼姑制作的白色苎布甚至可以用"细如蝉翼"来形容。高丽苎布的品质与元朝的相比并不逊色,绣有纹样的纹苎布在元朝也属于上品,因而成为重要的出口品。人参是珍贵的药材,中国人的需求量大,但中国只有某些地区有生长,而且高丽产的人参比中国东北产的药效更好,因此从高丽初期开始就是给中国各王朝的贡物之一。这一时期在私贸易中人参的交易也很频繁。经过元干涉期,随着饲养技术的发展和品种的改良,高丽开始从之前的马匹进口国变成了出口国。

元干涉期高丽对元朝的瓷器进口不多,其原因是高丽本国瓷器质量好,因此对外部瓷器的需求就没有那么高了。不过,随着元朝的瓷器通过海商流入高丽,元朝青花瓷的花纹也对高丽青瓷的镶嵌纹样产生了很大的影响。另一方面,在中国出土的高丽青瓷数量也不多。因为高丽青瓷仅作为使节出使元朝时所携带的手信或者部分爱好者的收藏品而少量输入元朝,市场份额较小。

从元朝宰相史天泽的坟墓中发现了中国的瓷器和高丽的镶嵌青瓷,这说明当时高丽的镶嵌青瓷并不亚于中国的瓷器,受到欢迎。而《高丽史》卷 105《赵仁规传》中赵仁规和元世祖的如下对话也体现出当时高丽瓷器的优越和华丽:

> 仁规尝献画金磁器,世祖问曰:"画金欲其固耶?"对曰:"但施彩耳。"曰:"其金可复用耶?"对曰:"磁器易破,金亦随毁,宁可复用?"世祖善其对,命自今磁器毋画金,勿进献,又曰:"高丽人解国语如此,何必使守衡译之?"

虽然后来依照元世祖的命令，在瓷器上画金这类奢华能事减少了，但是从世祖的关注中可以看出高丽瓷器的卓绝之处。

除了丝织品，通过对元贸易传入高丽的还有书籍、玉碗、香料等。高丽的丝织品出口量也不少，但因为元朝的丝织品总体上质量比较好，所以高丽从元朝进口的量更大。其中大部分在高丽国内消费，还有一部分用于和日本贸易。香料来自阿拉伯地区，是通过中介贸易的形式传来高丽的。另外，《老乞大》中有描述高丽商人在元朝采购纱帽带、针、药材、化妆品和化妆器具、木梳和饰品、各种刀和生活器具、玩具、装饰器具、度量衡、织物类、书籍等再回到高丽倒卖。这些元朝出产的物品一来质量比高丽自产的高，二来也是生活的必需品，所以销路不错。

图 5-11　青瓷象嵌猿文金彩扁壶

国立中央博物馆藏，国立中央博物馆：《高丽、朝鲜的对外交流》，2002 年，第 39 页。
该青瓷在釉层表面沿花纹轮廓线抹上黏着剂后附以金粉来装饰，正因此，也被称作"画金瓷器"。

(三) 私贸易的特征

1. 宝钞的流通

高丽的商人通过与元朝人的贸易得到宝钞,宝钞可以用来与在高丽的元朝商人交易或直接带去元朝使用,因此高丽的对元贸易非常活跃。高丽商人不管是在元朝抑或在国内都可以使用元朝货币宝钞,这是与之前高丽同五代、宋朝、契丹、金朝等的贸易相比最大的不同。宝钞在两国的通用,意味着两国同属一个统一的货币使用区。这也说明了高丽处于元朝经济的直接影响之下。

有关高丽人使用宝钞的最早记录是 1276 年(忠烈王二年)高丽派郎将李仁入元"请行宫料,且赍银换钞"[①]。从该记载来看,当时高丽人已经知道了宝钞,所以才会携带白银去换取。也许更早之前,宝钞便已经开始在高丽流通了。

高丽时代的史书中有很多关于宝钞的记载。1309 年(忠宣王元年)十月,元以始行"至大银钞"诏天下,遣使到高丽颁诏。1311 年六月,元以复"中统""至元"钞法又遣使到高丽颁诏。元朝每次变更宝钞的政策都会立刻向高丽派遣使节告知,由此可见宝钞的主要使用地区包括高丽。

图 5 - 12　种子

国立中央博物馆藏,国立中央博物馆:《高丽、朝鲜的对外交流》,2002 年,第 63 页。

新安沉船上发现的香料,有桂皮、苦瓜籽和胡椒等。这些香料产于东南亚和印度等地,通过中国海商出口到高丽和日本。

[①] 译者注:《高丽史》卷 28,《世家二十八》。

宝钞以各种理由与方式传到高丽。1281 年(忠烈王七年)元朝给参与征伐日本的善射军和高丽火长水军 4000 锭宝钞,1283年二月给高丽 3000 锭宝钞用于修理战舰。1292 年元朝给予高丽 1000 锭宝钞作为对带走驿牛的补偿。1354 年六月又给高丽送来了 60 000 锭宝钞,分发给参与镇压张士诚叛乱的将士们。

元朝送来宝钞主要用于从高丽购买物品,作为相关活动的费用,作为高丽王妃的吊慰金,用于对将士们的激励等。元朝在高丽使用宝钞也许是考虑到携带的便利性,但重要的是宝钞在高丽也具有交换功能。元朝曾赏赐给在泥金写经一事上有贡献的人 5800 锭宝钞,给镇压张士诚叛乱的将士们 60 000 锭宝钞。值得注意的是,相当一部分收到宝钞的人都是匠人或普通士兵。他们得到宝钞后,又用宝钞购买生活所需品,这大大扩展了宝钞的使用范围和流通率。

宝钞是元朝发行的货币,因此主要由与元朝关系密切的势力持有。吉昌君权准等献给忠惠王的 1000 锭宝钞是他之前作为财物存储的,寺庙里的施舍也同样如此。这一时期人们将宝钞作为价值的贮藏手段,说明宝钞可以随时与实物进行交换。

尽管高丽因为流通经济没有得到较大发展,主要交易还是以布等实物货币为主,但宝钞还是作为交换手段在被使用。只不过因为宝钞一般面额较大,通常百姓之间的交易较少会使用到,更多用于对元的大宗贸易上。1314 年六月,高丽用 250 锭宝钞从元朝购入 10 000 卷经书。1342 年忠惠王派人到元朝的幽州、燕州进行贸易的时候,使用的是金银和宝钞。《老乞大》中也多次出现了高丽商人来往于元朝使用宝钞进行交易的情节。到了恭愍王统治中期,随着元朝的衰落,宝钞也已逐渐失去了公信力。高丽人很难再把宝钞作为交换手段和价值贮藏手段来使用了。

2. 元帝国的贸易网络和高丽

高丽虽然在政治上的自主性得到了认可,但是在经济方面似乎被编入了元帝国的体系中。高丽人只要有简单的文书即可跨越边境进行贸易,高丽与元朝的贸易似乎也享受着元帝国国内贸易的待遇。虽然上文已经对相关事例进行过叙述,但是必须再说明的一点是,忠烈王派周侍郎到元朝进行贸易时,元朝官员要求比照泉州和广州市舶司的惯例,向高丽收取 3/10 的市舶税,而历任福建行省平章政事和江浙行省右丞等官职的史耀强调了高丽和元朝的紧密性,根据市舶税 3/10、国内商税 1/30 的税率,认为按内地税率向高丽收取 1/30 的商税即可。这是把高丽对元贸易与元朝内部的贸易放到同一层面上考虑了,意味着两国间关税壁垒的消除。

高丽和元朝的特殊关系对贸易网络也产生了影响。1283 年元帝国确定了关税率,1293 年又颁布《市舶则法》确定了对外贸易的相关规定,积极吸引海外商人,高丽商人也成为其对象。但是,1290 年代末和 1300 年代初,元帝国和东南亚地区的交流变得活跃,高丽的地位开始降低,江南商人访问高丽的次数也因此变少,不过回回人的访问在增加。以此为契机,高丽国王们通过海外贸易将高丽与伊朗等地也连接了起来。曾属于东北亚贸易圈的高丽被囊括在东西方贸易体系里。1350 年代以来,汉人割据势力和商人利用黄海航路频繁到访高丽,与高丽人去元朝进行贸易相比,中国商人来往于高丽进行贸易的情况更多。代表商人有泉州的孙天富、陈宝生等。元朝海商的高丽贸易是与元帝国的欧亚海上航路及贸易网络相连接的。元朝与伊利汗国有着政治和经济上的联系,江南商人可以自由进出东南亚和印度乃至西亚进行贸易。高丽则通过来礼成港的中国海商与其他地方进行着

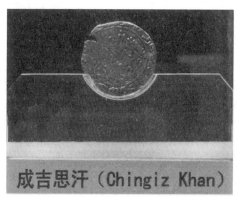

图5-13　蒙古使用的成吉思汗金币和至元通行宝钞二贯文

高丽大学高丽时代史研究室提供。

刻有蒙古人头像的金币和元世祖至元年间(1264—1294)发行的宝钞。宝钞是元政府发行的一种纸币,民间伪造的较多,且因发行时间长,在多次使用过程中多有损坏,所以商人们在交易时会更想要新钞。至元宝钞从五文到二贯文共有11种面额,上图中的二贯文即为最高的面额。

图5-14　杭州铭铜制方形镜

国立中央博物馆藏,国立中央博物馆:《高丽、朝鲜的对外交流》,2002年,第14页。

刻有"杭州"地名的方形铜镜。出土于开城,应该是13世纪中国海商带到高丽的贸易品。杭州是宋元代表性港口之一,临近前往高丽的出发地明州(庆元),因此与高丽交流频繁。

间接的贸易。当然,高丽人去往元朝与在元各国商人进行直接贸易的机会也是存在的。

元丽陆路贸易也是和元帝国的世界性贸易网络相连接的。《老乞大》中高丽商人们的贸易目的地是大都。14世纪以元大都为中心横贯欧亚大陆的陆路交通体系已形成。因此,除了水路,当时欧亚的很多商人也利用这个陆路系统前往大都。大都汇聚了世界各地的人、物资,不同文化在这里交流碰撞,展现了其"世界帝国首都"的面貌。如《老乞大》中的商人将高丽的马和人参等换成宝钞后又购买了绸缎,在大都不仅可以买到中国的物产,也可以和通过陆路或海路到达的中亚和西南亚商人进行交易,购买异国的方物。

元帝国促成了欧亚贸易圈,而这个贸易圈东端的高丽商人越过北方边境,来往于辽东和大都进行陆路贸易。另外在临近首都的直沽和代表性港口庆元还有与高丽的海上贸易。高丽商人去元朝直接和西域商人进行贸易,同时元朝的商人也用船装载西域的物产,来高丽进行中介贸易。此外,回回商人也来高丽展开过贸易。这时出现了过去无法比拟的多种贸易形式。

3. 王室参与的私贸易

这一时期贸易的主导者是兼具权力和财富的王室,以及权贵、世族等,商人与他们勾结,分享利益。和高丽前期相比,此时的特别之处在于商人开始从政。南宫信、孙琦、李仁吉等通过商业累积了巨额财富,后来克服身份限制,在政治上谋得高职。因为元干涉期高丽王室为了确保财政,开始对参与贸易并发挥重要作用的人委以官职。此外普通商人的成长也值得注目。如《老乞大》中四五个高丽商人用十余匹马装载100斤人参和130匹苎布,到元朝进行贸易。与勾结王室或权势的大商人不同,这些小商人乘着高丽对元贸易的利好之风,成长为具有一定实力的商人。

图5-15 "高丽国造"铭铜制圆形镜

国立中央博物馆藏,国立中央博物馆:《高丽、朝鲜的对外交流》,2002年,第15页。

圆形铜镜上刻有"高丽国造"的铭文。虽然是在开城出土的,但它应该不是给高丽人使用的,从铭文来看当是作为外贸商品。高丽的铜镜工艺非常优秀,另外作为"舶来品"可能也是中国人购买的动机之一。

高丽后期贸易上最大的特征之一是高丽国王和王室开始脱离公贸易的范畴,参与私贸易获取利益。元干涉期,高丽国王通过外交贸易牟利越发困难,于是开始派亲信去元朝进行贸易。1278年(忠烈王四年),前大将军尹秀奉忠烈王之命从大都购入马匹,之后忠烈王又派人在益都府交易了14 000匹麻布。为了利用鹰坊获利,忠烈王让亲信直接经营鹰坊,并拉拢回回人投资。忠烈王的王妃齐国大长公主也曾派人去江南买卖松子、人参等方物,获取丰厚利益后又派宦官去高丽各地收购物资,引起了一定的非议。

忠肃王在1321年到1325年、1330年到1333年两次滞留元朝,其间看到元朝皇室通过与西域商人等贸易获利的情况,回国后便对参与贸易并发挥重要作用的人委以官职，试图以此解决王室的财政困难。忠肃王长期滞留元朝也与贸易有关，其亲信孙琦等参与了贸易。

忠惠王为积攒个人财产费尽心机。1342年（忠惠王后三年），忠惠王让南宫信携20 000匹布和金、银、宝钞在元朝幽州、燕州等地进行贸易。次年三月向林会、尹庄等授予内库物品让其入元贩卖，九月又遣商贾赍内帑金入元行贩。忠惠王在元朝滞留的同时通过与元朝的权臣、西域回回人等的交流，比前代国王了解了更多贸易信息。继位后，作为确保财政收入的手段，他让亲信进行贸易。他们更喜好陆路贸易，用高丽的布匹等织物换回元朝和西域的物品，然后在高丽倒卖以谋求利益。但是忠惠王这样积极的贸易活动遭到元朝皇室的厌恶，这也成为他被赶下王位的原因之一。

元干涉期，高丽国王们赴元入朝或者长期滞留元朝的时候，国王及扈从臣僚们便趁机与元朝的商人们开展贸易活动。1284年四月，忠烈王和齐国大长公主、世子的入朝队伍中，扈从臣僚的数量就达到1200名，所携财货有白银630余斤、苎布2440匹、楮币1800锭。入元亲朝仅在忠烈王时期就有11次，忠宣王、忠肃王、忠惠王等的情况也只是程度上的略微差异，基本上都相似。高丽国王去元朝需要耗费大量人力物力，频繁的入朝导致财政匮乏。为此，高丽设置内房库、迎送都监、国赆色、盘缠都监等财政机构，征收常徭、杂贡等附加税，随时施行科敛，以应对财政面临的困境。

总体说来，元干涉期高丽国王若想单纯依靠正式的外交获取经济利益以补充王室财政，可谓难乎其难。与契丹、宋朝、金朝等的贡赐往来，是高丽王室通过外交手段补充财政的重要途径，但元干涉期此法不再可行,于是王室便另谋出路,开始进行私贸易。然而,王室为了获得作为交换物资的金、银、布等以及高丽特色土产人参、松子等,用的不是商业手段而是近乎掠夺,这必然使得百姓们处于水深火热之中,也由此引发了一系列的社会问题。

三、元朝末期与汉人群雄的外交和贸易

元朝的民族差别政策和元世祖以后的皇位继承纷争,导致了中央统治力被削弱。因此顺帝在位期间,汉人起义在全国范围内爆发。主导起义的群雄中有和高丽交流频繁的势力,即江浙地区的张士诚、方国珍等。他们所据的地域与高丽隔海相望,而且他们还得到了元朝形式上的官爵。因此,高丽与他们展开外交,在对元关系上也不会引发大的问题。

"江浙省丞相"张士诚1357年(恭愍王六年)七月派来理问实刺不花献上土物,到1366年为止一共派遣使节达17次。从双方此间交换的文书内容来看,形式上高丽在张士诚政权之上。张士诚派遣的使节给高丽带来了很多礼物,有沉香山、水精山、画木屏、玉带、铁杖、彩缎、金带、美酒、玉斝、沉香、弓箭、箭头、沉香佛、玉香炉、玉香合、书轴、羊、孔雀、玉缨、玉顶子等。

这与以前契丹、宋、金、元等回赐的物品略有差异。为了讨高丽的欢心,礼物中有南方产的珍贵药材,也有玉带、金带、玉缨、玉顶子等国王用的官服装饰和沉香佛、玉香炉、玉香合等佛教用品。对此,高丽回赠了白苎布、黑麻布、虎皮、文豹皮等礼物,也给予使节另外的赏赐。

在高丽和张士诚的交流中值得关注的一点是1358年七月江浙海岛防御万户丁文彬来到高丽建议通商。他认为"今车书如

旧，傥商贾往来以通兴贩，亦惠民之一事也"。① 但是高丽搁置
了此提议。张士诚想通过在军事和经济层面上与高丽的合作以
牟取利益，这才是他和高丽进行外交的主要目的。

　　张士诚活跃的时期，台州的方国珍和东南沿海地区的群雄也
向高丽派遣使节。方国珍于 1358 年五月向高丽派来使节并献上
土产；1364 年六月，又派来照磨胡若海和田禄生，献上沉香、弓矢
及《玉海》《通志》等书。1361 年三月，淮南省右丞王晟派来使节，
献上彩帛和沉香。此后，从朱元璋登基之前的 1364 年开始，到中
原平定之际，方国珍还曾派来使节以打探高丽方面的动向。高丽
恭愍王时期，高丽和江南地区群雄间的交流曾如此活跃。但在
1367 年方国珍投降朱元璋，江南地区被朱元璋平定后，曾经的交
流也因此中断。

　　张士诚和方国珍等汉人群雄多次向高丽派来使节，但高丽只
是向张士诚派去过一次，而对于方国珍更是一次也没有派去过。
尽管元帝国衰弱了，但是因为高丽依然是其册封国，所以不会单
独向地方势力派去使节。尽管张士诚和方国珍形成的地方政治
势力想要单独和高丽进行外交，但是从高丽回应的外交形式和礼
仪上看，恭愍王只把这些使节等同于以前来高丽进献并展开贸易
的宋商。

　　高丽和江南地区群雄的交流，虽然和元朝势力弱化有关，但
促成的关键因素还是在于恭愍王展开了自主外交。江南群雄的
使节来到高丽进献方物，开展外交和贸易活动，这不仅由于高丽
国际地位的提高，也是因为高丽是有魅力的贸易对象。宋商往来
高丽所留下的余韵依然影响着江南地区。

---

① 译者注：《高丽史》卷 39，《世家三十九》。

第六章　与其他国家、民族的交流和贸易

一、与女真的贸易

高丽和女真的外交建立在双方不平等的基础上。高丽认为女真尚未开化，东女真不过是东边蛮夷，西女真不过是西边蛮夷罢了，这点可从高丽称女真为"东蕃""西蕃"的"蕃"字中窥其一二。

高丽虽然对辽金称臣，但把除中国以外、在自己政治影响范围内的周边国家和地区都视为边疆。八关会就是在这种意识形态下形成的典礼仪式。元干涉期以前，高丽认为自己是区域的中心，高丽统治者自称为"海东天子"，使用与皇帝对应的各种用语。这种思维体系体现了高丽自主的天下观。

如诸侯国向中国皇帝朝贡一样，女真许多部族也纷纷向高丽国王朝贡。《高丽史》《高丽史节要》中频繁出现关于女真使节谒见高丽国王朝贡方物的记载，内容翔实。这还被作为八关会的一个固定仪式。1034 年（靖宗即位年）十一月，高丽国王在神凤楼颁布赦免令，接受臣下们的贺礼后，宋商、东西女真、耽罗依次献上方物。在进行国家重要仪礼和庆典中，东西女真等前来进献方物，起到了增光添彩的作用。

图6-1　庆源女真国书碑

国立中央博物馆收藏，国立中央博物馆：《走进高丽时代》，2009年，第105页。

此碑记录了1156年左右咸镜道庆源地区吾弄草寺建立的缘由及其施主、参与者的姓名等，是研究女真文字的重要资料。

　　1034年九月，德宗驾崩，靖宗即位后，重整八关会礼仪，把宋商、东西女真进献方物的环节定为惯例。自此，从前就已经出现的高丽国王接受东西女真酋长朝贡的仪式就成为八关会的固定仪式之一。这种彰显高丽自主天下观的八关会礼仪，大大提高了高丽国王的权威。于高丽百姓而言，女真酋长或使节正是出于对高丽国王的景仰而来朝贡的。刚即位的靖宗在允许百姓观览的八关会上，将女真和宋商的进献仪式公开化和常态化，最大限度地发挥了其政治效果。

　　史书记载的女真"来献方物"同高丽向宋、契丹、金等献方物一样,是一种朝贡的形式。对此,高丽国王也像中国皇帝一样,向女真人回赐物品。史载,1033 年(德宗二年),"铁利国遣使献良马、貂鼠皮,王嘉之,回赐甚优"。① 在此史料中,"献""回赐"等用语体现了双方的君臣关系。

图 6-2　高丽太祖王建铜像

郑学洙提供,开城高丽博物馆藏。

王建死后,全国各地多处寺庙里都设立了供奉其御真的真殿,有的铸造了其铜像,定期举行祭祀仪式。值得注意的是,王建铜像头上戴着通天冠,这是天子的象征。高丽一方面先后奉后唐、后晋、后周、宋朝、契丹等国为宗主国,接受其册封,但另一方面又接受东西女真、黑水靺鞨、日本、耽罗等国的朝贡。高丽国王自称是这些周边民族和国家在内的"小天下"的天子。极好地彰显这种天下观的是高丽定期举行的国家庆典——八关会。每年十一月十五日举行的八关会上,宋商、东西女真酋长等都会在众多高丽百姓面前向高丽国王献礼。这大大提高了高丽国王的政治威望,同时宋商则得到了贸易上便利的保障,女真酋长们也获得了武散阶和赏赐品。由于高丽国王和宋商及女真酋长之间存在互惠互利的关系,八关会这一仪式持续了很长时间。

---

① 译者注:《高丽史》卷 5,《世家五》。

　　女真以侍奉大国的形式向高丽进献自己的土特产，高丽为了奖励他们回赐其所需品。但史书上有时候没有明确记载女真"来献方物"，而只载其"来朝"，实际上按照传统惯例，他们来谒见高丽国王时都会带来方物，同时也会相应获得回赐。这与"来献"其实是一样的。

　　女真献给高丽的方物或土物大部分都是高丽难得的物产。具体有马、铠甲、旗帜、貂皮、青鼠皮、兽皮、铁甲、兵器、蕃米、生口、弓弩、戈船、楛矢、黄毛等。其中，马的进献最多，其余铁甲、弓弩、箭、戈船等兵器类，貂皮、青鼠皮等动物皮毛类也是主要贡品。至于女真所献的"生口"最后成为普通百姓还是继续为奴则不得而知。

　　只有带来高丽需要的物品才能得到更多的回赐，因此随着高丽太祖以后高丽和契丹关系的恶化，女真进献了很多军事用途的物品。特别是在高丽和契丹进行战争的显宗时期，女真进献了很多帮助高丽提升战斗力的物品。而有助于高丽强化军事力量的马匹贸易似乎是从太祖时期就开始的。936年，为攻打后百济而编成的军队中，有9500名是与女真有关系的黑水劲骑，他们可能是直接骑着马前来高丽的。在这样的纽带关系下，马匹贸易在双方之间就自然而然地展开并持续着。高丽和契丹对立的显宗时期，女真带来各种兵器与其说是为了帮助高丽，不如说是趁两国战争之机，带来高丽最需要的物品以朝贡的形式进行贸易。

　　高丽同样回赐给女真很多对方所喜好的物品，其中匹缎、衣服、布物、器皿等数目尤多，尤其对女真所赐"例物"最多的是布料和衣服。高丽的回赐数量和种类根据女真朝贡的情况而有所不同。《高丽史》卷2定宗三年九月有如下记载：

> 东女真大匡苏无盖等来献马七百匹及方物,王御天德殿,阅马为三等,评定其价。马一等银注子一事、锦绢各一匹,二等银钵一事、锦绢各一匹,三等锦绢各一匹。忽雷雨,震押物人,又震殿西角。王大惊,近臣等扶入重光殿,遂不豫,赦。

这一记载表明,定宗亲自评估东女真带来的马匹等级,等级不同对应的价值也不同。假设女真带来的 700 匹马都是三等马,这次交易中女真至少能获得锦绢各 700 匹。女真虽然名义上是来高丽进献马和方物,但实际目的就是过来贩马。高丽国王亲自对马匹进行等级划分后买进。这与中国对周边民族的朝贡物品进行估值后回赐的方式是相同的。女真对高丽的朝贡实际上就是双方的贸易往来。高丽按照马的品质和等级将女真带来的马分为骏马、名马、良马,凭此给予相应的回赐,所以女真为了获取更大利润,尽其所能为高丽贡呈优良的马匹。

值得注意的是,该史料记载高丽国王在对女真进献的马匹估值回赐后,受到极端天气的惊吓而患病,这体现了《高丽史》编撰者的史观,即认为该情形是应该引起警惕的。高丽称女真带来的物品是蛮夷的朝贡,赋予了其政治意义,但事实上这只是高丽和女真的经济往来。因此所谓女真来高丽“献方物”只不过是外交辞令,这是高丽和女真间的官方贸易。之后女真来高丽献方物的记载仍有出现,但是高丽国王亲自对方物的品质进行评估的事例消失了,承担此事的为高丽相关官员及其吏属。

高丽和女真之间除了朝贡—回赐的贸易形式,应该还存在着使行贸易。出使高丽的女真使团少说也有十几人同行,多的时候有百余人,人数众多。除去进宫谒见高丽国王进献方物的几名代表,大部分人应该是来高丽首都开京进行贸易的。女真下榻的客馆和宋商的客馆相邻,因此可以随时和宋商进行贸易往来。由于契丹位于女真和宋朝之间,女真难以直接前往宋朝,而谒见高丽国王得到回赐后,逗留在开京期间便可从宋商那里购买物品,这也是女真来谒见高丽国王的重要目的之一,以及女真使团规模较大的原因。

女真使节长期滞留在高丽也滋生了不少问题,高丽因此准备了对策。1081 年五月(文宗三十五年),东女真酋长陈顺等 23 人来到高丽献马。高丽颁布了新规:"凡蕃人来朝者,留京毋过十五日,并令起馆,以为永式。"①女真人长时间在高丽停留,是希望与高丽商人及宋商进行贸易。但因为高丽要承担女真人从高丽东海到开京的路费以及在开京的滞留费用,人数众多的女真人长期滞留在开京加重了高丽的财政压力,因此文宗此举的目的正是减少财政支出。

高丽与女真的外交和贸易关系是在符合双方利益条件下形成的。高丽国王通过女真酋长的来献,提高了自己作为高丽式国际秩序的中心国家国王的权威;而女真酋长则通过接受高丽的武散阶和乡职,提高了其在周边种族中的地位。除了政治目的,通过女真贡献方物,高丽回赐礼物的这个过程,相互间也获得了经济利益。虽然很难判断高丽和女真之间何者获得的利益更大,但从女真单方面出访高丽,高丽没有回访这一点来看,女真一方表现得更加积极,情况对他们来说应该更加有利。与高丽和契丹、宋朝交流的频率相比,高丽和女真间的经济交流较少的情况也说明了这一点。高丽成功通过羁縻政策确保了边防的安定,而女真

---

① 译者注:《高丽史》卷 9,《世家九》。

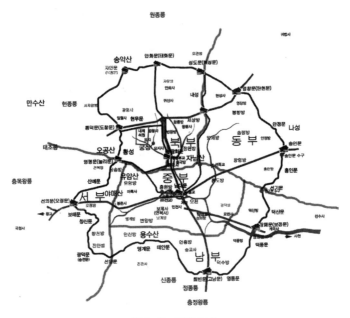

图6-3　开京之城

郑学洙提供。

高丽为了应对外敌的入侵和叛军的攻击,在首都开京由内到外依次建造了宫城、皇城、罗城等。宫城是国王、王后及王族的居住空间,也是处理国政的地方。皇城有中书门下省和中枢院等高丽的主要官署。官员、胥吏、军人等都居住在皇城以外。罗城是结束与契丹的战争后,在开京城外重筑的防御外敌的第一道防线。宋商和女真人谒见高丽国王后,可逗留在开京进行贸易,女真人在开京的停留时间被限制在15日以内。

通过高丽吸收了先进文明,为后来成长为金帝国奠定了一定的基础,这点也值得关注。

元干涉期,高丽商人可以比较自由地越过边境到元朝进行贸易,所以对与物产相对匮乏的女真的贸易没有表现出太大兴趣。但用大米换取女真特产的贸易形式仍然持续着。1292年(忠烈王十八年)七月,东界安集使就曾弹劾镇边万户宋玢"务聚敛,大兴功役,又令边卒运米与女真互市"。① 1383年(禑王九年)八月,

———————————————

① 译者注:《高丽史》卷125,《宋玢传》。

李成桂向高丽国王进献安边之策时,也提到高丽北界民众与女真、达达等互市乃至通婚的情况。

高丽末期,鸭绿江、图们江以北明朝势力未及之处,纳哈出等多方势力并存,形成明朝也难以掌控的局面。由于长期受元朝统治,高丽百姓对国家、民族意识薄弱,高丽人与边境上的女真等族人贸易往来密切,甚至相互通婚,形成和谐共存的局面。上述两个事例表明,这时期高丽和女真之间存在互市的贸易形式。同时,与高丽初期一样,此时女真前来高丽开京向高丽国王进献并获得回赐的贸易形式也依然存在。

二、与日本的贸易

(一) 日本的贸易主体及局势

虽然高丽和日本没有正式建立外交关系,但有过送还漂流民之类的外交交涉,也有日本人多次往来高丽进行贸易活动。这些日本人并不代表国家,而是单独前来的。高丽史书对这些人的称呼有如下记载:壹岐岛勾当官、日本国船头、日本商人、日本僧俗、萨摩州使、对马岛使、筑前州商客、大宰府商客、日本都纲、日本关西九州节度使等。关于这些人,从地域来看,有来自壹岐岛、对马岛、筑前州、九州等地的,也有相关信息不详的;从身份来看,既有来自大宰府这样的日本政府代表性外交机关,也有来自对马岛等地方势力。当中,对马岛的人往来高丽最频繁,该岛从地缘上离高丽最近,又迫切需要解决粮食问题。

值得注意的是,参与高丽和日本贸易的,有主导着宋朝和日本贸易的华裔海商。例如1147年来到高丽的日本都纲黄仲文等

图6-4　博多湾

原智弘提供。

日本九州福冈海岸全景,岸边有为应对蒙古军入侵而设置的防垒。该地区便于从海路前往朝鲜半岛,从古代开始就成为出入朝鲜半岛和中国的港口,高丽时代宋商频繁前往此地进行贸易。

人,虽然他们分明是从日本前来高丽贸易的,但他们到底是专门负责丽日贸易,还是丽日、宋日贸易并行,目前尚未可知。

此外,和船头、商客、商人、都纲等的情况有所不同的是带有官员性质的勾当官、使者等。从表面看他们是前来高丽进献特定物品的,但实际上也是为了贸易而来,而并非出于政治或外交上目的。从日本派遣到高丽的船只被称为"进奉船"或"贡船"。12世纪后期到13世纪后期约一个世纪内,日本大宰府以及其管辖的对马岛和高丽之间进行着进奉形式的贸易。他们曾限定每年一次向高丽派遣两到三艘船只,高丽则在金州为日本人设置了客馆。

虽然"进奉船"就名称而言像是用于向上国履行朝贡义务,但实际上日本并不关心和高丽的外交关系,因此进奉船可以理解成纯粹的贸易船。不同的日本人从日本各地前来,高丽方面并不只

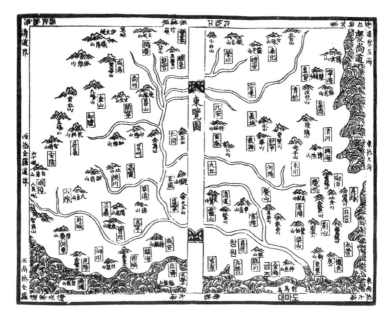

图 6-5　庆尚道各郡县图

截取自《新增东国舆地胜览》。

在朝鲜半岛东南侧的庆尚道地区设有水军官署——都部署，以防日本的入侵。其最初设立于庆州，后迁至金州(金海)，成为日本人前来高丽入朝和贸易的门户。同时，由于高丽和日本没有建立正式的外交关系，所以双方在处理类似遣返漂流民等外交事件时，金州就成了交换外交文书的外交窗口。或许基于此，地图上对马岛被画在金海府南侧，就像是庆尚道的管辖区一样。另外，13 世纪后期元朝准备远征日本时，高丽和元朝的联军在昌原合浦聚集后，出发前往日本。第 1、2 次远征结束后，为了防御日本的入侵，高丽在金州和合浦等地设立了镇边万户府，庆尚道成了防御日本的最前线。随着这种紧张关系的持续，以及元朝和日本贸易的活跃，高丽和日本的贸易实际上已经中断。

是笼统地称他们来自"日本"，而是详细地记载了具体地域名称，说明高丽对他们了解颇深。高丽并没太在意他们来自何处、是否为外交使节，而给予了他们相似的待遇。因为他们即使是使节，前来高丽的真正目的也不是外交而是贸易。

这一时期高丽和日本贸易的主要特点表现为日本各地的人单向前来贸易。对此，日本中世贸易史专家做出如下解释：第一，高丽是中央集权国家,财力也集中于中央,因此地方官或地方势力无法独自向海外派遣船舶进行贸易活动;第二,日本社会已进入货币经济阶段,而高丽还处在自然经济阶段;第三,这一时期贸易由宋商和日本商人主导,高丽商人没有涉足的余地。

这些见解是基于高丽的经济发展阶段低于日本这样的错误历史观而产生的,因此值得商榷。当时,高丽面临着渤海的流民、契丹的入侵等与北方民族的关系等更为重要的问题。而且,对于高丽王室来说,张保皋通过海上贸易成长为政治势力进而威胁新罗王室的记忆还历历在目,何况自己祖先也正是通过海上贸易成长为豪族并最终建国的,因此高丽中央才牢牢垄断着对外贸易权、禁止本国商人出海贸易。与此同时,高丽通过让女真、宋商和日本商人参加八关会,形成了以本国为中心的世界观和秩序,并试图以此开展对外贸易。

另外,从文宗时期开始,日本人来往高丽的次数突然增多,学界对此有如下几种见解:第一,这与日本的造船和航海技术有关。日本中断遣唐使的派遣之后,造船和航海技术大为退步,因此横穿中国东海到中国进行贸易变得困难,而只能沿着黄海的沿岸上行。而这时高丽文宗向日本示好,日本海商认为这是进入高丽市场的好时机。1073 年七月,日本商人王则贞、松永年等 42 人来到高丽,以此为开端,日本商人的往来变得频繁起来。

第二,宋商频繁往来高丽之时,日本人也相应频繁造访高丽,这点值得注意。高丽文物齐备,而且宋商往来频繁,国际贸易繁盛,这似乎也刺激了日本商人。因此以高丽、宋朝、日本三国友好的外交关系为基础,宋日之间也形成了以高丽为中介的连锁关系。

第三,日本与高丽的外交紧张局势有所缓解,而院政时期日

图6-6　墨书铭陶瓷

国立海洋文化遗产研究所藏,文化财厅、国立海洋文化遗产研究所:《泰安马岛出水中国陶瓷》,2013年,第7页。

由于一个商船上会有多个商团乘坐的情况,所以瓷器下面用墨书标记都纲姓氏,以示区别。这种粗质瓷器在韩国国内没有发现,相反在日本九州博多发现较多。可见宋商运来的这些瓷器应该不是为了售卖给高丽人,而是给前来高丽的日本人。

本对贸易产品的需求也有所增加。在大宰府发迹的商人群体以及通过与宋商的走私贸易牟利的庄园领主们对以往的被动贸易和宋商的利益垄断产生了不满。以政府这种对外方针的转换和贸易管理体制的松懈等为契机,日本商人们开始主动开展贸易活动。

高丽同日本的贸易局势,前期和后期态势大相径庭。前期大多由日本商人或使节来到高丽进行贸易活动,但高丽末期倭寇猖獗,为求日本政府禁止倭寇和遣返俘虏,高丽派遣了很多使节前往日本。在此过程中,高丽使节会携带不少谢礼同行,赎回俘虏应该也要付出不小的代价。

(二) 高丽与日本的贸易品

高丽和日本的贸易形式应当是同高丽与宋商及女真的相似，即"进献—下赐"的形式。日本的商人或使节来到高丽向高丽国王进献，国王给予他们回赐，进献以外的物品在得到允许后可与高丽一般商人进行交易。高丽在与日本的外交方面表现较为积极，而日本一方则更关心贸易，因此两国形成了外交和贸易发展不均的特殊通商体制。

高丽和日本的具体贸易情况只能通过日本人和高丽国王之间的进献和回赐物品来了解。同女真人一样，日本人所进献的也是土物、方物等，其按照类型可分为螺钿、鞍桥、镜匣、砚箱、栉、书案、画屏、香炉、佛像、镂金龙头酒器等手工业制品，法螺、海藻等海产品，柑子等水果，珍珠、水银等珍宝，彩段等衣料，刀、长剑、弓箭、螺甲、枪剑等兵器，以及牛马等家畜等。此外，像丹木、沉香、犀角等其他地方的产物也经由日本商人流入高丽。

日本人向高丽国王进献后，可以获得相应的回赐品，例如金银酒器、席子等手工业制品，人参、麝香、红花等药材，虎皮、豹皮等动物皮类，绵绸、绵布、麻布、华绵、大绫、中绫等布料，大米、豆子等农产品。其中，华绵、大绫、中绫等是先由宋商所带来的。日本人来高丽最希望得到的物品之一是佛经，也曾有使节直接前来请求藏经等。

三、大食国商人的高丽往来及贸易

大食国即阿拉伯帝国，早在统一新罗时代就和朝鲜半岛进行过交流。宋朝建立后，大食国和高丽曾先后于 976 年、977 年、

984年里间隔5—6个月向宋朝进贡过,因此彼此应该都知晓对方的存在。一开始大食国商人通过陆路和海路前往宋朝进行贸易,但自1023年开始一般只利用海路,中国南部地区的广州成为其展开贸易的主要港口。

他们应该是在到达广州后从当地宋商那里听到有关高丽的信息,经宋商介绍,才穿越黄海来到了高丽。高丽史籍中有关大食国商人的最早记载是1024年九月"大食国悦罗慈等一百人来献方物"。[①] 次年九月,"大食蛮夏诜罗慈等百人来献土物"[②]。接着在1040年六月,"保那盍等来献水银、龙齿、占城香、没药、大苏木等物"[③],高丽国王命有司对其优厚馆待,又厚赐金帛。

从记载来看,阿拉伯商人也和宋商、女真人、日本人等一样,先向高丽国王进献方物,并获得相应回赐,而后在高丽停留一段时间进行一般的贸易。从商团达百人的规模来看,他们有可能不是亲自航行前来,而是得到了宋商的相助。

大食商人来高丽的时间集中在1024到1040年,其次数也只有3次。呈现出特定时期短期交易的特点并最后中断的原因大致如下:第一,高丽和宋朝贸易活跃,阿拉伯和东南亚的物品可通过宋商流入高丽,因此与大食直接进行贸易的经济动力不足;第二,宋朝试图通过市舶司控制海外贸易的政策对此有所影响;第三,东亚不稳定的国际局势也产生了影响。此外,大食商人们可能通过三次与高丽的直接贸易发现,与从中国东南地区穿越东海和黄海前来高丽的风险相比,贸易本身所获实际收益并不大。虽然1040年后阿拉伯商人不再前来高丽,但他们所带阿拉伯和东

---

① 译者注:《高丽史》卷5,《世家五》。
② 译者注:引自《高丽史》,而《高丽史节要》作"大食国夏诜罗慈等百人来献土物"。
③ 译者注:《高丽史》卷6,《世家六》。

南亚地区的商品通过宋商继续流入高丽。高丽以宋商为媒介,与阿拉伯进行了间接的贸易往来。

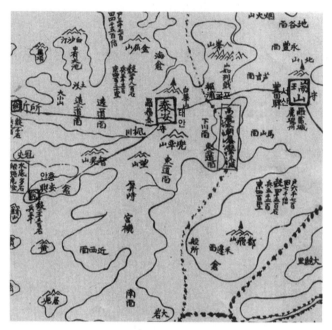

图6-7　泰安附近图

截取自《青邱图》。

朝鲜时代忠清道瑞山、泰安地区示意图。《青邱图》的作者金正浩在泰安旁的堀浦之下标注"高丽本朝屡凿未成",在安兴之上标注"水底多石,船路危险"。高丽时代流经安兴的黄海水路十分险恶,船只经常遇难,因此被称为"难行梁"。为解决这个问题,人们想出在浅水湾挖运河——堀浦,以便漕船通过,但高丽、朝鲜两个王朝均未成功。据说,由于水路复杂危险,外国商船常需要请求熟悉高丽沿岸水路情况的高丽船夫帮助。实际上,最近在安兴马岛前海就发现了宋商和高丽的沉船。从这一点看,11世纪上半叶到访的阿拉伯商人应该不是亲自航行前来,而是乘坐了宋商的商船,往返群山岛和礼成港时,应该也得到了高丽船夫的帮助。

　　与高丽相距甚远的阿拉伯商船来到高丽礼成港,这一点与其他时期相比非常特别。高丽政府对贸易商的入境没有国籍限制,因此无论是宋商还是日本商人乃至阿拉伯商人,都被允许按照高丽的方式向高丽国王进献和进行贸易。因为高丽从多个国家引进的物品越多,其王室和贵族们拥有异国产品的机会就越多,同时他们还可以通过贸易获利，所以礼成港向包括阿拉伯帝国在内的各国开放。

四、与琉球及南洋各国的交流

琉球即今日本琉球群岛，它与日本本土分离，有着自己独立发展的历史。自 14 世纪后期起开始使用"琉球"作为国名。8—9 世纪，随着农业的发展，琉球形成了阶级社会；11—12 世纪被称为"按司"的豪族之间展开争霸；到 14 世纪初，形成中山国、山南国、山北国三国鼎立的局面。琉球的三个王朝都向明朝朝贡，其统治者分别被册封为中山王、山南王、山北王。其中中山国最为富强，对外活动最为活跃。

高丽和琉球的关系始于 1270 年代，被丽蒙联军打败的三别抄军有一部分逃往琉球避难。冲绳浦添城出土的瓦片与高丽珍岛龙藏城出土的瓦当之间有相当的相似性，这从侧面印证了这段历史。一百多年后，1389 年（高丽昌王元年）中山国国王察度得知高丽征伐对马岛，派使节玉之到顺天府奉表称臣，归还被倭寇掳掠的高丽人口，献硫黄 300 斤、苏木 600 斤、胡椒 300 斤、甲 20 部等方物。对此，高丽都堂"以前代所不来，难其接待"[①]，但高丽国王允许他们进京，并派前判事陈义贵前去迎接。

接着高丽又派遣典客令金允厚和副令金仁用到琉球答谢对方之前释放高丽俘虏，并请求再遣返其他俘虏。此行高丽送给琉球的礼物有鞍子、银钵、匙箸等各 2，银盏、银杯各 1，黑麻布 20 匹、虎皮 2 领、豹皮 1 领、满花席 4 张、箭 100 枚、书屏 1 幅、书簏 1

---

① 译者注：《高丽史》卷 137，《辛昌传》。

双等。次年八月，中山王再次派遣玉池等进献方物，并再归还高丽的 37 名俘虏。

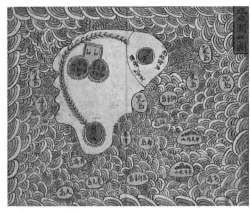

图 6-8　琉球地图及琉球进贡船

1872 年以前位于琉球群岛的琉球国古地图以及琉球为朝贡贸易而派出的进贡船。琉球位于日本九州西南和中国福建省东部的海域，14 世纪三个王朝在此建国，曾向高丽遣使，成为统一政权后也继续与朝鲜保持外交关系。琉球利用其位于东亚海上要冲的地理位置，与各国进行着外交和贸易往来。

在外交关系上，琉球对于高丽行事大之诚，这并非出自高丽的强迫，而是琉球自发性的。琉球似乎认为高丽是一个比自己更强大、发达的国家。琉球请求和高丽通交也是为了获得贸易上的利益。琉球从事中介贸易，一方面购买东南亚的物产销往中国，另一方面又将中国的物产卖往日本，以此牟利。琉球人来到高丽是为了把贸易对象的范围扩大到北方，为此琉球带来了很多在高丽难以获得的南洋药材和香料。高丽基本上按照金建国前与女真或昌王时期与日本的关系模式来处理与琉球的关系。

尽管次数不多，高丽时代也有与东南亚及印度地区的交流。1298 年（忠烈王二十四年）六月，马八儿国（Mobar）王子孛哈里遣使来献银丝帽、金绣手箔、沉香五斤十三两、土布二匹等。马八儿国是印度东南部科罗曼德耳（Coromandel）海岸的小国，以盛产棉布而闻名。高丽大臣蔡仁揆之女早年嫁与元朝的丞相桑哥，后改嫁马八儿国王子字哈里，因此字哈里向高丽遣使献礼。

1391年（恭让王三年）暹罗斛国遣奈工等八人来献土物。暹罗斛国即今泰国的旧称，14世纪为大城王朝时期。这个王朝初期积极发展对外贸易，主导者是中国贸易商。暹罗斛国向高丽派遣使节是为了扩大海外贸易市场。

他们于1388年奉王命出发，在日本停留了一年才来到高丽，恭让王问其航线，答曰若利用北风40天便可抵达高丽。高丽见他们所呈国书无姓名封识，只有小圆印，不能分辨真伪，所以没有受理该国书，只是召见并慰劳了他们。交流过程略有不畅，三译而达其意。

此外，高丽还通过中国商人输入南洋物产。代表商品有印度木棉、砂糖、犀角、象牙、沉香、苏木、胡椒等。

第七章　与明朝的交流和贸易

一、与明朝的外交及朝贡问题

(一) 恭愍王时期的对明外交与先进文物的引进

14 世纪中叶,元朝国内显现动荡态势。皇位之争及贵族间的矛盾日渐深化。元顺帝失政,导致国库空虚,生灵涂炭,全国上下纷纷揭竿起义。濠州郭子兴麾下朱元璋势力庞大,于 1355 年(恭愍王四年)被诸将奉为吴国公。1364 年,在应天自立为吴王。之后朱元璋相继平定张士诚、方国珍等势力,于 1368 年称帝建立明朝,随即北上伐元。元大都沦陷后,元顺帝北逃。

明朝建立后以破竹之势占领全中国,高丽迅速推进和明朝的外交关系。1369 年四月,明朝派遣符宝郎偰斯到高丽赐玺书及纱罗、缎匹共 40 匹。作为回应,同年五月高丽派礼部尚书洪尚载赴明朝贺新帝登基并谢恩。1370 年五月,偰斯再次出使高丽,册封恭愍王为高丽国王,并赐《大统历》一本及锦绣绒缎 10 匹,又赐太妃和王妃金缎、色缎、线罗、纱各 4 匹。此时,明朝统治势力尚未到达鸭绿江一带,高丽和北元之间尚可通过陆路通交,但去往明朝的高丽使节则需经黄海在山东半岛登州登陆再由陆路南下抵达南京。

　　高丽与明朝迅速建立外交的目的是摆脱元朝的统治,而北元的存在对明朝来说仍是威胁,故而需要高丽的协作。但是1371年明朝进出辽东地区后,对高丽态度强势转变,正式开始干涉高丽内政。1373年七月,赞成事姜仁裕一行带回的明朝皇帝宣谕里列举了高丽假以商人为名行打探之事、高丽使节和辽东吴王交聘、济州的马贡不如约、暗助纳哈出袭击牛家庄等罪名,并怀疑高丽仍暗通北元。接着在1374年六月,郑庇带回的明朝皇帝诏书及中书省咨文中令高丽向明朝的朝贡由之前的一年数聘改为三年一聘,贡路采用海道。这意味着高丽使节想走安定的辽东路线以及高丽一年里派遣正朝使、圣节使、千秋使等所谓“一年数聘”的请求被完全无视。明朝还表示贡物不在多惟在至诚,因此只接受了高丽的贡布6对,退回给高丽其余的金、银、器皿、彩席、苎麻布、豹獭皮、白苎布等。此外,明朝还回绝了高丽求赐为击退倭寇所需的船上合用器械和火药、硫磺、焰硝等物品的请求。

　　明朝对高丽采取强硬措施,是为了事先阻止北元的残存势力和高丽勾结经营辽东地区,强硬谴责高丽的不诚实和反抗态度,企图将高丽陷入困境,以谋求对高丽的有效统治。明朝限制高丽朝贡次数为“三年一聘”也是为了压制参与使行的高丽统治阶层。因为和明朝的外交被认为是引进先进文物以及贸易的一环,高丽统治阶层想通过使行的机会获取贸易利益。此外,明朝站在中华主义的立场上不希望使节来往过于频繁,也是为了减少这种外交来往过程中所产生的庞大的接待费用。除高丽外,其他海外国家如安南、暹罗、爪哇、孛里、三佛齐等也同样被削减了朝贡的次数。

　　恭愍王时期高丽与明朝的外交是从友好关系开始的。虽然因朝贡次数和贡路等问题有过一些矛盾,但高丽引进了汉族王朝

图 7－1　恭愍王和鲁国大长公主影帧

京畿道博物馆藏。

　　恭愍王向明朝皇帝请赐明朝新编的礼仪和雅乐,皇帝赞赏高丽及时向明行事大之诚而准允。像这样,"事大外交"被高丽广泛运用在国家层面的先进文物的吸收上,这是通过私贸易所无法实现的。

明朝的制度及文化,逐渐在服饰、音乐、仪式上摆脱了元朝的影响,提高了国王的权威。1370 年五月,明朝得知恭愍王欲制法服以奉宗庙,便下赐国王、王后、陪臣冠服和乐器,以及洪武三年《大统历》《六经》《四书》《通鉴》《汉书》等。同年六月,出使明朝的张子温带来了《本国朝贺仪注》1 册,金龙苎丝、红熟裹绢各 2 匹。1372 年冬至,高丽举行了"大明遥拜仪礼",恭让王时期此仪式被定为高丽国王的定期国事。

　　明朝赐给高丽历法、典籍以及礼乐制度,这与高丽重建成均馆、实行以性理学为基础的科举制度一样,都契合了恭愍王吸收

图7-2 高丽成均馆大成殿

丁学秀提供。

恭愍王推行反元政策并改革此前广泛流行于高丽的元朝习俗。恭愍王重修成均馆,改革科举制度,明朝建立后高丽迅速接受其册封,引进其礼仪和音乐等,也与此有关。

明朝先进文物改革高丽,摆脱元朝影响,强化王权的意图。这也是明朝一建立,高丽就放弃侍奉已久的元朝,转而积极同明朝展开外交的重要原因之一。

(二) 禑王时期的对明外交与贡物问题

1374年,恭愍王突然被弑,禑王即位,高丽对中国的外交态度发生巨大转变。因拥立新君而把持朝政的李仁任改变之前"一边倒"的亲明政策,实行与元明同时建立外交关系的"两端外交"政策。因为采取亲明政策的恭愍王被杀害,而此时明朝对高丽的强硬态度也引起高丽臣子的反感,所以亲元派的地位便得以上升。护送官金义受到亲元派赞成事安师琦的唆使,将前来高丽索要贡马的明使蔡斌杀害。此事一出,高丽的处境变得相当艰难。

相反,郑梦周、朴尚衷、郑道传等新进士流则继承恭愍王的亲明政策,反对恢复对元的外交关系。他们认为明朝具有"天下义主"的正当性,拥有"天下之兵"的军事力,必须继续保持和明朝的外交关系。与此同时,明朝逐渐统一中国,高丽已很难完全放弃对明关系。李仁任也改变了外交方针,派使节出使明朝请赐前王谥号,并说明前王的死因及明使被杀的原委等。但是和明朝的误会由来已久,一时难以轻易解开,高丽使节崔源等甚至被囚禁。1378年六月,明朝释放被囚的崔源等人,两国外交僵局的缓和初现端倪。同年九月开始,高丽重新使用洪武年号,两国紧张关系得到缓解。

然而,恭愍王死后,明朝始终没有册封新王,而是要求更多的贡马,这使高丽陷入了更大的困境。禑王即位后不仅面临正统性危机,而且随着与明朝外交关系的恶化,前王的谥号和新王的册封问题均未能解决,因此高丽无法对明朝进行能动性、主体性的外交。明朝知晓高丽国内的政治状况后索要更多的贡马。1379年三月,明朝遣使要求高丽进贡前王与之约定的1000匹贡马,并差执政陪臣以半亲朝;从次年起贡100斤金、10 000两银、100匹好马、10 000匹细布,岁以为常。此外还命令高丽将抓走的辽东百姓悉数归还。1380年八月,尽管高丽已经进贡了先前明朝要求的1000匹马中的一部分,但明朝要求重新进贡1000匹,并规定从次年起贡100斤金、5000两银、5000匹布、100匹马,以此作为常贡之例。这些是明朝赦免高丽杀害明使之罪的条件。

经历了倭寇侵略和红巾贼之难,高丽全国上下百废待兴,此时已经很难满足明朝的岁贡要求。但高丽国王为得到册封,以确立王权的合法性和维持稳定,还是准备了岁贡。1380年十二月,高丽派门下赞成事权仲和等出使明朝,进贡 300 两黄金、1000 两白银、450 匹马和 4500 匹布,向明朝皇帝请赐前王谥号并承认新王的合法性。1382 年四月,门下赞成事金庾等又向明献岁贡 100 斤黄金、10 000 两白银、10 000 匹布和 1000 匹马。

高丽在上下交困的情况下准备了贡物,但明朝对此并不满足,反而表露出更加强硬的态度。1383 年十一月,明朝以超出岁贡期限为由,将高丽进贺使金庾和李子庸等人监禁起来。明朝威胁高丽只有一次性补齐过去 5 年间欠下的岁贡 5000 匹马、500 斤金、50 000 两银、50 000 匹布才认可其诚意,他日出兵讨伐高丽之事也才可避免。

1383 年十二月,祸王同两府大臣在内的文武百官商议此事,大臣们一致表示应满足明朝的要求。高丽为了准备岁贡,设立了进献盘缠色。1384 年六月,前判宗簿寺事张方平被派去明朝进献 2000 匹岁贡马。同年七月,明朝表示高丽贡马 5000 匹,数目充足,可以入朝;而进贡金银数目不足,可用 1 匹马准 300 两银或 50 两金的形式代替。

高丽在财政困难的情况下也遵守了明朝新规定的朝贡要求。1384 年闰十月,高丽给明朝 5 年岁贡所需 500 斤金已纳 96 斤 14 两,余下 403 斤 2 两用 129 匹马代替;50 000 两银已纳 19 000 两,余下 31 000 两用 104 匹马代替;50 000 匹布已纳白苎布 4300 匹、黑麻布 24 100 匹、白麻官布 21 300 匹;5000 匹马除已纳 4000 匹,又补上 1000 匹。高丽在短短 3 个月内就按照明朝的换算标准如实进献了岁贡。

最终明朝认可了高丽完成岁贡要求的诚意。1385 年,明朝派遣使节册封祸王,并赐前王恭愍王的谥号。祸王大喜,赏赐给传递消息的郭海龙银带 1 条、厩马 1 匹。高丽认为以祸王的册封为契机,两国友好的氛围已形成,于1386年二月遣使入明求赐国王便服及群臣朝服、便服,同时高丽表示尽管此前已尽心尽意按明朝要求献上岁贡,但本国并不盛产金银,未来马布也恐难充数,所以请求明朝允许减少岁贡。

图7-3 贡马封进

截取自《耽罗巡历图》,国立济州博物馆藏。

该图描绘了朝鲜肃宗时期济州牧使在观德亭检查送往汉阳的马匹的场景。传统时代,马匹在民间被用作交通工具,在军事上为将帅或骑兵的必需品。由于骑军的数量和马匹的质量对军事力量的影响很大,所以在高丽和契丹的战争中,女真将马匹带到高丽出售;明朝为了与蒙古人等打仗,不断要求高丽贡马。元朝在济州(耽罗)设置马场后,此地成为代表性马匹产地,为元和明贡献了很多马匹,在朝鲜时代也继续作为马匹的供给处发挥作用。

明朝允许了高丽提出的减少朝贡的请求,削去岁贡,改为三年一朝,贡良马50匹即可。但这并不是体恤高丽而下的决定。相反,明朝认为高丽不恭逊,开始寻找新的借口。明朝给高丽下诏说:高句丽人以前在汉唐时,假借贸易之名到中国行打探之事,还买走好的工匠。近年来高丽人暗地里进行贸易,此后发现此类行为,将严惩不贷。今后明朝带着布匹、绢子、缎子等物到耽罗买马,高丽不得阻止。高丽人凭路引也可到明朝进行贸易,无论是陆路还是海路皆可,到辽阳、山东、金城、太仓等地也都不禁止。

该诏书的内容简而言之,是明朝减免马等岁贡,条件是可自由到高丽直接购买所需物资,秉承相互主义原则,高丽人也可以凭路引到明朝进行贸易。表面上,明朝接受了高丽的请求,大幅减少了岁贡,代之以买卖的形式,展现出宽宏大量的气度。但实际上明朝还是对高丽的减贡要求十分不满，这番政策实际在一定程度上限制了高丽的朝贡贸易，亦可视为是明朝的外交报复。

为了进一步压榨高丽，明朝事先采取措施。同年十一月，明朝告知高丽欲交易 5000 匹马，拟用 10 000 匹绸缎和 40 000 匹的棉布为代价进行交换，并表示宰相的用马单匹价格为绸缎 2 匹、棉布 4 匹，官马和百姓用马的价格为绸缎 1 匹、棉布 2 匹。明朝亲自来高丽购马一事让高丽感到惊慌，于是向明朝表示高丽所产马匹数目不多且体型矮小，不敢受价，并表明将尽力措办。高丽的应对无异于屈服明朝之前的强硬政策，等于自己收回削减岁贡的请求。高丽没能利用好元明鼎革的不稳定局势，反而使自己背负了更沉重的朝贡负担，对明采取了守势的应对措施。这和过去利用契丹与北宋、金朝与南宋的对立获取外交实利的情况大为不同。

对于高丽自称"邦微产寡，物不敢进，财不敢受，愿进五千"①之举，明朝皇帝认为这是不能体谅其至意的做法。皇帝不想被认为是"做前代以逼人"，所以要按照此前以物互市，以 1 匹马换 8 匹布、2 匹绸缎的形式来和高丽交易。

明朝愿意出价买马，对高丽来说却是威胁。高丽在举步维艰的情况下准备了 5000 匹马，于 1387 年分 5 次送往辽东，力图展现自己的诚意。明朝在高丽第一次把马送达辽东时便开始检查马的状态，把老弱矮小的劣马退还；第五次运输的 1000 匹马甚至被全数退回了。此时马被分为三等，上等给价 2 匹缎子、8 匹布，中等给价 1 匹缎子、6 匹布，下等给价 1 匹缎子、4 匹布，总计交换了 2670 匹缎子、30 186 匹布。

----

① 译者注：《高丽史》卷 136，《辛禑传》。

明朝还是继续以贡马为由向高丽施压,甚至禁止高丽遣使入朝。1387年闰六月,高丽遣门下赞成事张子温入明谢许改冠服,结果其被明朝以马驽为由囚禁于锦衣卫。1388年二月,明朝下旨表示先前高丽所进种马不中用,后来明朝所买5000匹又皆弱小,价值低廉,现今谢恩所进马匹粗蹄肿腿,亦非良马。明朝还指出,高丽虽然被允许通商,但却"不肯明白通牒使来贸易",反而阴令人到太仓"窥觇明兴师造舰与否,重赏明人之去泄消息者"①,因此禁止高丽再遣使入朝,同时令高丽把原属元朝的铁岭以北区域划归辽东。

以上明朝的旨意不仅涉及高丽贡马质量低下的问题,还以高丽使节刺探军情为由禁止丽使入境,并命令归还一开始就属于高丽的铁岭以北土地。一直以来,高丽和明朝的外交纠纷主要是岁贡问题,但现今禁止使节入境,加上铁岭卫的设置而引发的领土问题,导致纷争愈演愈烈,发展成复杂局面。

封锁辽东是明朝为了征讨纳哈出而准备的事前措施,高丽使节在运送马的途中也许存在将好马换成劣马的行为。但是明朝凭此就要在封锁辽东的同时索要高丽领土,这样的要求是荒唐的。而明朝如此无理源于高丽禑王和掌权势力的低姿态外交,这也说明明朝利用高丽统治阶层的腐败加强对高丽攻势的外交政策奏效了。

总之,归还铁岭以北土地的要求使高丽人对明朝产生负面情绪。崔莹等人推进并实施了"辽东征伐",但是亲明的李成桂一派通过"威化岛回军"②掌权。随后,高丽派朴宜中向明朝请求停止

---

① 译者注:《高丽史》卷137,《辛禑传》。
② 译者注:1388年,李成桂奉命率军征伐明朝辽东,然而行至鸭绿江心的威化岛时李成桂开始倒戈,回军反攻王城开京,禑王被废。

设置铁岭卫,并陈情原委,争取到明朝对该问题的让步意向。之后两国关系又迅速恢复,昌王时期高丽又履行一年三贡,李穑、安宗源、皇甫琳等分别作为贺正使、圣节使、千秋使正常来往明朝。

昌王被废黜,恭让王即位后虽然发生尹彝、李初事件①,但明朝对高丽的态度依然是友好的。1391 年明朝向高丽索要 10 000 匹马和太监时,高丽只进贡了 1500 匹马,并表明这已是竭尽全力的结果,明朝接受了这个说辞。高丽向明朝进贡马匹的惯例一直持续到高丽灭亡。1391 年八月高丽向明进贡 2500 匹马,1392 年五月又进献了 2000 匹。

如上所述,从 1370 年开始,直到 1392 年高丽灭亡为止,两国间的贡马问题一直是核心的外交问题。高丽因为明朝无节制的朝贡要求,特别是贡马的问题而备受折磨。因此克服此困难的过程与对明外交的变化和走向是一致的。因此,其间崔莹的耽罗征伐、杀害明使事件、铁岭卫问题、威化岛回军等事件发生的原因或解决的手段都与贡马相关。但是高丽对明朝的无理要求没能做出适当的应对,始终表现出屈服顺从的姿态,因而招来明朝的贪得无厌。

这一时期除去贡马问题,明朝要求的其他朝贡物品都是金、银、布等,与以往高丽向其他王朝主要进贡方物的情况有所不同。金、银、布等财物和战马均是有助于财政收入的物资。以往的帝王对于朝贡多是为了以持有来自异域的珍宝来炫耀其统治的疆域如何辽阔,与之相比,明朝的情况多少有些不同。

遣往明朝的使节的任务和称号已经固定化,虽然没有像元朝那样的强制纳贡,但仍然多于过去向契丹和金朝的朝贡量,使行的次数倒是按照明朝的意思曾减少为三年一贡。尽管与此前一

---

① 译者注:1390 年,高丽官员尹彝、李初逃亡明朝控告李成桂专权,并谎称高丽国王与李成桂要举兵侵犯明朝。

样,高丽采用了中国的年号和历法,但是明朝对于与自己不相关的事情兴趣不大,并不想干涉高丽内政。

总之,围绕贡马的朝贡问题成为高丽和明朝外交关系的重心,而来自明朝的内政干涉则相对较少,这一点和高丽与宋朝、契丹、金朝的关系类似。但是此时,朝贡不再只是体现事大之诚的纯粹外交仪式,而且对于贡物有着具体而严格的数目要求,这一点又和元朝的情况相似。所以,类似以往通过与宋朝、契丹、金朝的外交获得贸易利益的情况变得难以为继。对明朝的朝贡问题直到高丽灭亡为止都没有完全解决,建立新的朝贡关系和贸易形式的任务移交给了朝鲜王朝。

二、私贸易及使行贸易

(一) 明朝的海禁政策与陆路贸易的扩大

在元干涉期,高丽商人只要凭借"文引"就可以跨越边境到元朝进行贸易。但恭愍王即位后的三十多年间,中国辽东和高丽西北面地区一直处于战时或准战时状态,因此高丽商人自然无法像元代那样自由跨境进行商贸往来。由于明朝对贡马和马匹贸易的需求,作为高丽商人的主要运输工具和贸易品的马匹成了高丽与明朝国家层面上的交易品,高丽商人每况愈下。

另一方面,从1348年方国珍造反开始,到1350—1360年代的元末内乱过程中,中国的海域秩序极为混乱,一度脱离国家掌控,因此明太祖即位以后对此着力进行整肃。明朝进一步强化了禁止百姓携带禁物出境的政策,并严禁朝贡船以外的所有外国船入境和本国船出境,所以海商要进行合法的海外贸易是不可能的。

受明朝海禁政策影响，这一时期高丽出使明朝的海上路线也发生了变化。据记载，1371年高丽船只曾到过苏州太仓。从明朝建国初期至1374年左右，高丽使节一般由礼成港出发，经黑山岛和长江流域抵达南京。由于后来明朝禁止高丽通过海路朝贡，1383年左右高丽使节改变路线，通过鸭绿江去往辽东，为了缩短路程在旅大半岛南端渡海至山东半岛登州后继续南下抵达南京。由于这种变化，高丽使节不再利用以往虽然危险但是快捷的海路，而选择了大部分是陆路的较为艰苦的路线。

明朝的海禁政策也使得高丽对外贸易的中心由礼成港转移到西北面边境地区。以往在两国贸易中发挥重要作用的中国海商往来变得艰难，因此与明朝接壤的西北面地区的边境贸易比重就自然而然地增大了。1384年，设于辽阳的定辽卫奉帝命欲渡过鸭绿江与高丽互市，高丽只允许将互市限定在义州，并禁止交易金、银、牛、马。

这是按照明朝的要求进行的贸易，随着对外贸易的重心由礼成港转移至西北面地区，问题也层出不穷。1388年八月，赵浚指责西北面地区乱设元帅、万户、千户等武

图7-4　朱元璋御真

台北故宫博物院藏。

为对抗经常侵扰中国东南沿海的倭寇，防止通过海上贸易成长起来的方国珍、张士诚等的残部入海为盗并与倭寇勾结而实施了海禁政策。此后，明朝向希望朝贡的周边民族和国家颁发了一种验对的符契——勘合，规定必须持有事先颁发的勘合才能到明朝进行贸易（即所谓"勘合贸易"），严格限制国内外船舶进出。明朝的这种海禁政策，使由中国海商主导的东南亚海上贸易体系发生了划时代的改变。

职,而且商贾之徒竞托权门,以干千户之任,侵渔掊克,靡所不至;权势之家竞为互市,貂皮、松子、人参、蜂蜜、黄蜡、米豆之类,无不征敛。百姓为了躲避征敛和抑买,扶老携幼渡过鸭绿江。从赵浚的指责可知,为了义州互市和越境贸易,权贵们授予商贾军职,在西北面地区筹办各种商品以获取贸易利润。高丽末期和明朝的海上贸易变得举步维艰,国家容易掌控的礼成港贸易被取代,而边境贸易则日渐繁荣且变得难以控制。为了牟利,中央权贵和地方土豪都大举参与其中。

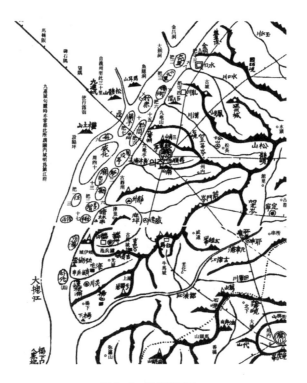

图7-5　义州附近图

截取自《大东舆地图》。

该图标有从义州跨越边境通往京师(北京)的道路。高丽末期,由于明朝的海禁政策,中国的海商无法往来高丽。因此,以义州为首的西北面边境地区成为高丽与中国贸易的中心。当地土豪们在地方守令的默许下进行贸易,引发了各种问题。

恭让王时期,明朝封锁辽东地区,主导边境贸易的商人和其背后支持者西北面地区的土豪势力一时被打压。但高丽人对奢侈品的需求依然存在,趁中原混乱和高丽政府统治力弱化之机,走私活动仍在继续。当时用牛马驮着金银、苎麻布、麻布偷偷去辽东和沈阳做买卖的商人不在少数。尽管国家禁止但却无著令,边吏又不严禁,因此往来于边境进行贸易的人络绎不绝。

但很快便出现了禁止高丽商人前往中国贸易的声音。1391年,房士良为防止高丽商人进行走私贸易,建议让百姓使用本国产的衣料和器皿,并革奢风、严贵贱,同时严惩潜行越江贸易的行为。许应则表示应该"上行下效",让国王带头厉行节俭,以使百姓不敢越分以过奢,并建议处罚从事走私贸易者,同时奖励告捕走私贸易者。

两个人的意见虽然不一,但是在提倡百姓崇尚简朴,不使用非本国自产的高级绸缎等异国之物,同时处罚违反国家命令私自进行贸易的人这一点上是相通的。成宗时期崔承老同样建议禁止高丽商人随意出国贸易,只允许使节出使时兼行贸易,并提倡百姓抛弃奢侈崇尚俭约。房士良、许应与崔承老虽然相隔四百余年,但是禁止私下贸易、提倡百姓减少异国奢侈品需求的想法出奇一致。

房士良和许应的建议似乎被采纳并很快得到执行。1391年五月,高丽任命军资少尹安鲁生为西北面察访别监,禁止高丽和明朝的互市。安鲁生赴任后斩首了贸易头目十余名,对其余人施以杖刑,没收其货物,并发配到水军,同时还对未能禁止互市的州郡官吏施以杖刑。严惩之下边境肃然,不再有犯禁者。禁止两国私贸易的政策得到强力实施并取得了一定成效,此后直到朝鲜时代,私贸易的政策和样貌也没有发生太大的改变。

(二) 使行贸易

明朝建立后,高丽先后派遣了很多使节,除了进行外交活动,他们也兼行贸易,这倒不是这时期特有的。然而值得注意的是,高丽末期与明朝的外交关系不过 24 年而已,但与使行贸易相关的记载不仅比之前时期所有记载总和还多,而且使行贸易升级为政治事件,导致了相关法规的出台。和其他时期相比,出使明朝的使节热衷兼行贸易之所以成为重大事件,是因为高丽在与明朝的外交及贸易上有几点和其他土朝不同的特殊情况。

第一,起初高丽与明朝的外交关系尚好,但从祸王即位到"威化岛回军"期间,两国经历了数次外交矛盾和危机,起因是明朝向高丽索要贡马而引发的耽罗牧胡叛乱。1372 年,礼部尚书吴季南等为挑选贡马前往耽罗,当地牧胡们却杀害牧使挑起叛乱,吴季南不克入而返。因平定元朝残余势力需要战马,所以 1374 年明朝派林密等来到高丽再索要 2000 匹马。耽罗牧胡们表明只愿献出 300 匹,遭到明使拒绝。崔莹等奉命率军征讨牧胡,耽罗从同时受高丽和元朝政治影响的处境中解放,再次彻底归属高丽。这时,明朝使节在归国途中被杀害于边境,高丽和明朝的关系急剧恶化。

第二,随着高丽和明朝外交矛盾的激化,不断有高丽使节牺牲的事件发生。除去在途中遭遇海难的情况外,1372 年十一月,大护军金甲雨在入明进献贡马中涉嫌贪污,回国后被处死。1384 年金九容被派往明朝,因给辽东都指挥使梅义赠送礼物,触犯"人臣私交"之罪而被押送到南京,后遭明朝流放至云南大理,最终病死于途中。作为使节出使虽是一件光荣之事,但充满危险,所以作为补偿,高丽对使行贸易采取宽容的态度。

第三，与五代、宋朝、契丹、金朝、元朝等朝代相比，高丽向明朝遣使的次数大幅减少。明朝建立后，高丽便派使节去缔结外交关系，但明太祖因先前高丽曾与张士诚、方国珍等有往来，而对高丽一直怀有戒备之心。之后，明朝经略辽东，为防止高丽和江南群雄相勾结，禁止高丽使节通过海路进贡，并将高丽朝贡的次数改为三年一贡。经过高丽斡旋，朝贡次数又改为原来的一年三贡。高丽的官员及其随行人员出使明朝不易，所以都最大限度地利用好出使机会。明朝得知这一点便从外交上压迫高丽，命令高丽减少遣使的次数。

第四，由于东北亚局势不安定及战争问题，高丽与明朝的私贸易历经困境。明朝实施海禁政策阻止了民间商人自由出海贸易，但中央政府掌管的海外贸易仍在继续，因此此举在某种程度上也有牵制高丽之意。明朝控制了海上贸易，又阻止了辽东地区的贸易往来，高丽的私贸易便仅限于西北面地区权贵所主导的走私贸易了。随着私贸易的环境恶化，绸缎等明朝奢侈品很难流入高丽，合法化的使行贸易便备受关注。

受诸多因素影响，前往明朝的高丽使节对贸易表现得非常积极。恭愍王时期，高丽使节多带去金银、土产以购买明朝的彩帛、轻货等。即使是有识者，迫于权贵所托，"私装居贡献十分之九"，以致明朝以为"高丽人假事大贪贸易来耳"。①

对此，1370 年恭愍王遣使向明朝上表谢恩并贡方物之时，明朝中书省就向皇帝进言："高丽贡使多赍私物入货，宜征税；又多携中国物出境，禁之便。"②禑王时期的 1386 年，作为圣节使出使明朝的门下评理安翊指责当时的高丽执政官员教唆使节从事贸

---

① 译者注：《高丽史节要》卷 33，禑王十四年。
② 译者注：《明史》卷 320，《外国一·朝鲜》。

易,并说:"吾尝以为遣宰相朝聘者,为国家耳。今日乃知为权门营产也。"①当时不只是权贵自身,连其家臣、奴婢及代理商人,都参与到使行队伍中谋求贸易利益。

不过,并不是所有的高丽使节都有贪欲。1388年二月,为了请求撤销设置铁岭卫而出使明朝的密直提学朴宜中就没带一样能交易的物品。进入明朝后,辽东护送镇抚徐显向朴宜中索布,宜中倾囊以示,并脱下自己所穿纻衣给对方。徐显惊叹他的清廉,告知礼部官,明朝皇帝引见并待之有加。

当然,朴宜中的情况是特例。考虑到使节甘愿冒险出使,使行贸易虽多次引起争议,但他们也只不过是受到道德谴责而已。然而,1388年出使明朝的李崇仁因在使行中兼行贸易,而遭到政治上的反对势力的弹劾,并受到处罚。1388年十月,侍中李穑和签书密直司事李崇仁出使明朝贺正,1389年四月归国。次年十月谏官吴思忠等弹劾李崇仁在使行途中"身亲买卖,有同商贾"②,丧失了作为使节的气节。李崇仁在被调查时逃跑,此后遭捕并被流放至京山府。

恭让王时期使节出使中国兼行贸易的情况也是公开化的。1391年9月,恭让王在经筵上嘱托将出使明朝的门下舍人安鲁生说:"今世子朝见,以尔为书状官,盖尔为郎舍,欲以使检察也。法令虽严,然一行人数既多,必有贪利贸易为中国所笑者,宜痛禁之。"③由此可见,恭让王知道以往出使明朝的使节进行贸易获利而遭明朝非议的情况,因此想要改变这一现状。

但是,恭让王自己也派了金仁用等商人跟随赴明朝觐的王世

---

① 译者注:《高丽史》卷136,《辛禑传》。
② 译者注:《高丽史》卷115,《李崇仁传》。
③ 译者注:《高丽史》卷46,《世家四十六》。

子一行前往北平，试图进行羊匹贸易。谏官许应表示这有违君主崇尚节俭的美意，而且会让中国人认为王世子此行是为了贸易，因此建议不让金仁用参与此次使行。恭让王虽然让官员监督与禁止使行贸易的行为，但实际仍想趁王世子去往明朝之便进行贸易。此后1391年十二月，汉阳府尹柳爱廷也因"奉使京师，咨行买卖"①而遭到宪府弹劾，后被削职流放。

以使节身份去往明朝是一种合法贸易的机会，所以包括国王在内的高丽权贵甘愿承受非议也要积极参与使行贸易。朴宜中事件因其特殊性而成为美谈。与苏轼等宋人一样，明人也曾指责高丽使节携私货贸易盈利之弊。通过使行贸易谋取私利的现象普遍，所以史书中对于这种所谓"权贵之贪欲"的批判也不少。但是在国家间往来不自由的情况下，高丽人积极参与使行贸易也是理所当然的。所以也有高丽使节认为放弃这种交换中国优秀文物的绝好机会更不明智，故而不顾中国人的讥讽，尽可能进行更多的交易。相反，李成桂一派则批判其有损使臣气节，借此将其升级为政治事件，用于铲除异己。

总之，随着辽东政局不稳定，以及明朝下达海禁政策终止民间海上贸易，两国私贸易的机会和规模急剧减缩。加上高丽和明朝之间的外交矛盾，使节来往的次数也大幅减少。因此，使行贸易的重要性大大提高，参与使行的人都想借此机会获取更多的贸易利益，各种问题也随之而来。高丽末期，与明朝的使行贸易相关的各种事件均反映了这一时期对外贸易环境的变化。

----

① 译者注：《高丽史》卷46，《世家四十六》。

参考文献

一、史料

1. 韩国史料

『高麗史』

『高麗史節要』

『大覺國師文集』

『大覺國師外集』

『東國李相國集』

『東國李相國後集』

『東文選』

『補閑集』

『三國史記』

『三國遺事』

『新增東國輿地勝覽』

『曹溪山松廣寺史庫』

『朝鮮王朝實錄』

『中京誌』

『增補文獻備考』

『破閑集』

『湖山錄』

『海東繹史』

2. 中国、日本史料

《柯山集》

《嘉定赤城志》

《开庆四明续志》

《契丹国志》

《乾道四明图经》

《建炎以来系年要录》

《鸡林志》

《高丽图经》

《旧五代史》

《郡斋读书志》

《谨斋集》

《金史》

《南村辍耕录》

《陵阳集》

《图画见闻志》

《东观余论》

《洞天清录》

《明史》

《牧庵集》

《文献通考》

《宝庆四明志》

《本草衍义》

《负暄野录》

《佛祖历代通载》

《佛祖统纪》

《诚斋集》

《苏轼文集》

《续资治通鉴长编》

《宋大诏令集》

《宋史》

《松隐集》

《两朝纲目备要》

《砚史》

《豫章黄先生文集》

《五代会要》

《五灯会元》

《玉岑山慧因高丽华严教寺志》

《玉海》

《辽史》

《云溪居士集》

《元史》

《纬略》

《猗觉寮杂记》

《资治通鉴》

《竹友集》

《中堂事记》

《曾巩集》

《至正四明续志》

《册府元龟》

《清江三孔集》

《清异录》

《萍州可谈》

《许国公奏议》

《絜斋集》

『帥記』

『日本紀略』

『貞信公記抄』

『朝野群載』

『參天臺五臺山記』

二、资料集、译注集、解说集

1. 韩文

許興植，『韓國金石全文』（전 3 권），亞細亞文化社，1984.

金龍善 편，『高麗墓誌銘集成』，翰林大 아시아文化研究所，1993；（제 5 판），한림대 출판부，2012.

張東翼，『元代麗史資料集錄』，서울대출판부，1997.

張東翼，『宋代麗史資料集錄』，서울대출판부，2000.

金龍善，『역주 고려묘지명집성（상，하）』한림대아시아문화연구소，2001.

노명호 외，『韓國古代中世古文書研究（上）』，서울대출판부，2000.

張東翼，『日本古中世高麗資料研究』，서울대출판부，2004.

정광 역주 해제，『原本 노걸대』，김영사，2004.

박원호 외，『명사 식화지 역주』，소명출판，2008.

여원관계사연구팀，『譯註 元高麗紀事』，선인，2008.

국립해양문화재연구소，『800 년전의 타임캡슐』，2010.

이진한 외, 『『破閑集』 역주』, 경인문화사, 2013.

2. 中文
譚其驤主編：《简明中国历史地图集》, 中国地图出版社, 1991 年。

三、著作
1. 韓文
李能和, 『朝鮮佛敎通史』, 新文館, 1918.

白南雲, 『朝鮮封建社會經濟史』, 改造社, 1937.

金庠基, 『東方文化交流史論攷』, 乙酉文化社, 1948.

高裕燮, 『高麗靑瓷』, 乙酉文化社, 1954.

海軍本部 戰史編纂官室, 『韓國海洋史』, 1955.

金庠基, 『新編 高麗時代史』, 동국문화사, 1961; 서울大出版部, 1985(재간행).

李丙燾, 『韓國史』(中世編), 震檀學會, 乙酉文化社, 1961.

李惠求, 『韓國音樂序說』, 서울大出版部, 1967.

高麗大 民族文化硏究所 編, 『韓國文化史大系 Ⅲ(科學・技術史)』, 1968.

李基白, 『高麗兵制史研究』, 一潮閣, 1968.

高麗大 民族文化硏究所 編, 『韓國文化史大系 Ⅳ(風俗・藝術史)』, 1970.

高柄翊, 『東亞交涉史의 研究』, 서울大出版部, 1970.

全海宗, 『韓中關係史研究』, 一潮閣, 1970.

高麗大 民族文化硏究所 編, 『韓國文化史大系 Ⅶ(增補・索引編)』, 1972.

金庠基, 『東方史論叢』, 서울大出版部, 1974.

崔淳雨, 『韓國美術全集』 9, 同和出版公社, 1975.

全海宗, 『韓國과 中國－東洋史 論集－』, 知識産業社, 1979.

姜晋哲, 『高麗土地制度史研究』, 高大出版部, 1980.

李基白, 『高麗光宗研究』, 一潮閣, 1981.

金在瑾, 『韓國船舶史研究』, 서울大出版部, 1984.

金渭顯, 『遼金史研究』, 裕豊出版社, 1985.

朴龍雲, 『高麗時代史』(上), 一志社, 1985.

許興植, 『高麗佛敎史研究』, 一潮閣, 1986.

朴龍雲, 『高麗時代史』(下), 一志社, 1987.

尹武炳, 『新安海底遺物(綜合編)』, 文化公報部 文化財管理局, 1988.

姜晋哲, 『韓國中世土地所有研究』, 一潮閣, 1989.

李龍範, 『韓滿交流史 研究』, 同和出版公社, 1989.

尹龍爀, 『高麗對蒙抗爭史研究』, 一志社, 1991.

朴漢男, 『高麗의 對金外交政策 研究』, 成均館大 史學科 博士學位 論文, 1993.

李基白 外, 『崔承老上書文研究』, 一潮閣, 1993.

金在瑾, 『續韓國船舶史研究』, 서울大出版部, 1994.

張東翼, 『高麗後期外交史研究』, 一潮閣, 1994.

張學根, 『韓國 海洋活動史』, 海軍士官學校, 1994.

許興植, 『眞靜國師와 湖山錄』, 民族社, 1995.

羅鐘宇, 『韓國中世對日交涉史研究』, 圓光大出版局, 1996.

남도영, 『한국마정사』, 한국마사회 마사박물관, 1996.

朴玉杰, 『高麗時代의 歸化人 研究』, 國學資料院, 1996.

徐聖鎬, 『高麗前期 手工業 研究』, 서울大 國史學科 博士學位論文, 1997.

曹永禄, 『中國과 東아시아 世界』, 國學資料院, 1997.

조영록 편, 『한중문화교류와 남방해로』, 국학자료원, 1997.

金在滿, 『契丹・高麗關係史研究』, 國學資料院, 1999.

김한규, 『한중관계사 I』, 아르케, 1999.

朴平植, 『朝鮮前期商業史研究』, 지식산업사, 1999.

金蘭玉, 『高麗時代 賤事・賤役 良人 研究』, 신서원, 2000.

金日宇, 『高麗時代 耽羅史 研究』, 신서원, 2000.

윤용혁, 『고려 삼별초의 대몽항쟁』, 일지사, 2000.

이정희, 『고려시대 세제의 연구』, 국학자료원, 2000.

李宗峯, 『韓國中世度量衡制度研究』, 혜안, 2001.

韓國中世史研究會 편, 『韓國中世社會의 諸問題』, 2001.

南權熙, 『高麗時代 記錄文化 研究』, 清州古印刷博物館, 2002.

朴龍雲, 『高麗社會의 여러 歷史像』, 신서원, 2002.

沈載錫, 『高麗國王 冊封 研究』, 혜안, 2002.

안주섭, 『고려거란전쟁』, 경인문화사, 2003.

케네스 포메란츠・스티븐 토픽(박광식 譯), 『설탕, 커피, 그리고 폭력』, 심산, 2003.

고바야시 다카시(이진복 옮김), 『상업의 세계사 - 바닷길로 본 세계 경제의 역사 -』, 황금가지, 2004.

국방부, 『고려의 북진정책사』, 국방부 군사편찬연구소, 2004.

박은순 외, 『高麗美術의 對外交涉』, 예경, 2004.

이정신, 『고려시대의 정치변동과 대외정책』, 景仁文化社, 2004.

임용한, 『전쟁과 역사 2 - 거란・여진과의 전쟁 -』, 혜안, 2004.

趙明濟, 『高麗後期 看話禪 研究』, 혜안, 2004.

최광식 외, 『한국무역의 역사』, 청아, 2004.

金日宇, 『高麗時代 濟州社會의 變化』, 西歸浦文化院, 2005.

방향숙 외, 『한중외교관계와 조공책봉』, 고구려연구재단, 2005.

안지원, 『고려의 국가 불교의례와 문화』, 서울대출판부, 2005.

朴胤珍, 『高麗時代 王師·國師 研究』, 景仁文化社, 2006.

역사학회 편, 『전쟁과 동북아의 국제질서』, 일조각, 2006.

최덕수 외, 『장보고와 한국 해양네트워크의 역사』, (재) 해상왕장보
고기념사업회, 2006.

김순자, 『韓國 中世 韓中關係史』, 혜안, 2007.

김호동, 『몽골제국과 고려』, 서울대출판부, 2007.

李康漢, 『13•14 세기 高麗 - 元 交易의 展開와 性格』, 서울大 國史學
科 博士學位論文, 2007.

이문기 외, 『한중일의 해양인식과 해금』, 동북아역사재단, 2007.

鄭恩雨, 『高麗後期 佛教彫刻 研究』, 文藝出版社, 2007.

윤영인 외, 『중국학계의 북방민족•국가 연구』, 동북아역사재단,
2008.

村井章介 (손승철•김강일 편역), 『동아시아속의 중세 한국과 일본』,
景仁文化社, 2008.

윤영인 외, 『10-18 세기 북방민족과 정복왕조 연구』, 동북아역사재단,
2009.

정진술, 『한국의 고대 해상교통로』, 한국해양전략연구소, 2009.

한일문화교류기금•동북아역사재단 편, 『몽골의 고려•일본 침공과 한
일관계』, 景仁文化社, 2009.

한지선, 『明代 해금정책 연구』 全南大 史學科 博士學位論文, 2009.

한흥섭, 『고려시대 음악사상』, 소명출판, 2009.

고려대 일본사연구회 편, 『동아시아 속의 한일관계사 (상, 하)』, 제
이앤씨, 2010.

高明秀, 『쿠빌라이 정부의 交通·通商 진흥 정책에 관한 연구 - 소위 '팍
스 몽골리카' (Pax Mongolica) 의 성립조건 형성과 관련하여 - 』, 高
麗大 史學科 博士學位論文, 2010.

국립해양문화재연구소, 『800 년 전의 타임캡슐』, 2010.

金昌賢, 『고려 개경의 편제와 궁궐』, 景仁文化社, 2011.

동북아역사재단•경북대 한중교류연구원, 『13•14 세기 고려 - 몽골관
계 탐구』, 2011.

윤용혁, 『여몽전쟁과 강화도성 연구』, 혜안, 2011.

윤재운 외，『한중관계사상의 교통로와 거점』，동북아역사재단，
　2011.

이영，『왜구와 고려·일본 관계사』，혜안，2011.

李鎭漢，『高麗時代 宋商往來 硏究』，景仁文化社，2011.

장남원 외，『고려와 북방문화』，養士齋，2011.

조영록，『동아시아 불교교류사 연구』，동국대출판부，2011.

모모키 시로(桃木至郎) 엮음，최연식 옮김，『해역아시아사연구입문』
　(2008)，민속원，2012.

방병선，『중국도자사 연구』，경인문화사，2012.

연민수 외，『전통시대 동아시아의 외교와 변경기구』，동북아역사재단，
　2013.

李命美，『고려－몽골 관계와 고려국왕 위상의 변화』，서울大 國史學
　科 博士學位論文，2012.

李美智，『고려시기 對거란 외교의 전개와 특징』，高麗大 韓國史學科
　博士學位論文，2012.

육군군사연구소 편，『한국군사사 3－고려시대 Ⅰ－』，육군본부，
　2012.

육군군사연구소 편，『한국군사사 4－고려시대 Ⅱ－』，육군본부，
　2012.

許仁旭，『高麗·契丹의 압록강 지역 영토분쟁 연구』，高麗大学 韓國史
　學科 博士學位論文，2012.

문화재청·국립해양문화재연구소，『태안 마도 출수 중국도자기』，
　2013.

이강한，『고려와 원제국의 교역의 역사』，창비，2013.

이개석，『고려－대원 관계 연구』，지식산업사，2013.

이정신，『고려시대의 특수행정구역 所 연구』，혜안，2013.

한정훈，『고려시대 교통운수사 연구』，혜안，2013.

김명진，『고려 태조 왕건의 통일전쟁 연구』，혜안，2014.

문경호，『고려시대 조운제도 연구』，혜안，2014.

서동인·김병근，『신안보물선의 마지막대항해』，주류성，2014.

2. 日文

池内宏，『滿鮮史硏究(中世編)』，吉川弘文館，1917.

末松保和，『靑丘史草』1，笠井出版社，1965.

中村榮孝，『日鮮關係史の硏究(上)』，吉川弘文館，1965.

田村洋幸，『中世日朝貿易の硏究』，三和書房，1967.

斯波義信, 『宋代商業史研究』, 風間書房, 1968.

森克己, 『日宋貿易の研究』, 國書刊行會, 1975.

森克己, 『續日宋貿易の研究』, 國書刊行會, 1975.

日野開三郎, 『日野開三郎 東洋史學論集 - 北東アジア國際交流史の研究（上）-』, 三一書房, 1984.

西嶋定生, 『日本歴史の國際環境』, 東京大學出版會, 1985.

檀上寬 外, 『明清時代史の基本問題』, 汲古書院, 1997.

關周一, 『中世日朝海域史の研究』, 吉川弘文館, 2002.

西嶋定生, 『西嶋定生古代東アジア論集 3- 東アジア世界と冊封體制 -』, 岩波書店, 2002.

池田温, 『東アジアの文化交流史』, 吉川弘文館, 2002.

山内晋次, 『奈良平安期日本とアジア』, 吉川弘文館, 2003.

榎本渉, 『東アジア海域と日中交流 - 九 ～ 一四世紀 -』, 吉川弘文館, 2007.

夫馬進 編, 『中國東アジア外交交流史の研究』, 京都大學學術出版會, 2007.

大庭康時 外 編, 『中世都市 博多を掘る』, 海鳥社, 2008.

森平雅彦 外, 『東アジア世界の交流と變容』, 九州大學出版會, 2011.

近藤剛, 『日本高麗關係史の研究』, 中央大 文學研究科日本史專攻 博士學位論文, 2012.

森平雅彦 編, 『中近世の朝鮮半島と海域交流』, 汲古書院, 2013.

森平雅彦, 『モンゴル覇權下の高麗』, 名古屋大學出版會, 2013.

羽田正 編, 『東アジア海域に漕ぎだす, 海から見だ歴史』, 東京大學出版會, 2013.

3. 中文

陈高华、吴泰：《宋元时期的海外贸易》，天津人民出版社，1981 年。

陶晋生：《宋辽关系史研究》，联经出版事业公司，1983 年。

周一良：《中外文化交流史》，河南人民出版社，1987 年。

陈希育：《中国帆船与海外贸易》，厦门大学出版社，1991 年。

杨昭全、韩俊光：《中朝关系简史》，辽宁民族出版社，1992 年。

黄有福、陈景富：《中朝佛教文化交流史》，中国社会科学出版社，1993 年。

杨渭生：《宋丽关系史研究》，杭州大学出版社，1997 年。

高荣盛：《元代海外贸易研究》，四川人民出版社，1998 年。

蒋非非、王小甫等著：《中韩关系史（古代卷）》，社会科学文献出版社，1998 年。

陈高华：《元史研究新论》，上海社会科学院出版社，2005 年。

魏志江：《中韩关系史研究》，中山大学出版社，2006 年。

刘恒武：《宁波古代对外文化交流——以历史文化遗存为中心》，海洋出版社，2009 年。

陈得芝：《蒙元史研究导论》，南京大学出版社，2012 年。

4. 其他

William E. Henthorn, *Korea: The Mongol Invasion*, Netherland, 1963.

홍희유, 『조선상업사 (고대 • 중세) 』, 과학백과사전출판사, 1989.

과학백과사전종합출판사편, 『조선기술발전사 (고려편) 』 3, 조선기술발전사편찬위원회, 1994.

Peter Yun, "Rethinking the Tribute System : Korean States and Northeast Asian Interstate Relations, 600-1600", Ph.D. diss., UCLA, 1998.

Jarques Gernet, *A History of Chinese Civilization*, Second Edition, Cambridge University Press, 1999.

四、论文

1. 韩文

金庠基, 「古代의 貿易形態와 羅末의 海上發展에 對하여」 『震檀學報』 1, 2, 1934, 1935; 『東方文化交流史論攷』, 乙酉文化社, 1948.

金庠基, 「麗宋貿易小考」 『震檀學報』 7, 1937; 『東方文化交流史論攷』, 乙酉文化社, 1948.

姜大良, 「高麗初期의 對契丹關係」 『史海』 1, 1948.

李能植, 「麗末鮮初의 貨幣制度」 『震檀學報』 16, 1949.

李龍範, 「麗丹貿易考」 『東國史學』 3, 1955.

尹武炳, 「吉州城과 公險鎭 – 公險鎭 立碑問題의 再檢討 – 」 『歷史學報』 10, 1958.

金庠基, 「고려 광종의 치세」 『국사상의 제문제』 2, 국편위, 1959 ; 『東方史論叢』, 서울大出版部, 1974.

金庠基, 「대각국사의천 (大覺國師義天) 에 대하여」 『국사상의 제문제』 3, 국편위, 1959; 『東方史論叢』, 서울大出版部, 1975.

金庠基, 「여진 관계의 시말과 윤관 (尹瓘) 의 북정」 『국사상의 제문제』 4, 국편위, 1959; 『東方史論叢』, 서울大出版部, 1974.

金庠基, 「고려 (高麗) 와 금 (金) • 송 (宋) 과의 關係」 『국사상의 제문제』 5, 국편위, 1959; 『東方史論叢』, 서울大出版部, 1974.

金庠基,「羅末 地方群雄의 對中交通−特히 王逢規를 中心으로−」『黃義敦先生古稀紀念史學論叢』, 1960;『東方史論叢』, 서울大出版部, 1974.

李基白,「高麗初期에 있어서의 五代와의 關係」『韓國文化研究院論叢』 1, 1960;『高麗光宗研究』, 一潮閣, 1981.

金在滿,「契丹絲考−東西 間接交易과 直接交易의 形態(上, 下)−」『歷史教育』 7, 8, 1963, 1964.

李鉉淙,「南洋諸國人의 往來貿易에 對하여」『史學研究』 18, 1964.

金庠基,「宋代에 있어서의 高麗本의 流通에 대하여」『李相殷博士華甲紀念論叢』, 1965;『東方史論叢』, 서울大出版部, 1974.

曹永祿,「水牛角 貿易을 통해 본 鮮明關係」『東國史學』 9•10 합, 1966.

민영규,「長谷寺 高麗鐵佛 腹藏遺物」『인문과학』 14•15 합, 연세대 인문과학연구소, 1966.

李惠求,「高麗大晟樂의 變遷」『韓國音樂序說』, 서울大出版部, 1967.

盧正祐,「韓國醫學史」『韓國文化史大系 Ⅲ(科學•技術史)』(高麗大 民族文化研究所 編), 1968.

李德鳳,「韓國生物學史」,『韓國文化史大系 Ⅲ(科學•技術史)』(高麗大 民族文化研究所 編), 1968.

孫寶基,「韓國印刷技術史」『韓國文化史大系 Ⅲ(科學•技術史)』(高麗大 民族文化研究所 編), 1968.

全相運,「韓國天文氣象學史」『韓國文化史大系 Ⅲ(科學•技術史)』(高麗大 民族文化研究所 編), 1968.

高柄翊,「蒙古•高麗의 兄弟盟約의 性格」『白山學報』 6, 1969;『東亞交涉史의 研究』, 서울大出版部, 1970.

金東旭,「韓國服飾史」『韓國文化史大系 Ⅳ(風俗•藝術史)』(高麗大 民族文化研究所 編), 1970.

金膺顯,「韓國美術史 3(書藝史)」『韓國文化史大系 Ⅳ(風俗•藝術史)』(高麗大 民族文化研究所 編), 1970.

申榮勳,「韓國美術史 1(建築史)」『韓國文化史大系 Ⅳ(風俗•藝術史)』(高麗大 民族文化研究所 編), 1970.

尹瑞石,「韓國食品史」『韓國文化史大系 Ⅳ(風俗•藝術史)』(高麗大 民族文化研究所 編), 1970.

張師勛,「韓國音樂史」『韓國文化史大系 Ⅳ(風俗•藝術史)』(高麗

大 民族文化研究所 編），1970.

黃壽永，「韓國美術史 1（彫刻史）」『韓國文化史大系 Ⅳ（風俗・藝術史）』（高麗大 民族文化研究所 編），1970.

朴興秀，「新羅 및 高麗의 量田法에 관하여」『學術院論文集』 11, 1972.

李東洲，「韓國繪畫史」『韓國文化史大系 Ⅶ（增補・索引編）』（高麗大 民族文化研究所 編），1972.

姜晋哲，「蒙古의 侵入에 대한 抗爭」『한국사』 7，국편위，1973.

高柄翊，「元과의 關係의 變遷」『한국사』 7，국편위，1973.

徐炳國，「高麗・宋・遼의 三角貿易考」『白山學報』 15，1973.

金庠基，「여진관계」『東方史論叢』，서울大出版部，1974.

朴賢緖，「北方民族과의 抗爭」『한국사』 4，국편위，1974.

李龍範，「10~12 세기 國際情勢」『한국사』 4，국편위，1974.

全海宗，「對宋外交의 性格」『한국사』 4，국편위，1974.

高翊晋，「法華經 戒環解의 盛行來歷考」『佛教學報』 12，1975.

姜萬吉，「商業과 對外貿易」『한국사』 5，국편위，1975.

金容燮，「高麗時期의 量田制」『東方學志』 16，1975;『韓國中世農業史研究』，지식산업사，2000.

金九鎭，「公嶮鎭과 先春嶺碑」『白山學報』 21，1976.

方東仁，「尹瓘九城再考 - 九城設置範圍를 中心으로 - 」『白山學報』 21，1976.

高錫元，「麗末鮮初 對明外交」『白山學報』 23，1977.

金光洙，「高麗 建國期의 浿西豪族과 對女眞關係」『史叢』 21・22 합，1977.

金光洙，「高麗前期 對女眞交涉과 北方開拓問題」『東洋學』 7，1977.

金定慰，「中世 中東文獻에 비친 韓國像」『韓國史研究』 16，1977.

孫弘烈，「高麗 漕運考」『史叢』 21・22 合，1977.

李龍範，「高麗와 契丹과의 關係」『東洋學』 7，1977.

李龍範，「胡僧襪羅의 高麗往復」『歷史學報』 75・76 合，1977;『韓滿交流史 研究』，同和出版公社，1989.

李鉉淙，「高麗와 日本과의 關係」『東洋學』 7，1977.

全海宗，「高麗와 宋과의 關係」『東洋學』 7，1977.

全海宗，「中世 韓中貿易形態 小考 - 特히 公認貿易과 密貿易에 대하여 - 」『大丘史學』 12・13 합，1977;『韓國과 中國 - 東洋史 論集 - 』，知識産業社，1979.

高翊晋, 「圓妙了世의 白蓮結社와 ㄱ 思想的 動機」『佛教學報』 15, 1978.

金渭顯, 「麗宋關係와 ㄱ 航路考」『關大論文集』 6, 1978;『遼金史研究』, 裕豊出版社, 1985.

全海宗, 「麗・元貿易의 性格」『東洋史學研究』 12・13 합, 1978.

權兌遠, 「高麗初期社會에 미친 歸化人의 影響에 관한 考察」『忠南大 人文科學 論文集』 8-2, 1981.

方東仁, 「高麗의 東北地方境域에 關한 研究 - 특히 九城設置範圍를 中心으로 -」『嶺東文化』 創刊號, 1980.

金容燮, 「高麗前期의 田品制」『韓㳓劤博士停年紀念 史學論叢』, 지식산업사, 1981;『韓國中世農業史研究』, 지식산업사, 2000.

金在瑾, 「高麗의 船舶」『學術院論文集(人文社會科學編)』 20, 1981;『韓國船舶史研究』, 서울대출판부, 1984.

金渭顯, 「高麗의 宋遼金人 投歸者에 대한 收容策(918~1146)」『史學志』 16, 1982;『遼金史研究』, 裕豊出版社, 1985.

金渭顯, 「女眞의 馬貿易考 -10 세기・11 세기를 중심으로 -」『淑大論文集』 13, 1982;『遼金史研究』, 裕豊出版社, 1985.

李東潤, 「宋代의 貿易政策」『史學志』 16(朴武成博士華甲紀念論叢), 1982.

李東潤, 「宋代海上貿易의 諸問題」『東洋史學研究』 17, 1982.

金在滿, 「五代와 後三國・高麗初期의 關係史」『大東文化研究』 17, 1983.

高昌錫, 「元代의 濟州島 牧場」『濟州史學』 創刊號, 1985.

申採湜, 「宋代 官人의 高麗觀」『邊太燮華甲紀念史學論叢』, 三英社, 1985.

金在瑾, 「莞島發掘船의 船體構造」『學術院論文集(人文社會科學編)』 25, 1986;『續韓國船舶史研究』, 서울대출판부, 1994.

南仁國, 「高麗前期의 投化人과 ㄱ 同化政策」『歷史教育論集』 8, 1986.

黃寬重, 「高麗與金・宋的關係」, 『아시아문화』 창간호, 한림대, 1986.

呂恩暎, 「高麗時代의 量制 - 結負制 이해의 기초로서 -」『慶尙史學』 3, 1987.

金相永, 「高麗 睿宗代 禪宗의 復興과 佛教界의 變化」『清溪史學』 5, 1988.

魏恩淑, 「12 세기 농업기술의 발전」『釜大史學』12, 1988.

趙明濟, 「高麗後期 戒環解 楞嚴經의 盛行과 思想史的 意義 - 麗末 性理學의 수용 기반과 관련하여 -」『釜大史學』12, 1988.

蔡雄錫, 「高麗前期 貨幣流通의 기반」『韓國文化』9, 1988.

朴漢卨, 「羅末麗初 西海岸交涉史 研究」『國史館論叢』7, 1989.

全海宗, 「高麗와 宋과의 交流·」『國史館論叢』8, 1989.

池田溫, 「新羅·高麗時代 東亞地域 紙張의 國際流通에 관하여」『大東文化研究』23, 1989.

姜吉仲, 「南宋과 高麗의 政治外交와 貿易關係에 대한 考察」『慶熙史學』16·17 합, 1990.

金渭顯, 「麗元間의 物貨交流表」『人文科學研究論叢』, 명지대, 1990.

高柄翊, 「麗代 東아시아의 海上通交」『震檀學報』71·72 합, 1991;『東아시아文化史論考』, 서울대출판부, 1997.

羅鐘宇, 「高麗前期의 對外關係史研究 - 日本과의 관계를 중심으로 -」『國史館論叢』29, 1991.

Michael C. Rogers, 「Notes on Koryo's relations with Sung and Liao」『震檀學報』71·72 합, 1991.

이평래,「고려후기 수리시설의 확충과 수전(水田) 개발」『역사와 현실』5, 1991.

鄭良謨, 「新安 海底遺物을 통해본 14 世紀 東아시아의 陶磁文化」『震檀學報』71·72 합, 1991.

鄭淸柱, 「新羅末·高麗初의 羅州豪族」『全北史學』14, 1991;『新羅末高麗初 豪族研究』, 一潮閣, 1996.

陳高華, 「元朝與高麗的海上交通」『震檀學報』71·72 합, 1991;『元史研究新論』上海社會科學院出版社, 2005.

崔柄憲,「大覺國師 義天의 渡宋活動과 高麗·宋의 佛敎交流」『震檀學報』71·72 합, 1991.

黃寬重, 「宋·麗貿易與文物交流」『震檀學報』71·72 합, 1991.

具山祐,「高麗 成宗代 對外關係의 展開와 그 政治的 性格」『韓國史研究』78, 1992,

具山祐, 「羅末麗初의 蔚山地域과 朴允雄」『韓國文化研究』5, 1992.

朴玉杰, 「高麗初期 歸化 漢人에 대하여」『國史館論叢』39, 1992.

李範鶴, 「蘇軾의 高麗排斥論과 그 背景」『韓國學論叢』15, 1992.

金東哲, 「상업과 화폐」『한국사』14, 국편위, 1993.

朴宗基, 「高麗中期 對外政策의 變化에 대하여 - 宣宗代를 중심으로 -」
　　『韓國學論叢』 16, 1993.

李宗峯, 「고려시기 수전농업의 발달과 이앙법」 『한국문화연구』 6,
　　부산대, 1993.

崔完基, 「漕運과 漕倉」 『한국사』 14, 국편위, 1993.

金塘澤, 「高麗 忠惠王과 원과의 갈등」 『歷史學報』 142, 1994.

박종기, 「고려시대의 대외 관계」 『한국사』 6, 한길사, 1994.

안병우, 「고려시대 수공업과 상업」 『한국사』 6, 한길사, 1994.

柳永哲, 「「高麗牒狀不審條條」의 재검토」 『한국중세사연구』 창간
　　호, 1994.

尹龍爀, 「몽고 침입에 대한 항쟁」 『한국사』 20, 국편위, 1994.

鄭修芽, 「慧照國師 曇眞과 '淨因髓' - 北宋 禪風의 수용과 高麗中
　　期 禪宗의 부흥을 중심으로 -」 『李基白先生古稀紀念 韓國史學論叢
　　（上）』, 一潮閣, 1994.

李貞信, 「고려시대의 상업 - 상인의 존재형태를 중심으로 -」 『國史
　　館論叢』 59, 1994.

李泰鎭, 「前近代 韓·中 交易史의 虛와 實」 『震檀學報』 78, 1994.

김순자, 「고려말 대중국관계의 변화와 신흥유신의 사대론」 『역사와
　　현실』 15, 1995.

羅鐘宇, 「5대 및 송과의 관계」 『한국사』 15, 국편위, 1995.

羅鐘宇, 「일본 및 아라비아와의 관계」 『한국사』 15, 국편위, 1995.

朴龍雲, 「高麗·宋 交聘의 목적과 使節에 대한 考察」 『韓國學報』
　　81, 82, 1995, 1996; 『高麗 社會의 여러 歷史像』, 신서원, 2002.

朴漢男, 「10~12세기 동아시아 정세」 『한국사』 15, 국편위, 1995.

朴漢男, 「거란 및 금과의 통교」 『한국사』 15, 국편위, 1995.

朴漢男, 「북방민족과의 관계」 『한국사』 15, 국편위, 1995.

鄭修芽, 「高麗中期 對宋外交의 再開와 그 意義 - 北宋 改革政治의 수용
　　을 중심으로 -」 『國史館論叢』 61, 1995.

조효숙, 「高麗時代 織造手工業과 織物生産의 實態」 『國史館論叢』
　　55, 1995.

崔圭成, 「북방민족과의 관계」 『한국사』 15, 국편위, 1995.

吉熙星, 「지눌의 사상」 『한국사』 21, 국편위, 1996.

金正基, 「건축」 『한국사』 21, 국편위, 1996,

羅鐘宇, 「高麗前期의 韓日關係」 『韓國中世對日交涉史研究』, 圓光
　　大出版局, 1996.

朴相國, 「대장도감과 고려대장경판」『한국사』21, 국편위, 1996.

朴榮濟, 「수선사의 성립과 전개」『한국사』21, 국편위, 1996.

朴漢男, 「12세기 麗金貿易에 대한 검토」『大東文化研究』31, 1996.

李益柱, 「高麗·元關係의 構造에 대한 研究 - 소위 '世祖舊制'의 분석을 중심으로 -」『韓國史論』36, 서울대 國史學科, 1996.

李杜鉉, 「무용과 연극」『한국사』21, 국편위, 1996.

秦星圭, 「무신정권기 불교계의 변화와 조계종의 대두」『한국사』21, 국편위, 1996.

蔡尙植, 「백련사의 성립과 전개」『한국사』21, 국편위, 1996.

홍선표, 「서화」『한국사』21, 국편위, 1996.

祁慶富, 「10·11세기 한중 해상교통로」『한중문화교류와 남방해로』(조영록편), 국학자료원, 1997.

金基德, 「高麗의 諸王制와 皇帝國體制」『國史館論叢』78, 1997.

金塘澤, 「高麗 禑王 元年(1375) 元과의 외교관계 再開를 둘러싼 정치세력 간의 갈등」『震檀學報』83, 1997.

盧明鎬, 「東明王篇과 李奎報의 多元的 天下觀」『震檀學報』83, 1997.

毛昭晰, 「선진시대 중국 강남지역과 한반도의 해상교통」『한중 문화교류와 남방해로』(조영록편), 국학자료원, 1997.

朴玉杰, 「高麗來航 宋商人과 麗宋의 貿易政策」『大東文化研究』32, 1997.

申採湜, 「10-13세기 東아시아의 文化交流 - 海路를 통한 麗·宋의 文物交易을 中心으로 -」『中國과 東아시아世界』, 국학자료원, 1997.

위은숙, 「원간섭기 對元貿易 -『老乞大』를 중심으로 -」『지역과 역사』4, 1997.

魏恩淑, 「농업기술의 발전」『한국사』19, 국편위, 1997.

李基東, 「羅末麗初 남중국 여러 나라와의 交涉」『歷史學報』155, 1997.

장동익, 「宋代의 明州 地方志에 수록된 高麗關係記事 研究」『歷史教育論集』22, 1997.

全善姬, 「明州 옛 '地方志'에 보이는 麗·宋 交流史 札記」『中國의 江南社會와 對中交涉』(曹永祿 외), 集文堂, 1997.

鄭炳模, 「寧波佛畵와 高麗佛畵의 比較研究」『講座美術史』9, 1997.

정용범, 「高麗時代 中國錢 流通과 鑄錢策 - 성종·숙종 연간을 중심으로 -」『지역과 사회』4, 1997.

鮑志成, 「蘇東坡와 高麗」 『한중문화교류와 남방해로』(조영록편),
　국학자료원, 1997.

黃時鑒, 「宋－高麗－蒙古關係史에 관한 일고찰－「收刺麗國送還人」
　에 대하여－」 『東方學志』 95, 1997.

金蘭玉, 「고려시대 商人의 身分」 『한국중세사연구』 5, 1998; 『高
　麗時代 賤事・賤役 良人 研究』, 신서원, 2000.

金惠苑, 「高麗 恭愍王代 對外政策과 漢人群雄」 『白山學報』 51,
　1998.

김창현, 「高麗의 耽羅에 대한 정책과 탐라의 동향」 『韓國史學報』 5,
　1998.

閔賢九, 「高麗前期의 對外關係와 國防政策：文宗代를 中心으로」 『亞
　細亞研究』 99, 1998.

박종기,「11세기 고려의 대외관계와 정국운영론의 추이」『역사와 현실』
　30, 1998.

이정신, 「高麗時代 종이의 생산 실태와 紙所」 『韓國史學報』 5,
　1998; 『고려시대의 특수행정구역 所 연구』, 혜안, 2013.

권영국, 「고려시대 농업생산력 연구사 검토」 『史學研究』 58・59 합,
　1999.

김한규, 「契丹과 女眞이 遼東과 中國을 統合한 시기의 韓中關係」 『한
　중관계사 I』, 아르케, 1999.

盧明鎬, 「高麗時代 多元的 天下觀과 海東天子」 『韓國史研究』 105,
　1999.

申大澈, 「高麗의 外來音樂 受用」 『國樂院論文集』 11, 1999; 『한
　국중세사회의 음악문화－고려시대편－』(전통예술원 편), 2002.

신채식, 「宋・麗의 문화교류에 관하여」 『梨花史學研究』 25・26 합,
　1999.

이병로, 「일본측 사료로 본 10세기의 한일관계－견훤과 왕건의 견일
　본사에 대한 대응을 중심으로－」 『大丘史學』 57, 1999.

이경희, 「고려후기 대일무역사 연구동향과 과제」 『백양사학』 15,
　1998.

田炳武, 「高麗 恭愍王代 銀錢鑄造論의 擡頭와 그 性格」 『北岳史論』
　6, 1999.

김성규, 「高麗 前期의 麗宋關係－宋朝 賓禮를 중심으로 본 高麗의 國
　際地位 試論－」 『國史館論叢』 92, 2000.

朴平植, 「高麗時期의 開京市廛」 『韓國史의 構造와 展開』, 河炫綱

教授定年紀念論叢刊行委員會, 2000.

서성호,「고려시기 개경의 시장과 주거」『역사와 현실』38, 2000.

申採湜,「唐末·五代의 東南沿海地域과 韓半島의 海上交涉」『東國史學』
34, 2000.

申泰光,「北宋 變法期의 對高麗政策」『東國史學』37, 2000.

沈載錫,「金代 高麗國王 冊封의 性格」『外大史學』13, 2000;『高
麗國王 冊封 研究』, 혜안, 2002.

이병로,「11세기 한일 양국의 대외교섭에 관한 일고찰」『大丘史學』
59, 2000.

김갑동,「高麗時代 羅州의 地方勢力과 그 動向」『한국중세사연구』
11, 2001.

김갑동,「羅末麗初 沔川과 卜智謙」『한국중세사회의 제문제』(한
국중세사학회 편), 2001.

김도연,「高麗時代 銀貨流通에 관한 一研究」『韓國史學報』10,
2001.

李康漢,「고려후기 元寶鈔의 유입 및 유통실태」『韓國史論』46,
2001.

李喜寬,「高麗前期 靑磁에 있어서 葡柳水禽文의 流行과 그 背景」『美
術資料』67, 2001.

秋明燁,「11世紀 後半~12世紀初 女眞征伐問題와 政局動向」『韓國
史論』45, 2001.

高橋公明,「해역세계 가운데 제주도와 고려」『島嶼文化』20, 2002.

강봉룡,「後百濟 甄萱과 海洋勢力 - 王建과의 海洋爭覇를 중심으로 -」
『歷史敎育』83, 2002.

김영미,「11세기후반~12세기 초 고려·요 외교관계와 불경 교류」『역
사와 현실』43, 2002.

金日宇,「고려후기 濟州 法華社의 重創과 그 位相」『韓國史研究』
119, 2002;『高麗時代 濟州社會의 變化』, 西歸浦文化院, 2005.

송혜진,「고려시대 아악의 변천과 지속」『韓國雅樂史研究』, 민속원,
2000;『한국중세사회의 음악문화 - 고려시대편 -』(전통예술원 편),
2002.

안병우,「고려와 송의 상호인식과 교섭; 11세기 후반~12세기 전반」
『역사와 현실』43, 2002.

이정신,「고려 태조의 건국이념의 형성과 국내외 정세」『韓國史研
究』118, 2002;『고려시대의 정치변동과 대외정책』, 景仁文化社,

2004.

李正浩,「高麗後期의 農法 - 農法 發達과 武臣政權期 社會變化의 관계를 중심으로 -」『國史館論叢』98, 2002.

추명엽,「고려전기 '번(蕃)' 인식과 동‧서번의 형성」,『역사와 현실』43, 2002.

피터윤,「서구 학계 조공제도 이론의 중국 중심적 문화론 비판」『아세아연구』109, 2002.

姜鳳龍,「羅末麗初 王建의 西南海地方 掌握과 그 背景」『島嶼文化』21, 2003.

이미지,「高麗 宣宗代 権場 문제와 對遼 관계」『韓國史學報』14, 2003.

이현모,「羅末麗初 晋州地域의 豪族과 그 動向」『歷史教育論集』30, 2003.

조영록,「法眼宗의 등장과 海洋佛教的 전개」『梨花史學研究』30, 2003;『동아시아 불교교류사 연구』, 동국대출판부, 2011.

강경숙,「고려전기 도자의 대중교섭」『高麗 美術의 對外交涉』(박은순 외), 예경, 2004.

김갑동,「고려초기 홍성지역의 동향과 지역세력」『史學研究』74, 2004;『고려의 후삼국 통일과 후백제』, 서경문화사, 2010.

김도연,「元간섭기 화폐유통과 寶鈔」『韓國史學報』18, 2004.

김동욱,「고려시대 목조건축의 대외교섭 - 대외교섭 측면에서 본 고려시대 목조건축의 성격 -」『高麗 美術의 對外交涉』(박은순 외), 예경, 2004.

김윤곤,「삼별초 정부의 대몽항전과 국내외정세 변화」『한국중세사연구』17, 2004.

金日宇,「고려시대 耽羅 주민들의 거주지역과 海上活動」『韓國史學報』18, 2004;『高麗時代 濟州社會의 變化』, 西歸浦文化院, 2005.

김창석,「고려전기 '허시虛市'의 성립과 그 성격」『역사와 현실』53, 2004.

金澈雄,「高麗와 宋의 海上交易路와 交易港」『中國史研究』28, 2004.

문명대,「高麗佛畵의 國際性과 對外交流關係」『高麗 美術의 對外交涉』(박은순 외), 예경, 2004.

박경안,「高麗人들의 女眞族에 대한 認識과 對外關係」『京畿鄉土史學』9, 2004.

朴成柱,「高麗末 麗·明간 朝貢冊封關係의 展開와 그 性格」『慶州史學』
　　23, 2004.

朴承範,「9-10世紀 東아시아 地域의 交易」『中國史研究』 29,
　　2004.

박옥걸,「고려시대 귀화인의 역할과 영향 - 기술적, 문화적 측면을 중
　　심으로 - 」『白山學報』 70, 2004.

朴胤珍,「高麗前期 王師·國師의 임명과 그 기능」『韓國學報』 16,
　　2004;『高麗時代 王師·國師 研究』, 景仁文化社, 2006.

박은순,「高麗時代 繪畫의 對外交涉 樣相」『高麗 美術의 對外交涉』
　　(박은순 외), 예경, 2004.

신안식,「고려전기의 북방정책과 성곽체제」『歷史敎育』 89, 2004.

안귀숙,「고려시대 금속공예의 대중 교섭」『高麗 美術의 對外交涉』
　　(박은순 외), 예경, 2004.

이완우,「高麗時代 글씨와 宋·元代 서풍」『高麗 美術의 對外交涉』(박
　　은순 외), 예경, 2004.

이정신,「쌍성총관부의 설립과 그 성격」『韓國史學報』 18, 2004.

李憲昶,「한국 전근대 무역의 유형과 그 변동에 관한 연구」『경제사학』
　　36, 2004.

임진아,「高麗遺蹟 出土 宋代磁器 研究」『史林』 22, 2004.

장동익,「『金史』 高麗關係 기사의 語彙集成」『歷史敎育論集』
　　33, 2004.

최성은,「高麗時代 佛敎彫刻의 對中關係」『高麗美術의 對外交涉』(박
　　은순 외), 예경, 2004.

金日宇,「高麗와 耽羅의 첫 관계 형성과 그 형태의 변화양상」『高麗
　　時代 濟州社會의 變化』, 西歸浦文化院, 2005.

金日宇,「三別抄 對蒙抗爭의 주도층과 그 의미 - 제주 삼별초의 대몽항
　　쟁을 중심으로 - 」『高麗時代 濟州社會의 變化』, 西歸浦文化院,
　　2005.

金日宇,「고려말 탐라사회의 실태와 범섬 전투의 의미」『高麗時代
　　濟州社會의 變化』, 西歸浦文化院, 2005.

류채영,「고려 선종대의 대외정책 연구」『한국문화연구』 9, 2005.

朴胤珍,「高麗後期 王師·國師의 사례와 기능의 변화」『한국중세사연구』
　　19, 2005;『高麗時代 王師·國師 研究』, 景仁文化社, 2006.

신채식,「高麗와 宋의 外交關係 - 朝貢과 冊封關係를 중심으로 - 」『한
　　중외교관계와 조공책봉』, 고구려연구재단, 2005.

李錫炫, 「宋 高麗의 外交交涉과 認識, 對應 - 北宋末 南宋初를 중심으로 -」 『中國史研究』 39, 2005.

이정신, 「고려후기 대원관계 - 입성책동과 상인 -」 『만주연구』 3, 2005.

李弘斗, 「高麗 契丹戰爭과 騎兵戰術」 『史學研究』 80, 2005.

Peter Yun, 「몽골 이전 동아시아의 다원적 국제관계」 『만주연구』 3, 2005.

김순자, 「10•11 세기 고려와 요의 영토정책」 『北方史論叢』 11, 2006.

김순자, 「고려, 원 (元) 의 영토정책, 인구정책 연구」 『역사와 현실』 60, 2006.

김영미, 「10 세기초 禪師들의 중국 유학」 『梨花史學研究』 33, 2006.

김윤정, 「고려후기 상감청자에 보이는 원대 자기의 영향」 『미술사학 연구』 249, 2006.

김종섭, 「五代의 高麗에 대한 인식」 『梨花史學研究』 33, 2006.

金澈雄, 「고려와 大食의 교역과 교류」 『文化史學』 25, 2006.

朴胤珍, 「신라말 고려초의 '佛法東流說'」 『한국중세사연구』 21, 2006.

박찬흥, 「후삼국 시기 육상•해상 네트워크의 변화와 개편」 『장보고 와 한국 해양네트워크의 역사』 (최덕수 외), (재) 해상왕장보고기념 사업회, 2006.

위은숙, 「13•14 세기 고려와 요동의 경제적 교류」 『民族文化論叢』 34, 2006.

윤용혁, 「여원군의 일본침입을 둘러싼 몇 문제 -1274 년 1 차침입을 중 심으로 -」 『島嶼文化』 25, 2006.

이정신, 「고려시대 銅의 사용 현황과 銅所」 『韓國史學報』 25, 2006; 『고 려시대의 특수행정구역 所 연구』, 혜안, 2013.

李孝珩, 「高麗前期의 北方認識 - 발해•거란•여진 인식 비교 -」 『지 역과 역사』 19, 2006.

정해은, 「고려와 거란전쟁」 『고려시대 군사전략』, 군사편찬연구소, 2006.

채웅석, 「11 세기 후반~12 세기 전반 동북아시아 국제정세와 고려」 『전 쟁과 동북아의 국제질서』 (역사학회 엮음), 일조각, 2006.

최규성, 「高麗 初期의 北方領土와 九城의 위치비정」 『白山學報』 76, 2006.

한흥섭, 「『고려사』에 나타난 팔관회의 음악양상 및 그 사상적 배경에 관한 고찰」『한국학연구』 24, 2006; 『고려시대 음악사상』, 소명출판, 2009.

김경록, 「공민왕대 국제정세와 대외관계의 전개양상」『역사와 현실』 64, 2007.

김당택, 「高麗顯宗·德宗代 對契丹(遼) 관계를 둘러싼 관리들 간의 갈등」『歷史學研究』 29, 2007.

윤용혁, 「정인경가의 고려 정착과 서산」『湖西史學』 48, 2007; 『충청 역사문화 연구』, 서경문화사, 2009.

李康漢, 「征東行省官 闊里吉思의 고려제도 개변 시도」『韓國史研究』 139, 2007.

이개석, 「大蒙古國-高麗 관계 연구의 재검토」『史學研究』 88, 2007.

이문기, 「9세기 신라의 해양을 통한 국제교류와 통제」『한중일의 해양인식과 해금』(이문기 외), 동북아역사재단, 2007.

이재범, 「대몽항전의 성격에 대하여-계층별 항전을 중심으로-」『白山學報』 70, 2007.

李鎭漢, 「高麗時代 宋商 貿易의 再照明」『歷史教育』 104, 2007.

장남원, 「중국 元代유적 출토 고려청자의 제작시기 검토-內蒙古 集寧路 窖藏 출토 龜龍形青瓷硯滴을 중심으로-」『湖西史學』 48, 2007.

장동익, 「고려시대 대외교섭과 해방」『한중일의 해양인식과 해금』, 동북아역사재단, 2007.

정요근, 「고려 역로망 운영에 대한 원(元)의 개입과 그 의미」『역사와 현실』 64, 2007.

정진옥, 「11세기말~12세기 전반 高麗青瓷에 보이는 中國陶瓷의 영향」『美術史學』 21, 2007.

조영록, 「의통 보운의 절동 구법과 전교-오월 후기 법안·천태종과 고려불교-」『震檀學報』 107, 2007; 『동아시아 불교교류사 연구』, 동국대출판부, 2011.

崔永好, 「고려시대 송나라와의 해양교류-송나라 출신 전문인력의 입국과 활동을 중심으로-」『역사와 경계』 63, 2007.

한흥섭, 「백희가무를 통해 본 고려시대 팔관회의 실상」『民族文化研究』 47, 2007; 『고려시대 음악사상』, 소명출판, 2009.

곽유석, 「다도해 해양문화유산의 복원과 활용-흑산도의 사례-」『해양문화연구』 1, 2008.

김난옥, 「13 세기 원나라의 刑政 간섭과 고려의 대응」 『湖西史學』 49, 2008.

김대식, 「高麗 光宗代의 對外關係」 『史林』 29, 2008.

김명진, 「太祖王建의 충청지역 공략과 아산만 확보」 『역사와 담론』 51, 2008; 『고려 태조 왕건의 통일전쟁 연구』, 혜안, 2014.

김명진, 「太祖王建의 나주 공략과 압해도 능창 제압」 『島嶼文化』 32, 2008; 『고려 태조 왕건의 통일전쟁 연구』, 혜안, 2014.

김위현, 「금 연구」 『중국학계의 북방민족·국가 연구』, 동북아역사재단, 2008.

朴鎔辰, 「11·12 세기 『圓宗文類』의 유통과 동아시아 불교교류」 『한국중세사연구』 25, 2008.

백승호, 「高麗와 宋의 朝貢 – 回賜貿易」 『海洋文化研究』 1, 2008.

에노모토 와타루(榎本涉), 「중국인의 해상진출과 해상제국으로서 중국」 『해역아시아사연구입문』(2008, 모모키 시로 엮음, 최연식 옮김), 민속원, 2012.

욧카이치 야스히로(四日市康博), 「몽골제국과 해역아시아」 『해역아시아사연구입문』(2008, 모모키 시로 엮음, 최연식 옮김), 민속원, 2012.

遠藤隆俊, 「義天と成尋 –11 世紀東アジアの國際環境と入宋僧 –」 『東國史學』 44, 2008.

윤영인, 「거란, 요 연구 –21 세기 연구성과를 중심으로 –」 『중국학계의 북방민족·국가 연구』, 동북아역사재단, 2008.

이강한, 「'원 – 일본간' 교역선의 고려 방문 양상 검토」 『해양문화재』 1, 2008.

이강한, 「고려 충선왕·元 武宗의 재정운용 및 '정책공유'」 『東方學志』 143, 2008; 『고려와 원제국의 교역의 역사』, 창비, 2013.

이미지, 「고려 성종대 지계획정의 성립과 그 외교적 의미」 『한국중세사연구』 24, 2008.

이정신, 「원 간섭기 원종·충렬왕의 정치적 행적」 『韓國人物史研究』 10, 2008.

李鎭漢, 「高麗 文宗代 對宋通交와 貿易」 『歷史學報』 200, 2008.

이창섭, 「11 세기 초 동여진 해적에 대한 고려의 대응」 『韓國史學報』 30, 2008.

정요근, 「원간섭기 역 이용수요의 급증과 그 대책」 『韓國史學報』 32, 2008.

정해은, 「고려의 여진정벌」 『고려시대 군사전략』, 군사편찬연구소, 2008.

村井章介, 「고려・三別抄의 반란과 몽골 침입 전야의 일본」 『동아시아속의 중세 한국과 일본』(손승철・김강일 편역), 경인문화사, 2008.

村井章介, 「1019년의 女眞 해적과 高麗・日本」 『동아시아속의 중세 한국과 일본』(손승철・김강일 편역), 경인문화사, 2008.

한정수, 「고려－금 간 사절 왕래에 나타난 주기성과 의미」 『史學研究』 91, 2008.

허인욱, 「高麗의 歷史繼承에 대한 契丹의 認識變化와 領土問題」 『한국중세사연구』 24, 2008.

후카미 스미오(深見純生), 「송원내의 해역동남아시아」 『해역아시아사연구입문』(2008, 모모키 시로 엮음, 최연식 옮김), 민속원, 2012.

김순자, 「고려전기의 거란 [遼], 여진 [金]에 대한 인식」 『한국중세사연구』 26, 2009.

무라이 쇼스케(村井章介), 「몽고 내습과 異文化 접촉」 『몽골의 고려・일본 침공과 한일관계』(한일문화교류기금・동북아역사재단 편), 경인문화사, 2009.

金榮濟, 「麗宋交易의 航路와 船舶」 『歷史學報』 204, 2009.

김영제, 「宋・高麗 交易과 宋商－宋商의 經營形態와 그들의 高麗居住空間을 중심으로－」 『史林』 32, 2009.

南基鶴, 「蒙古의 日本 侵略과 日本의 對應－高麗와 日本의 관계에 유의하여－」 『몽골의 고려・일본 침공과 한일관계』(한일문화교류기금・동북아역사재단 편), 경인문화사, 2009.

모리하라 마사히코, 「13세기 전반에 있어서 麗蒙交涉의 한 단면－몽골 官人과의 왕복 문서를 중심으로－」 『몽골의 고려・일본 침공과 한일관계』(한일문화교류기금・동북아역사재단), 경인문화사, 2009; 『モンゴル覇權下の高麗』, 名古屋大學出版會, 2013.

사에키 코지(佐伯弘次), 「일본침공 이후의 麗日關係」 『몽골의 고려・일본 침공과 한일관계』(한일문화교류기금・동북아역사재단 편), 경인문화사, 2009.

徐知英, 「高麗黑磁 生産地와 生産品의 特徵」 『高麗陶瓷新論』(姜景仁 외), 學研文化社, 2009.

윤용혁, 「오키나와 출토의 고려기와와 삼별초」 『韓國史研究』 147,

2009.

윤용혁,「나말여초 홍주의 등장과 운주성주 긍준」『충청역사문화연구』, 서경문화사, 2009.

윤영인, 「10~13 세기 정복왕조 역사의 기본사료와 연구현황」『10-18 세기 북방민족과 정복왕조 연구』(윤영인 외), 동북아역사재단, 2009.

尹龍爀, 「삼별초와 여일관계」『몽골의 고려・일본 침공과 한일관계』(한일문화교류기금・동북아역사재단 편), 경인문화사, 2009.

이강한, 「1270~80 년대 고려내 鷹坊 운영 및 대외무역」『韓國史研究』 146, 2009.

이강한, 「고려 충숙왕의 전민변정 및 상인등용」『역사와 현실』 72, 2009.

이강한, 「고려시대 충혜왕대 무역정책의 내용 및 의미」『한국중세사연구』 27, 2009.

이익주, 「고려 - 몽골 관계사 연구 시각의 검토 - 고려 - 몽골 관계사에 대한 공시적, 통시적 접근 -」『한국중세사연구』 27, 2009.

이재범, 「13 세기 이전의 여일관계」『몽골의 고려・일본 침공과 한일관계』(한일문화교류기금・동북아역사재단 편), 경인문화사, 2009.

이정란, 「13 세기 몽골제국의 高麗觀」『한국중세사연구』 27, 2009.

이정신, 「고려와 북방민족 관계사 연구현황」『10-18 세기 북방민족과 정복왕조 연구』(윤영인 외), 동북아역사재단, 2009.

전영섭, 「10~13 세기 동아시아 교역시스템의 추이와 海商 정책 - 宋・高麗・日本의 海商 관리규정 비교 -」『역사와 세계』 36, 2009.

趙銀精,「高麗 前期 陶瓷의 生産과 流通」『高麗陶瓷新論』(姜景仁 외), 學研文化社, 2009.

韓盛旭,「高麗 後期 青瓷의 生産과 流通」『高麗陶瓷新論』(姜景仁 외), 學研文化社, 2009.

韓貞華, 「高麗時代 陶窯址의 性格」『高麗陶瓷新論』(姜景仁 외), 學研文化社, 2009.

한지선, 「洪武年間의 對外政策과 ‘海禁’ -『大明律』상의 ‘海禁’ 조항의 재분석 -」, 『中國學報』 60, 2009.

고은미,「11~13 세기 大宰府의 權限」『동아시아 속의 한일관계사(下)』(고려대학교 일본사연구회 편), 제이앤씨, 2010.

近藤剛, 「고려 전기의 관료 이문탁(李文鐸)의 묘지를 통해 본 고려・금(金) 관계에 대하여」『동아시아 속의 한일관계사(下)』(고려대학교 일본사연구회 편), 제이앤씨, 2010.

김보한, 「고려 후기 왜구와 송포당 (松浦黨)」 『동아시아 속의 한일
　관계사 (下)』(고려대학교 일본사연구회 편), 제이앤씨, 2010.

石井正敏, 「文永 8 년 (1271) 의 三別抄牒狀에 관하여」 『동아시아 속의
　한일관계사 (下)』(고려대학교 일본사연구회 편), 제이앤씨, 2010.

葉恩典, 「泉州與新羅・高麗關係歷史文化遺存」 『島嶼文化』 36 집,
　2010.

신성재, 「궁예와 왕건과 나주」 『韓國史硏究』 151, 2010.

안귀숙, 「고려 금속공예에 보이는 요문화의 영향」 『梨花史學硏究』
　40, 2010;『고려와 북방문화』(장남원 외), 養士齋, 2011.

王連茂, 「泉州港視野中的宋麗貿易 : 有泉州商人的那些事」 『島嶼文化』
　36, 2010.

이준태, 「중국의 전통적 해양인식과 해금정책의 의미」 『아태연구』
　17, 2010.

이강한, 「13 세기말 고려 대외무역선의 활동과 元代 '관세' 의 문제」 『島
　嶼文化』 36, 2010;『고려와 원제국의 교역의 역사』, 창비, 2013.

이진한, 「고려시대 송상왕래 연구 서설」 『동아시아 국제관계사』,
　김준엽선생기념서편찬위원회, 2010.

李鎭漢, 「高麗 宣宗朝 對宋外交와 貿易」 『韓國人物史硏究』 13,
　2010.

李鎭漢, 「高麗 武臣政權期 宋商의 往來」 『民族文化』 36, 2010.

정은우, 「고려 중기 불교조각에 보이는 북방적 요소」 『美術史學硏究』
　265, 2010 ; 『고려와 북방문화』(장남원 외), 養士齋, 2011.

강병희, 「고려전기 사회변동과 불탑 : 11-12 세기 불탑의 북방적 영향」
　『美術史學』 23, 2009 ; 『고려와 북방문화』(장남원 외), 養士齋,
　2011.

姜在光, 「蒙古의 貢物 강요와 江華遷都」 『蒙古侵入에 대한 崔氏政權
　의 外交的 對應』, 景仁文化社, 2011.

김영제, 「『高麗史』에 나타나는 宋商과 宋都綱 - 特히 宋都綱의 性格
　解明을 中心으로 -」 『전북사학』 39, 2011.

김장구, 「13•14 세기 여몽관계에 대한 몽골 학계의 관점」 『13•14 세
　기 고려 - 몽골관계 탐구』(동북아역사재단・경북대 한중교류연구원
　엮음), 2011.

민덕기, 「중•근세 東아시아해금정책과 경계인식 - 東洋三國의 海禁政
　策을 중심으로 -」 『韓日關係史硏究』 39, 2011.

裵秉宣, 「고려 다포계 건축유구와 동시대 중국 목조건축의 비교고찰」 『미술사연구』 25, 2011.

森平雅彦, 「제국 동방 변경에서 일본을 막는다 – 원 제국 속에서 고려의 기능적 위치 –」 『13•14 세기 고려 – 몽골관계 탐구』 (동북아역사재단 • 경북대학교 한중교류연구원 편), 2011; 『モンゴル覇權下の高麗』, 名古屋大學出版會, 2013.

申淑, 「고려 공예품에 보이는 宋代 '倣古器物'의 영향」 『미술사연구』 25, 2011.

윤용혁, 「대몽항쟁기 (1219~1270) 여몽관계의 추이와 성격」 『13•14 세기 고려 – 몽골관계 탐구』 (동북아역사재단 • 경북대 한중교류연구원 엮음), 2011.

윤재운, 「8~12 세기 한 • 중 해상 교통로의 변천과 의미」 『한중관계 사상의 교통로와 거점』 (윤재운 외), 동북아역사재단, 2011.

이강한, 「고려 공민왕대 정부 주도 교역의 여건 및 특징」 『정신문화연구』 125, 2011.

이강한, 「『고려시대 송상왕래 연구』, 이진한 저 <서평>」 『歷史學報』 212, 2011.

이강한, 「1270 년대 ~1330 년대 외국인의 고려방문 : 13~14 세기 동 – 서 교역에서의 한반도의 새로운 위상」 『한국중세사연구』 30, 2011; 『고려와 원제국의 교역의 역사』, 창비, 2013.

이개석, 「여몽관계사 연구의 새로운 시점 – 제 1 차 여몽화약 (麗蒙和約)과 지배층의 통혼관계를 중심으로 –」 『13•14 세기 고려 – 몽골관계 탐구』 (동북아역사재단 • 경북대 한중교류연구원 엮음), 2011.

이익주, 「고려 – 몽골관계에서 보이는 책봉 – 조공관계 요소의 탐색」 『13•14 세기 고려 – 몽골관계 탐구』 (동북아역사재단 • 경북대 한중교류연구원 엮음), 2011.

이종민, 「고려중기 수입 중국백자의 계통과 성격」 『미술사연구』 25, 2011.

장남원, 「10~12 세기 고려와 요, 금도자의 교류」 『고려와 북방문화』, 養士齋, 2011.

정용범, 「서평 : 고려의 개방성과 국제성을 이끈 주역들 – 李鎭漢, 『高麗時代 宋商往來 硏究』, 경인문화사, 2011 –」 『지역과 역사』 31, 2012.

鄭恩雨, 「송대 불교조각의 고려 유입과 선택」 『미술사연구』 25, 2011.

池旼景, 「10~14세기 동북아 벽화고분 예술의 전개와 고려 벽화고분의 의의」『미술사연구』25, 2011.

천더즈(陳得芝), 「쿠빌라이의 고려정책과 원-고려관계의 전환점」『13·14세기 고려-몽골관계 탐구』(동북아역사재단·경북대 한중교류연구원 엮음), 2011.

최낙민, 「明의 海禁政策과 泉州人의 해상활동-嘉靖年間以後 海寇活動을 중심으로-」『역사와 경계』78, 2011.

金亮鎭·張香實, 「원나라 거주 고려인을 위한 漢語 교육-『朴通事』의 편찬 목적과 교육 대상을 중심으로-」『震檀學報』114, 2012.

김순자, 「고려중기 국제질서의 변화와 고려-여진 전쟁」『한국중세사연구』32, 2012.

김인호, 「몽골과의 전쟁과 방어전략의 변화」『한국군사사 4-고려시대 Ⅱ-』(육군군사연구소 편), 육군본부, 2012.

민덕기, 「동아시아 해금정책의 변화와 해양경계에서의 분쟁」『韓日關係史研究』42, 2012.

閔賢九, 「高麗時代 韓中交涉史의 몇 가지 문제-長期持續的 高麗王朝와 征服的 中國 北方國家들과의 對立·交流-」『震檀學報』114, 2012.

박윤미, 「금에 파견된 고려사신의 사행로와 사행여정」『한국중세사연구』33, 2012.

배숙희, 「元代 慶元地域과 南方航路:탐라지역의 부상과 관련하여」『中國學研究』65, 2012.

백승호, 「『고려사』기록으로 본 호남문화의 정체성」『海洋文化研究』7·8 합, 2012.

박용진, 「고려후기 元版大藏經 印成과 流通」『中央史論』35, 2012.

森平雅彦, 「牧隱 李穡의 두 가지 入元 루트-몽골시대 고려-大都間의 陸上交通-」『震檀學報』114, 2012.

신안식, 「고려전기의 麗宋 교통로와 교역」『한국중세사연구』33, 2012.

윤용혁, 「우라소에성(浦添城)과 고려·류큐의 교류사」『史學研究』105, 2012.

이강한, 「1293~1303년 고려 서해안 '원 수역'의 치폐와 그 의미」『한국중세사연구』33, 2012.

이병희, 「고려시기 벽란도의 '해양도시'적 성격」『島嶼文化』39, 2012.

李益柱,「14 세기 후반 동아시아 국제질서의 변화와 고려 – 원·명 – 일본 관계」『震檀學報』114, 2012.

이종민,「고려후기 對元 陶磁交流의 유형과 성격」『震檀學報』114, 2012.

이종민,「한반도 출토 중국 청화백자의 유형과 의미」『中央史論』35, 2012.

李鎭漢,「高麗 太祖代 對中國 海上航路와 外交·貿易」『한국중세사연구』33, 2012.

임용한,「요, 여진과의 전쟁과 고려의 전략전술 체제의 변화」『한국군사사 3- 고려시대 Ⅰ -』(육군군사연구소 편), 육군본부, 2012.

鄭恩雨,「고려후기 불교조각과 원의 영향」『震檀學報』114, 2012.

최종석,「중앙·지방의 군사조직과 지휘체계」『한국군사사 3- 고려시대 Ⅰ -』(육군군사연구소 편), 육군본부, 2012.

한지선,「元末 海運과 方國珍 勢力」『大丘史學』109, 2012.

홍영의,「원간섭기 고려의 군사제도」『한국군사사 4- 고려시대 Ⅱ -』(육군군사연구소 편), 육군본부, 2012.

홍영의,「고려말 전란과 새로운 군사체제 지향」『한국군사사 4- 고려시대 Ⅱ -』(육군군사연구소 편), 육군본부, 2012.

黃純艶,「南宋과 金의 朝貢體系 속의 高麗」『震檀學報』114, 2012.

강재광,「대몽항쟁과 삼별초」『한국해양사 Ⅲ(고려시대)』(한국해양재단 편), 2013.

곽유석,「수중 발굴 유물과 생활문화」『한국해양사 Ⅲ(고려시대)』(한국해양재단 편), 2013.

김갑동,「동아시아 정치변동과 고려의 대외 정책」『한국해양사 Ⅲ(고려시대)』(한국해양재단 편), 2013.

김영제,「고려시대의 조선술과 항해술」『한국해양사 Ⅲ(고려시대)』(한국해양재단 편), 2013.

김일우,「탐라의 군현화 과정」『한국해양사 Ⅲ(고려시대)』(한국해양재단 편), 2013.

김일우,「지방제도와 섬, 포구」『한국해양사 Ⅲ(고려시대)』(한국해양재단 편), 2013.

김철웅,「아라비아 상인의 내왕과 서역 문물」『한국해양사 Ⅲ(고려시대)』(한국해양재단 편), 2013.

김호동,「해양영역의 확장」『한국해양사 Ⅲ(고려시대)』(한국해양재단 편), 2013.

김호동, 「울릉도 (독도) 경영」 『한국해양사 Ⅲ (고려시대)』 (한국
　해양재단 편), 2013.

남동신, 「李穡의 高麗大藏經 印出과 奉安」 『韓國史研究』 163,
　2013.

박종기, 「해양 (바다와 섬) 에 대한 인식」 『한국해양사 Ⅲ (고려시대)』
　(한국해양재단 편), 2013.

박한남, 「북방내륙 세력과의 교역 (여진, 요, 금)」 『한국해양사
　Ⅲ (고려시대)』 (한국해양재단 편), 2013.

방병선, 「고려청자의 중국 전래와 도자사적 영향」 『강좌 미술사』
　40, 2013.

오종록, 「왜구의 침입」 『한국해양사 Ⅲ (고려시대)』 (한국해양재단
　편), 2013.

윤대영, 「베트남 및 류큐와의 교류」 『한국해양사 Ⅲ (고려시대)』 (한
　국해양재단 편), 2013.

윤용혁, 「여몽연합군의 일본 원정」 『한국해양사 Ⅲ (고려시대)』 (한
　국해양재단 편), 2013.

栗建安, 「한국 태안 마도 수중에서 인양된 복건 도자 관련 문제」 『태
　안 마도 출수 중국도자기』, 문화재청 • 국립해양문화재연구소, 2013.

이강한, 「원제국의 무역정책」 『한국해양사 Ⅲ (고려시대)』 (한국해
　양재단 편), 2013.

이강한, 「고려후기 대외무역」 『한국해양사 Ⅲ (고려시대)』 (한국해
　양재단 편), 2013.

이강한, 「고려시대 대외교역사 연구의 현황과 과제」 『梨花史學研究』
　47, 2013.

이영, 「왜구의 침입과 대일 외교」 『한국해양사 Ⅲ (고려시대)』 (한
　국해양재단 편), 2013.

이영, 「제 1 차 쓰시마정벌」 『한국해양사 Ⅲ (고려시대)』 (한국해양
　재단 편), 2013.

이정신, 「먹과 墨所」 『고려시대의 특수행정구역 所 연구』, 혜안,
　2013.

이정신, 「청자의 변천과정과 자기소」 『고려시대의 특수행정구역 所
　연구』, 혜안, 2013.

이진한, 「대송교역과 문물교류」 『한국해양사 Ⅲ (고려시대)』 (한국
　해양재단 편), 2013.

이창섭, 「해양 관련 관서」 『한국해양사 Ⅲ (고려시대)』 (한국해양

재단 편), 2013.

이창섭, 「수군」『한국해양사 Ⅲ (고려시대)』(한국해양재단 편),
2013.

임경희, 「마도해역 발굴 묵서명 도자기의 역사적 성격」『태안 마도
출수 중국도자기』, 문화재청 • 국립해양문화재연구소, 2013.

田中克子, 「한국의 태안 마도해역에서 출토된 중국도자기로 본 동아시
아해역 해상무역 양상 – 하카타 유적군에서 출토된 중국도자기와의 비
교를 통해 –」『태안 마도 출수 중국도자기』, 문화재청 • 국립해양
문화재연구소, 2013.

하우봉, 「류큐 및 동남아 제국과의 교류」『한국해양사 Ⅲ (고려시대)』
(한국해양재단 편), 2013.

한정훈, 「조운과 조창」『한국해양사 Ⅲ (고려시대)』(한국해양재단
편), 2013.

金榮濟, 「『高麗史』에 나타나는 宋都綱 卓榮과 徐德英 – 그들이 宋側
으로부터 高麗綱首라 불렸던 背景을 中心으로 –」『東洋史學研究』
126, 2014.

李鎭漢, 「高麗時代 海上交流와 ‘海禁’」『東洋史學研究』127,
2014.

김재홍, 「13•14 세기 고려 – 몽골 관계에 대하여 (상)」『력사과학』
1964 제 4 호 .

2. 日文

津田左右吉, 「尹瓘征略地域考」『朝鮮歷史地理』2, 1913;『津田左
右吉全集』11, 岩波書店, 1964.

中村榮孝, 「後百濟及び高麗太祖の日本通使」『史學雜誌』38-8,
1927;『日鮮關係史の研究 (上)』, 吉川弘文館, 1965.

丸龜金作, 「高麗の十二漕倉に就いて (1)」『靑丘學叢』21, 1935.

丸龜金作, 「高麗と契丹•女眞との貿易關係」『歷史學研究』5-2,
1937.

三上次男, 「金初に於ける麗金關係 – 保州問題を中心として –」『歷
史學研究』9-4, 1939.

末松保和, 「麗末鮮初に於ける對明關係」『史學論叢』2, 1941;『靑
丘史草』1, 笠井出版社, 1965.

三上次男, 「高麗顯宗朝に於ける女眞交易」『加藤博士還曆記念 東洋
史集說』, 富山房, 1941.

森克己, 「日宋麗連鎖關係の展開」『史淵』41, 1949;『續日宋貿易

の研究』，國書刊行會，1975.

森克己,「日本・高麗來航の宋商人」『朝鮮學報』 9，1956；『續日宋
　　貿易の研究』，國書刊行會，1975.

青山公亮,「高麗朝の事大關係についての一考察」『駿台史學』 7，
　　1956.

森克己,「日・宋と高麗との私獻貿易」『朝鮮學報』 14，1959；『續
　　日宋貿易の研究』，國書刊行會，1975.

青山公亮,「事大と華化－特に高麗朝のそれについて－」『朝鮮學報』
　　14，1959.

和田久德,「東南アジアにおける初期華僑社會（990-1279）」『東洋學報』
　　42-1，1959.

旗田巍,「高麗の‘武散階’－鄉吏・耽羅の王族・女眞の酋長・老兵・工匠・樂
　　人の位階－」『朝鮮學報』 21·22合，1961.

武田幸男,「高麗初期の官階－高麗王朝確立過程の一考察－」『朝鮮學報』
　　41，1961.

日野開三郎,「羅末三國の鼎立と對大陸海上交通貿易（一），（二），
　　（三），（四）」『朝鮮學報』 16，17，19，20，1960，1961；『日野開
　　三郎 東洋史學論集－北東アジア國際交流史の研究（上）－』，三一書房，
　　1984.

丸龜金作,「高麗と宋との通交問題（一）（二）」『朝鮮學報』 17，
　　18，1960，1961.

森克己,「日宋交通と耽羅」『朝鮮學報』 21·22合，1961；『續日宋
　　貿易の研究』，國書刊行會，1975.

日野開三郎,「唐・五代東亞諸國民の海上發展と佛教」『佐賀龍谷學會
　　紀要』 9·10合，1962；『日野開三郎 東洋史學論集－北東アジア國際
　　交流史の研究（上）－』，三一書房，1984.

森克己,「日宋貿易に活躍した人々」『歷史と人物』（日本歷史學會編），
　　1964；『續日宋貿易の研究』，國書刊行會，1975.

森克己,「鎌倉時代の日麗交涉」『朝鮮學報』 34，1965，『續日宋貿
　　易の研究』，國書刊行會，1975.

田村洋幸,「倭寇時代以前の倭寇の概況」『中世日朝貿易の研究』，
　　三和書房，1967.

田村洋幸,「倭寇時代における倭寇について」『中世日朝貿易の研究』，
　　三和書房，1967.

森克己,「日麗交涉と刀伊賊の來寇」『朝鮮學報』 37·38合，1966；『續

日宋貿易の研究』，國書刊行會，1975.

日野開三郎，「國際交流史上より見た滿鮮の絹織物に就いて」『朝鮮學報』48，63，82；1966，1972，1977；『日野開三郎 東洋史學論集－北東アジア國際交流史の研究（上）－』，三一書房，1984.

斯波義信，「宋元時代における交通運輸の發達」『宋代商業史研究』，風間書房，1968.

斯波義信，「宋代における全國的市場の形成」『宋代商業史研究』，風間書房，1968.

斯波義信，「商人資本の諸性質」『宋代商業史研究』，風間書房，1968.

三浦圭一，「10世紀•13世紀の東アジアと日本」『講座日本史2－封建社會の成立－』，東京大學出版會，1970.

森克己，「能動的貿易の發展過程に於ける高麗地位」『日宋貿易の研究』，國書刊行會，1975.

森克己，「東洋國際貿易の普遍型」『日宋貿易の研究』，國書刊行會，1975.

北村秀人，「高麗初期の漕運についての一考察－《高麗史》食貨志漕運の條所收成宗十一年の輸京價制定記事を中心に－」『古代東アジア史論集（上）』，吉川弘文館，1978.

森克己，「日宋·日元貿易の展開」『對外關係史』，山川出版社，1978.

奧村周司，「高麗における八關會的秩序と國際環境」『朝鮮史研究會論文集』16，1979.

吉田光男，「高麗時代の水運機構‘江’について」『社會經濟史學』46-4，1980.

奧村周司，「高麗の外交姿勢と國家意識」『歷史學研究』別冊，1982.

浜中昇，「高麗前期の量田について」『朝鮮學報』109，1983；『朝鮮古代の經濟と社會』，法政大學出版局，1987.

奧村周司，「醫師要請事件に見る高麗文宗朝の對日姿勢」『朝鮮學報』117，1985.

北村秀人，「高麗時代の絹織物生産について」『人文研究』37-9，大阪市立大文學部，1985.

龜井明德，「綱首•綱司•綱の異同について」『日本貿易陶磁史の研究』，同朋舍出版，1986.

奧村周司，「高麗の圓丘祀天禮について」『早稻田大學實業學校研究紀要』，1987.

北村秀人「高麗時代の京市の基礎的考察－位置·形態中心に－」『人文研究』42-4，大阪市立大文學部，1990.

石井正敏，「10 世紀の國際變動と日宋貿易」『新版 古代の日本－アジアからみた古代日本－』，角川書店，1992.

井上貞夫，「高麗朝の貨幣－中世東アジア通貨圏を背景にして－」『青丘學術論集』2，韓國文化研究振興財團，1992，

佐久間仲男，「明朝の海禁政策」『日明關係史の研究』，吉川弘文館，1992，

須田英德，「高麗後期における商業政策の殿開－對外關係を中心に－」『朝鮮文化研究』4，1997.

藤田明良，「「蘭秀山の亂」と東アジア海域世界－14 世紀の舟山群島と高麗·日本－」『歷史學研究』698，1998.

森平雅彦，「駙馬高麗國王の成立－元朝における高麗王の地位についての豫備的考察－」『東洋史研究』79-4，1998;『モンゴル覇權下の高麗』，名古屋大學出版會，2013.

森平雅彦，「高麗王位下の基礎的考察－大元ウルスの一分權勢力としての高麗王家－」『朝鮮史研究會論文集』36，1998;『モンゴル覇權下の高麗』，名古屋大學出版會，2013.

原美和子,「宋代東アジアにおける海商の仲間關係と情報網」『歷史評論』592，1999.

榎本涉,「明州市舶司と東シナ海交易圈」『歷史學研究』756，2001;『東アジア海域と日中交流－九～一四世紀－』，吉川弘文館，2007.

榎本涉,「宋代の'日本商人'の再檢討」『史學雜誌』110-2，2001;『東アジア海域と日中交流－九～一四世紀－』，吉川弘文館，2007.

近藤一成，「文人官僚蘇軾の對高麗政策」『史滴』23，2001.

森平雅彦，「元朝ケシク制度と高麗王家－高麗·元關係における禿魯花の意義に關連して－」，『史學雜誌』110-2，2001;『モンゴル覇權下の高麗』，名古屋大學出版會，2013.

榎本涉，「元末內亂期の日元交通」『東洋學報』84-1，2002;『東アジア海域と日中交流－九～一四世紀－』，吉川弘文館，2007.

森平雅彦,「大元ウルスと高麗佛敎松廣寺法旨出現の意義に寄せて」『内陸アジア史研究』17，2002;『モンゴル覇權下の高麗』，名古屋大學出版會，2013.

趙明濟，「臨濟宗をめぐる高麗と宋の交流」『駒澤大學佛敎學部論集』34，2003.

森平雅彦，「高麗における元の站赤ルートの比定を中心に」『史淵』
141，2004；『モンゴル覇權下の高麗』，名古屋大學出版會，2013.

森平雅彦，「賓王錄にみえる至元十年の遣元高麗使」『東洋史研究』
63-2，2004；『モンゴル覇權下の高麗』，名古屋大學出版會，2013.

李鎭漢，「高麗前期 對外貿易과 그 政策」『九州大学韓國研究センター
年報』5，2005.

原美和子，「宋代海商お活動に關する一試論－日本高麗および日本遼(契
丹)通交をめぐって－」『考古學と中世史研究3－中世の對外交流 場ひ
と・技術－』，高志書院，2006.

長森美信，「朝鮮近世海路の復元」『朝鮮學報』199・200合，2006.

茂木敏夫，「中國からみた＜朝貢體制＞－理念と實態，そして近代にお
ける再定義」『アジア文化交流研究』1，關西大學，2006.

森平雅彦，「牒と咨のあいだ－高麗王と元中書省の往復文書－」『史淵』
144，2007；『モンゴル覇權下の高麗』，名古屋大學出版會，2013.

榎本渉，「宋代日本商人の再檢討」『東アジア海域と日中交涉－九～
十四世紀－』，吉川弘文館，2007.

榎本渉，「日宋・日元貿易」『中世都市 博多を掘る』(大庭康時 外 編)，
海鳥社，2008.

榎本渉，「日麗貿易」『中世都市 博多を掘る』(大庭康時 外 編)，海鳥社，
2008.

大庭康時，「墨書陶磁器」『中世都市 博多を掘る』(大庭康時 外 編)，
海鳥社，2008.

森平雅彦，「高麗王家とモンゴル皇族の通婚關係に關する覺書」『東
洋史研究』67-3，2008；『モンゴル覇權下の高麗』，名古屋大學出
版會，2013.

森平雅彦，「事元期高麗における在來王朝體制の保全問題」『北東ア
ジア研究』別冊 第1號，2008；『モンゴル覇權下の高麗』，名古屋
大學出版會，2013.

森平雅彦，「高麗における宋使船の寄港地馬島の位置をめぐって－文獻
と現地の照合による麗宋間航路研究序說－」『朝鮮學報』207，2008；『中
近世の朝鮮半島と海域交流』(森平雅彦 編)，汲古書院，2013.

森平雅彦，「高麗群山亭考」『年報朝鮮學』11，2008；『中近世の朝
鮮半島と海域交流』(森平雅彦 編)，汲古書院，2013.

森平雅彦，「黑山諸島海域における宋使船の航路」『朝鮮學報』212，
2009；『中近世の朝鮮半島と海域交流』(森平雅彦 編)，汲古書院，

2013.

李鎮漢，「高麗末 對明 私貿易과 使行貿易」『九州大學韓國研究センター
年報』9，2009.

李鎮漢，「高麗時代における宋商の往來と麗宋外交」『年報 朝鮮學』
12，2009.

李鎮漢，「高麗時代における宋人の來投と宋商の往來」『年報 朝鮮學』
13，2010.

森平雅彦，「全羅道沿海における宋使船の航路-『高麗圖經』所載の事例-」
『史淵』147，2010；『中近世の朝鮮半島と海域交流』（森平雅彦 編），
汲古書院，2013.

森平雅彦，「朝鮮中世の國家姿勢と對外關係」『東アジア世界の交流
と變容』（森平雅彦 外），九州大學出版會，2011.

森平雅彦，「高麗·朝鮮時代における對日據點の變遷：事元期 對日警
戒體制を軸として」『東洋文化研究所紀要』164，2013.

森平雅彦，「忠清道沿海における航路」『中近世の朝鮮半島と海域交流』
（森平雅彦 編），汲古書院，2013.

森平雅彦，「京畿道沿海における航路」『中近世の朝鮮半島と海域交流』
（森平雅彦 編），汲古書院，2013.

森平雅彦，「舟山群島水域における航路」『中近世の朝鮮半島と海域交流』
（森平雅彦 編），汲古書院，2013.

森平雅彦，「使船の往來を支えた海の知識と技術」『中近世の朝鮮半
島と海域交流』（森平雅彦 編），汲古書院，2013.

3. 中文

朱云影：《中国工业技术对于日韩越的影响》，《大陆杂志》26-2，1963年。

倪士毅、方如金：《宋代明州与高丽的贸易关系及其友好往来》，《杭州
大学学报（哲学社会科学版）》1982年第2期。

黄宽重：《南宋与高丽关系》，《中韩关系史国际研讨会论文集》（中华
民国韩国研究学会编），1983年。

林士民：《论宋元时期明州与高丽的友好交往》，《海交史研究》28，1995年。

陈高华：《从〈老乞大〉〈朴通事〉看元与高丽的经济文化交流》，《历
史研究》1995-3；《元史研究新论》，上海社会科学院出版社，2005年。

朴真奭：《十一——十二世纪宋与高丽的贸易往来》，《中朝关系史研究论
文集》，吉林文史出版社，1995年。

姚礼群：《宋代明州对高丽漂流民的救援措施》，《宋丽关系史研究》（杨
渭生），杭州大学出版社，1997年。

刘恒武：《唐宋明州古城对外交流史迹》，《宁波古代对外文化交流——以历史文化遗存为中心》，海洋出版社，2009 年。

周霞：《元朝时期的山东半岛在与高丽海上商贸交往中的重要作用》，《鲁东大学学报（哲学社会科学版）》2010 年 9 月。

"海外中国研究丛书"书目

79. 德国与中华民国　[美]柯伟林 著　陈谦平 陈红民 武菁 申晓云 译　钱乘旦 校
80. 中国近代经济史研究:清末海关财政与通商口岸市场圈　[日]滨下武志 著　高淑娟 孙彬 译
81. 回应革命与改革:皖北李村的社会变迁与延续　韩敏 著　陆益龙 徐新玉 译
82. 中国现代文学与电影中的城市:空间、时间与性别构形　[美]张英进 著　秦立彦 译
83. 现代的诱惑:书写半殖民地中国的现代主义(1917—1937)　[美]史书美 著　何恬 译
84. 开放的帝国:1600年前的中国历史　[美]芮乐伟·韩森 著　梁侃 邹劲风 译
85. 改良与革命:辛亥革命在两湖　[美]周锡瑞 著　杨慎之 译
86. 章学诚的生平与思想　[美]倪德卫 著　杨立华 译
87. 卫生的现代性:中国通商口岸健康与疾病的意义　[美]罗芙芸 著　向磊 译
88. 道与庶道:宋代以来的道教、民间信仰和神灵模式　[美]韩明士 著　皮庆生 译
89. 间谍王:戴笠与中国特工　[美]魏斐德 著　梁禾 译
90. 中国的女性与性相:1949年以来的性别话语　[英]艾华 著　施施 译
91. 近代中国的犯罪、惩罚与监狱　[荷]冯客 著　徐有威 等译　潘兴明 校
92. 帝国的隐喻:中国民间宗教　[英]王斯福 著　赵旭东 译
93. 王弼《老子注》研究　[德]瓦格纳 著　杨立华 译
94. 寻求正义:1905—1906年的抵制美货运动　[美]王冠华 著　刘甜甜 译
95. 传统中国日常生活中的协商:中古契约研究　[美]韩森 著　鲁西奇 译
96. 从民族国家拯救历史:民族主义话语与中国现代史研究　[美]杜赞奇 著　王宪明 高继美 李海燕 李点 译
97. 欧几里得在中国:汉译《几何原本》的源流与影响　[荷]安国风 著　纪志刚 郑诚 郑方磊 译
98. 十八世纪中国社会　[美]韩书瑞 罗友枝 著　陈仲丹 译
99. 中国与达尔文　[美]浦嘉珉 著　钟永强 译
100. 私人领域的变形:唐宋诗词中的园林与玩好　[美]杨晓山 著　文韬 译
101. 理解农民中国:社会科学哲学的案例研究　[美]李丹 著　张天虹 张洪云 张胜波 译
102. 山东叛乱:1774年的王伦起义　[美]韩书瑞 著　刘平 唐雁超 译
103. 毁灭的种子:战争与革命中的国民党中国(1937—1949)　[美]易劳逸 著　王建朗 王贤知 贾维 译
104. 缠足:"金莲崇拜"盛极而衰的演变　[美]高彦颐 著　苗延威 译
105. 饕餮之欲:当代中国的食与色　[美]冯珠娣 著　郭乙瑶 马磊 江素侠 译
106. 翻译的传说:中国新女性的形成(1898—1918)　胡缨 著　龙瑜宬 彭珊珊 译
107. 中国的经济革命:20世纪的乡村工业　[日]顾琳 著　王玉茹 张玮 李进霞 译
108. 礼物、关系学与国家:中国人际关系与主体性建构　杨美惠 著　赵旭东 孙珉 译　张跃宏 译校
109. 朱熹的思维世界　[美]田浩 著
110. 皇帝和祖宗:华南的国家与宗族　[英]科大卫 著　卜永坚 译
111. 明清时代东亚海域的文化交流　[日]松浦章 著　郑洁西 等译
112. 中国美学问题　[美]苏源熙 著　卞东波 译　张强强 朱霞欢 校
113. 清代内河水运史研究　[日]松浦章 著　董科 译
114. 大萧条时期的中国:市场、国家与世界经济　[日]城山智子 著　孟凡礼 尚国敏 译　唐磊 校
115. 美国的中国形象(1931—1949)　[美]T. 克里斯托弗·杰斯普森 著　姜智芹 译
116. 技术与性别:晚期帝制中国的权力经纬　[英]白馥兰 著　江湄 邓京力 译